ACCESO GRATIS *a la Lectura en la Nube*

Para visualizar el libro electrónico en la nube de lectura envíe junto a su nombre y apellidos una fotografía del código de barras situado en la contraportada del libro y otra del ticket de compra a la dirección:

ebooktirant@tirant.com

En un máximo de 72 horas laborables le enviaremos el código de acceso con sus instrucciones.

La visualización del libro en **NUBE DE LECTURA** excluye los usos bibliotecarios y públicos que puedan poner el archivo electrónico a disposición de una comunidad de lectores. Se permite tan solo un uso individual y privado.

HACIA UN NUEVO SISTEMA INTERNACIONAL

ESCENARIOS RECURRENTES, NECESIDADES CAMBIANTES

HACIA UN NUEVO SISTEMA INTERNACIONAL

ESCENARIOS RECURRENTES, NECESIDADES CAMBIANTES

Julieta Espín Ocampo
Rafael Calduch Torres
José Carlos Aránguez Aránguez
Editores

tirant lo blanch
Valencia, 2025

En caso de erratas y actualizaciones, la Editorial Tirant lo Blanch publicará la pertinente corrección en la página web www.tirant.com.

La presente obra ha sido sometida a la revisión de pares ciegos según el protocolo de publicación de la editorial a efectos de ofrecer el rigor y calidad correspondiente tanto en su contenido como en su forma, aplicándose los criterios específicos aprobados por la Comisión Nacional E 016 (BOE num. 286, de 26 de noviembre de 2016).

EDITA: TIRANT LO BLANCH
C/ Artes Gráficas, 14 - 46010 - Valencia
TELFS.: 96/361 00 48 - 50
FAX: 96/369 41 51
Email: tlb@tirant.com
www.tirant.com
Librería virtual: www.tirant.es
DEPÓSITO LEGAL: V-4084-2025
ISBN: 979-13-7021-070-0

Si tiene alguna queja o sugerencia, envíenos un mail a: *atencioncliente@tirant.com*. En caso de no ser atendida su sugerencia, por favor, lea en *www.tirant.net/index.php/empresa/politicas-de-empresa* nuestro procedimiento de quejas.

Responsabilidad Social Corporativa: http://www.tirant.net/Docs/RSCTirant.pdf

Editores

Dra. Julieta Espín Ocampo

Dr. Rafael Calduch Torres

Dr. José Carlos Aránguez Aránguez

Autores

Dr. Daniel Sansó-Rubert Pascual

Dra. Beatriz Gutiérrez López

Javier González del Castillo

Dra. Laura Gostián

Dra. Helena López-Casares Pertusa

Dr. Julio Díaz Galán

Dr. Jorge Ramiro Pérez Suárez

Mario Muñoz Anguita

Dra. Julieta Espín Ocampo

Dr. José Carlos Aránguez Aránguez

Dr. Rafael Calduch Cervera

Dr. Rafael Calduch Torres

Dr. Alonso Muñoz-Pérez

Dra. Laura Gómez Cuesta

Dr. Antonio Silva Esquinas

Dra. R. Rebeca Cordero Verdugo

Índice

3. GESTIÓN DE CONFLICTOS, CRISIS Y CATÁSTROFES EN EL ÁMBITO NACIONAL E INTERNACIONAL

4. ELEMENTOS PERMANENTES Y RECONFIGURADORES DEL SISTEMA INTERNACIONAL

Prólogo

DRA. JULIETA ESPÍN OCAMPO
DR. RAFAEL CALDUCH TORRES
DR. JOSÉ CARLOS ARÁNGUEZ ARÁNGUEZ

La presente obra, ***Hacia un Nuevo Sistema Internacional. Escenarios recurrentes, necesidades cambiantes***, tiene como objetivo difundir la producción científica de investigadores de las Relaciones Internacionales y otras ciencias sociales afines, varios de los cuales se dieron cita en la *II Semana de las Relaciones Internacionales: conflictos, crisis y catástrofes. Escenarios recurrentes, necesidades cambiantes,* celebrada el 8 y 9 de mayo de 2023 en la Universidad Europea de Madrid (UEM). Las jornadas, organizadas entonces por la Facultad de Ciencias Sociales y de la Comunicación, Área de Ciencias Jurídicas y Políticas, hoy impulsadas bajo el título de *Global Affairs Week* por la Facultad de Ciencias Económicas, Empresariales y de la Comunicación, Área de Economía, Negocios y Relaciones Internacionales, pretenden convertirse en un referente anual de la investigación sobre la realidad internacional, contribuyendo al debate científico llevado a cabo en las diferentes mesas de discusión y análisis.

En un mundo en constante transformación, donde lo local es global, resulta indispensable abordar no sólo cómo los fenómenos globales se manifiestan de maneras específicas y particulares -tal como indica Roland Robertson-, sino también cómo lo que ocurre en contextos nacionales tiene repercusiones más allá de sus fronteras inmediatas. La complejidad del actual sistema internacional obliga a plantear nuevos paradigmas de análisis y ofrecer soluciones más allá de la visión estatocéntrica del mundo, sin obviar el papel que los Estados aún desempeñan en la estructura y la sociedad internacional, pero asumiendo también que las nuevas realidades demandan respuestas distintas de los actores tradicionales.

A lo largo de los diferentes capítulos, y desde una perspectiva multidisciplinar, los autores abordan diferentes problemas y retos de la sociedad internacional contemporánea. A conflictos enquistados que demandan nuevas interpretaciones, se suman nuevas realidades y retos del siglo XXI que, a su vez, debido a su naturaleza cambiante, también demandan diferentes y renovadas perspectivas de análisis. Los investigadores aportan, pues, una mirada poliédrica hacia la realidad mundial que contribuye a entender la evolución de conceptos clave para las Relaciones Internacionales como conflicto, seguridad o terrorismo. Otros instrumentos o categorías de análisis como redes sociales, *fake news*, *influencers*, polarización política, ciberseguridad, securitización, geopolítica, diplomacia colonial, orden basado en reglas, gobernanza global u orden internacional son términos -nuevos o reciclados- que revisten una creciente complejidad e importancia para el estudio de realidades también complejas y cambiantes.

La cuestión de la seguridad en todas sus vertientes, niveles y formas, así como las amenazas a la misma, vuelven a ser uno de los principales temas de debate en las Relaciones Internacionales. Los escenarios de conflicto en Ucrania (2022) y Gaza (2023), el crimen organizado que va desde grupos terroristas hasta las mafias transnacionales que trafican con estupefacientes o personas, la securitización del fenómeno migratorio tanto en Europa como en los Estados Unidos, la polarización social-nacional y transnacional que, entre otras cuestiones, cuestiona la fortaleza de las democracias occidentales, son ejemplos de esa nueva realidad que requiere revisar los antiguos paradigmas empleados para explicar dichos retos y buscar soluciones que favorezcan una visión holística y multidisciplinar en la evaluación de las políticas públicas enfocadas al tratamiento y prevención de las diferentes amenazas en el plano internacional. Todo ello sin dejar de lado la legalidad internacional, especialmente la universalidad de los derechos humanos. Asimismo, los nuevos retos transnacionales a la seguridad requieren respuestas coordinadas entre instituciones de seguridad tanto nacionales como supranacionales.

Con el objeto de otorgar cierto orden a la obra, los capítulos se han organizado con arreglo a diferentes áreas de estudio. La primera área engloba el **Análisis geoestratégico y de seguridad (inteligencia, contraterrorismo, lucha contra el crimen organizado, el narcotráfico y el tráfico de personas) de las relaciones internacionales**. El primer capítulo ***Una reflexión crítica de las sucesivas estrategias europeas de seguridad y defensa y su relación con el vínculo trasatlántico. Aciertos y desatinos***, obra de Daniel Sansó-Rubert, relata cómo la Unión Europea se destaca como un espacio seguro en un mundo incierto, aunque esta seguridad no debe darse por sentada. Para ofrecer seguridad en un mundo cambiante, es necesario construir un ecosistema sólido y adaptable. La protección del Estado de derecho y los derechos humanos resulta fundamental, tanto internamente como en las relaciones exteriores. Sin embargo, implementar esta seguridad es complejo y requiere estrategias comunitarias y colaboración con la OTAN. En su capítulo ***La IV Guerra de Gaza en el marco de las Operaciones Multidominio: el manejo del concepto A2/AD en un escenario COIN***, Beatriz Gutiérrez aborda uno de los fenómenos internacionales más relevantes de 2024. Desde los estudios de la contrainsurgencia, su aportación analiza la adaptación estratégica realizada por el ejército israelí en su respuesta al ataque de Hamás del 7 de octubre de 2023. El capítulo aborda cómo las Fuerzas de Defensa Israelí, a través de la llamada Operación Espadas de Hierro, integran el llamado espectro multidominio para neutralizar la capacidad de acción de Hamás a través de estrategias Anti-Access/Access Denial (A2/AD), de manera conjunta con el dominio del territorio y la devastación desproporcionada. Como colofón a esta área, en el capítulo ***La amenaza terrorista en eventos deportivos masivos: historia, impacto y respuestas de seguridad***, Javier González del Castillo y Laura Gostián proponen una revisión histórica del terrorismo en grandes eventos deportivos, que se vuelven objetivos de ataques en parte debido a la gran difusión que reciben en los medios de todo el mundo, maximizando su impacto psicológico y político. Los autores plantean cómo desde los atentados de Múnich en 1972 este tipo de ataques han ido evolucionando debido, por un lado, a las crecientes capacidades de prevención y respuesta de los países más desarrollados, que ha empujado al terrorismo a atentar en países con menos capacidades defensivas y, por otro, al aumento significativo de los costos de seguridad debido a la creciente sofisticación y estrategias empleadas en los atentados.

La segunda área temática, **Análisis de conflictos y reconfiguración geopolítica contemporánea desde diferentes perspectivas teóricas**, comienza con el capítulo ***El liderazgo en las Relaciones Internacionales: una mirada desde el cambio de paradigma***, presentado por Helena López-Casares, que indaga la influencia de factores como la tecnología, las tendencias sociales, las crisis económicas, y la sociedad de la información en el nuevo escenario internacional. Dichos factores configuran un contexto geopolítico actual que resulta imprevisible y complejo, por lo que debe ser abordado por tomadores de decisiones que superen los tradicionales esquemas de pensamiento y que cuenten con nuevas capacidades y habilidades, así como nuevos enfoques de aproximación a la realidad. En esta línea, el capítulo ***El intelectual, el clérigo y el influencer: violencia, terror y polarización***, trabajo de Julio Díaz, Jorge Ramiro Pérez y Mario Muñoz, incide en cómo la violencia, en cualquier forma, suele ser justificada para normalizarla. Históricamente, teólogos e intelectuales han intentado dar sentido al mal y la violencia. Hoy, los *influencers*, definidos por la emoción, han reemplazado a los intelectuales. El capítulo hace un llamamiento a cómo en sociedades polarizadas y despolitizadas la emoción irracional puede desencadenar violencia.

La siguiente área, **Gestión de conflictos, crisis y catástrofes en el ámbito nacional e internacional** revisa dos casos de estrategias de política exterior para gestionar crisis internas y externas. El capítulo de Julieta Espín, ***La securitización de las migraciones. México y Marruecos como paradigmas del control de fronteras con el***

Sur Global, plantea a través de dos casos de estudio cómo en las últimas décadas los gobiernos de los países más desarrollados han expuesto el reto de las migraciones como un problema de seguridad. Desde la teoría de la securitización, la autora presenta elementos y retos comunes a México y Marruecos en relación con sus ricos países vecinos del norte, a la vez que aquéllos sufren una transición demográfica que los convierte no sólo en países expulsores, sino también en países de tránsito e incluso receptores de migrantes de terceros países. Como estudio de caso, el capítulo de José Carlos Aránguez, ***Colonialismo y diplomacia: la posición de España y Francia ante la «crisis del Trono» marroquí de 1953***, analiza cómo la política colonial de control impulsada por Francia y España en sus respectivas áreas de influencia sobre el Protectorado de Marruecos (1912-1956) terminaron precipitando la génesis del nacionalismo marroquí como un movimiento socio-político de resistencia a la colonización. Las actuaciones de ambas potencias protectoras, pero en particular la francesa, con respecto a este fenómeno supondrá una alteración del orden regional y ciertamente del orden internacional que se instaura tras la II Guerra Mundial, teniendo como desenlace la denominada "crisis del Trono" que precipitará el derrocamiento del sultán Mohammed V en 1953. A través de este episodio se constata cómo el colonialismo -disfrazado de diplomacia colonial- empleó cuantos medios tuvo a su alcance para garantizar su permanencia en el espacio ocupado -especialmente durante el proceso descolonizador afroasiático de mediados del siglo XX- valiéndose de artimañas que permitieran justificar ante la opinión pública internacional que su labor en dicho espacio era de civilización o, como en el caso de estudio, la persecución del supuesto colaboracionismo del Sultán con los nazis durante la contienda.

La cuarta y última área de estudio, **Elementos permanentes y reconfiguradores del Sistema Internacional**, comienza con el capítulo de Rafael Calduch Cervera y Rafael Calduch Torres, ***Las élites y la definición del espacio de seguridad: los casos de Estados Unidos y Rusia***, examinando el papel de las élites en la seguridad de Estados Unidos y Rusia durante la transición global post-bipolaridad y el impacto de la globalización. En Estados Unidos, los cambios políticos y sociales redirigen la estrategia del Atlántico al Indo-Pacífico. En Rusia, la caída de la URSS transformó su seguridad y permitió un cambio en las élites gobernantes. El realismo político y el estructuralismo marxista han relegado el estudio de las élites en las relaciones exteriores de las grandes potencias, pero este análisis destaca su importancia en la configuración de los espacios de seguridad. Por su parte, Alonso Muñoz, con su capítulo ***El derecho internacional del Capitán Araña: intento de exégesis del 'orden basado en reglas' desde el literalismo ingenuo a la anagogía oculta***, plantea una interesante reflexión sobre el llamado "orden basado en reglas", que para el autor no es sólo un concepto político, sino un proyecto de alcance internacional que denota una voluntad de poder por parte de ciertas potencias occidentales. El autor señala la necesidad de un análisis del discurso y actos políticos que lleve a cuestionarse la generación de un derecho internacional que no sea mera proyección del poder e intereses de la potencia de turno. Finalmente, el capítulo ***Conexión entre los referentes culturales de la Generación Z, la manipulación y la estabilidad internacional*** de Laura Gómez, Antonio Silva y Rebeca Cordero cierra esta obra con un análisis de los referentes culturales de aquellos nacidos entre 1999 y 2014, conocidos como *Generación Z*. Desde la Criminología Cultural y el Ultra Realismo, los autores repasan los referentes culturales de este segmento de la población para comprender su forma y -bajo- grado de implicación en la sociedad actual, su desconfianza y desafección institucional, así como su nivel de susceptibilidad a la manipulación. Conceptos como populismo, polarización o posverdad son clave para entender los resultados de esta investigación que muestra cómo la sobreexposición de la *Gen-Z* al mundo digital amplía su percepción de estar fuera del sistema y que esta percepción es utilizada por sectas, o grupos terroristas, por ejemplo, para desatar conductas extremas que atentan contra la seguridad nacional o internacional.

Con esta investigación queremos contribuir a los estudios de la seguridad en la medida que ésta se aborda desde la multidisciplinariedad, tan necesaria en un mundo cada vez más inestable e imprevisible para todos.

En Villaviciosa de Odón, a 17 de febrero de 2025

1.
ANÁLISIS GEOESTRATÉGICO Y DE SEGURIDAD (INTELIGENCIA, CONTRATERRORISMO, LUCHA CONTRA EL CRIMEN ORGANIZADO, EL NARCOTRÁFICO Y EL TRÁFICO DE PERSONAS) EN LAS RELACIONES INTERNACIONALES

Una reflexión crítica de las sucesivas estrategias europeas de seguridad y defensa y su relación con el vínculo trasatlántico. Aciertos y desatinos

DR. DANIEL SANSÓ-RUBERT PASCUAL
Profesor de Sociología (Acreditado Titular ANECA)
Universidad Nacional de Educación a Distancia (UNED)
https://orcid.org/0000-0003-2283-1393

I. RESUMEN

La Unión Europea ha convertido la temática "seguridad" en uno de sus pilares fundamentales. Una búsqueda de unos niveles elevados de seguridad ad intra, haciendo del territorio comunitario uno de los espacios más seguros y mejor protegidos del mundo; pero también proyectando las iniciativas de seguridad hacia el exterior. Los Estados miembros son cada vez más conscientes de las amenazas y desafíos, tanto tradicionales, como de nuevo cuño a las que hay que hacer frente. La construcción de una efectiva comunidad de seguridad se ha situado en el centro del debate. La cuestión es dirimir si la articulación de este ecosistema de seguridad debe hacerse bien desde la plena autonomía europea; desde el tradicional afianzamiento de la dependencia de Estados Unidos o apostando por alternativas más equilibradas que, sin romper los lazos con el paraguas de seguridad que la OTAN brinda a Europa, confiere a la Unión Europea mayor autonomía operativa y capacidad de decisión.

En esta línea argumentativa, una revisión crítica de las sucesivas estrategias europeas de seguridad y defensa, y su relación con el vínculo trasatlántico, permite entrever argumentos a favor y en contra de los diferentes planteamientos en discusión.

II. PALABRAS CLAVE

Seguridad, defensa, estrategia, Unión Europea, OTAN.

III. INTRODUCCIÓN

Observado desde una perspectiva que pone el énfasis en los aspectos de la seguridad y en cómo proveer de medios y capacidades para garantizar mecanismos y estrategias de salvaguarda frente a los riesgos y amenazas pasados (tradicionales), presentes y en efervescencia, el escenario internacional actual no es precisamente halagüeño.

Ofrece un panorama distorsionado en el que difícilmente se identifica con claridad quién es quién y quién está detrás de según qué. A lo que habría que sumar, la volatilidad de los tiempos de intervención/reacción. El continuo estado de transformación y la plasticidad de las propias amenazas conforman una realidad altamente mutable. Una "realidad líquida" (Bauman, 2022), como expresaría Bauman, en la que los cambios sociales, políticos, económicos, culturales y eminentemente tecnológicos se suceden vertiginosamente.

En este contexto, cabe poner el acento en la combinación de amenazas multidimensionales existente. Éstas abarcan desde las más tradicionales y longevas manifestaciones de inestabilidad, a las más modernas vinculadas a la esfera tecnológica. Desde los regímenes políticos recalcitrantes al cumplimiento de la legislación y acuerdos internacionales – entendidos éstos como instrumentos jurídicos habilitantes de una convivencia pacífica y del compromiso de acudir a los medios de resolución pacífica de los conflictos-, a los fenómenos criminales complejos como el terrorismo, los movimientos insurgentes o la criminalidad organizada. Todas ellas adaptadas, en mayor o menor medida, a la modernidad y sus circunstancias (Pulido y Sansó-Rubert, 2016, pp. 29-44).

Así, cobra relevancia el recurso a estrategias híbridas conjugadas con actividades coercitivas, subversivas y otros métodos convencionales y no convencionales (esto es, diplomáticos, militares, económicos, jurídicos y tecnológicos), que pueden utilizarse de forma coordinada para alcanzar objetivos específicos explotando sus vulnerabilidades. Adquieren preeminencia las estrategias como la "guerra sin restricciones" (Liang y Xianshui, 1999), diseñadas para ser difíciles de detectar y de atribuir su procedencia; al tiempo que persiguen infligir una pluralidad de daños, además de generar confusión. Finalidad: dificultar la toma de decisiones rápida y efectiva, imposibilitando la minimización del impacto originado por el ataque (EU Playbook, SWD 2016).

Subrayar, que su naturaleza pluriofensiva les confiere una mayor peligrosidad al abarcar desde ataques cibernéticos a sistemas de información clave, pasando por la interrupción de servicios críticos como el suministro energético o servicios financieros, hasta el debilitamiento de la confianza pública en las instituciones gubernamentales. Todas ellas injerencias directas en nuestras elecciones y procesos políticos a las que cabría sumar: la instrumentalización interesada de los flujos migratorios irregulares; el fomento de la radicalización y la apuesta por la instauración de extremismos violentos en los ámbitos político y religioso; la utilización de tecnologías emergentes y disruptivas; aprovechamiento de problemáticas de índole diversa como el cambio climático y la inseguridad energética o la profundización de las divisiones sociales (Requena, 2010, pp. 55-64; Calduch, 2012).

En conjunto, atentan contra los principios básicos de la vida comunitaria y de la esencia estatal generando descomposición social, inestabilidad política, así como debilitamiento del Estado de Derecho. Desacreditan y deslegitiman las instituciones democráticas, poniendo en tela de juicio la soberanía e independencia de los Estados. La preocupación al respecto es tal en el seno de la Unión Europea (UE), que la lucha contra las amenazas híbridas, especialmente de naturaleza terrorista, se ha convertido en una de las principales líneas de actuación. Así lo atestiguan no sólo los trabajos a nivel técnico llevados a cabo y la publicación de diversos documentos (*Marco Conjunto sobre amenazas híbridas* de abril de 2016 y/o *Comunicación conjunta sobre «Mejora de la resiliencia e impulso de las capacidades frente a las amenazas híbridas»*, de junio de 2018), sino la prioridad política reflejada en las conclusiones de diversos Consejos y, sobre todo, del propio Consejo Europeo. Igualmente acontece con la *Agenda Estratégica de la UE* para el periodo 2019-2024.

Incluso la problemática se complejiza aún más, como aduce Galeotti, al hacerse eco de los trabajos de Greggor Matson y su visión de los procesos en curso de "armamentización" (Mattson, 2020, pp. 250-265) esto es, la conformación de una realidad que implica, de pronto, el que todo se puede usar como un arma (Galeotti, 2023, p. 4). En esta misma línea Kennan (2012) habla del empleo de todos los medios al alcance del país, sin llegar a la guerra abierta en el campo de batalla, para obtener sus objetivos. Operaciones que tienen lugar tanto a cara descubierta, como de forma clandestina y que incluirían un variado abanico de opciones que pivotan desde las acciones militares y no militares, incluyendo las operaciones encubiertas, el establecimiento de alianzas políticas, la adopción de medidas económicas coactivas-represivas, el recurso a medios propagandísticos y de desinformación (*fake news*), el empleo de la guerra jurídica (*lawfare*) -entendida como el uso estratégico de procedimientos legales para intimidar, entorpecer o dificultar la actividad o expectativas de un adversario, de tal manera que el Derecho sirva como arma ofensiva-, e incluso, el recurso a alianzas inconfesables con estructuras criminales y terroristas (Sansó-Rubert, 2024).

Modalidades operativas todas ellas, que resultan especialmente útiles para alcanzar objetivos de subversión política o simplemente para allanar el camino a operaciones militares convencionales. También pueden emplearse como instrumentos de proyección del poder, para sortear sanciones y bloqueos internacionales o para socavar o subvertir el orden político de un determinado país. De igual forma, cabe su empleo como instrumento de injerencia económica o fuente de financiación clandestina. Y es que la relación entre delincuencia organizada, terrorismo y Estado ha sido compleja desde sus orígenes (Tilly, 2007, pp. 1-26). Estados que hacen suya la actividad criminal (criminalización estatal), o que recurren a la subcontratación de servicios del crimen organizado o simplemente se desenvuelven intencionadamente fuera de la legalidad (Cockayne, 2016).

La utilización de este agregado de opciones como armas ofensivas tiene unos efectos muy sutiles. Preocupa sobremanera la captura de la capacidad regulatoria y de decisión. Es una cuestión de pugna por el ejercicio del poder: quién dicta los términos y quién se somete a ellos (Galeotti, 2023, pp. 131-144). Permite transmitir la idea de la existencia de guerras justas e injustas (Walzer, 2001 y 2008), la existencia de derechos y su vulneración, el reconocimiento de legitimidades, el establecimiento de las reglas de la diplomacia internacional o direccionar la regulación comercial internacional de forma conveniente para satisfacer intereses concretos.

La principal repercusión de todo lo expresado subyace en la creciente tentación de los Estados bajo amenaza de sucumbir al pragmatismo político en detrimento del imperio de la ley, el Estado de Derecho y el respeto por las garantías jurídicas, empujando a los estados democráticos hacia derroteros autoritarios (Sansó-Rubert, 2022). El motivo es claro: instigados por la noción de supervivencia, los estados sometidos al acoso de unos adversarios que usan sus propias leyes para hostigarlos u obligarlos a escoger entre sus ideales y sus necesidades de seguridad, como acontece con los integrantes de la Unión Europea, se ven tentados a la adopción de medidas ofensivas y defensivas incompatibles con el orden democrático constitucional.

Planteamiento que se agrava por su potencial lesivo, al multiplicarse exponencialmente la capacidad de infligir daño por la creciente interdependencia de los sistemas físicos y digitales. El auge del internet de las cosas y el uso progresivo de la inteligencia artificial, si bien aportan nuevos beneficios, también representan un nuevo conjunto de riesgos (Sansó-Rubert, 2020, pp. 128-139) cada vez más complejos e impredecibles, sustentados en la capacidad para operar de manera transfronteriza y en la interconectividad; sacan provecho de la difuminación de los límites entre los mundos físico y digital, y las fronteras externas e internas de los Estados.

En definitiva, inestabilidad perenne, conflictividad permanente, guerra híbrida, zonas grises, conflicto asimétrico...un escenario donde todo lo que se nos ocurra prácticamente puede constituir un instrumento ofensivo, que pone a prueba la capacidad de gestión de la seguridad y resiliencia de los Estados. En consecuencia, ¿está realmente la Unión Europea preparada para afrontar exitosamente este panorama?

IV. PRETENSIONES TEÓRICAS: OFRECER SEGURIDAD Y DEFENSA EN UN MUNDO INCIERTO EN CONSTANTE TRANSFORMACIÓN

En un mundo cada vez más turbulento, partiendo de la premisa de que la seguridad absoluta no existe y de que no puede protegerse absolutamente todo, durante todo el tiempo, la Unión Europea se constituye en uno de los espacios más seguros y mejor protegidos (*Sexto Informe de situación relativo a una Unión de la Seguridad genuina y efectiva*, 2017). No obstante, esta situación no debe darse por descontada. La idea base de "ofrecer seguridad en un mundo en evolución" (*Estrategia de la Unión Europea para una Unión de la Seguridad*, 2020), exige afianzar previamente un ecosistema de seguridad que debe revestir, no sólo la condición de solidez en sus planteamientos y sus mimbres, sino que, además, demanda una constante construcción para poder responder con eficacia a los continuos cambios que se suceden ininterrumpidamente. Dinámica nada fácil de implementar en términos organizacionales y de articulación de medios y capacidades.

El problema principal radica en el paulatino desdibujamiento de las líneas que diferencian entre aquello que está adscrito al ámbito de la seguridad y lo que no lo es. Y, en consecuencia, ya no está tan claro qué instrumentos son indicados para defender al Estado y la sociedad y cuáles no.

La interiorización del creciente deterioro de la estabilidad a nivel internacional y sus repercusiones en el propio espacio europeo y aledaño, está favoreciendo el incremento de la conciencia social europea sobre su seguridad. Una seguridad planteada y entendida como la protección de los derechos fundamentales como razón de ser de la Unión Europea, que no solo protege los derechos fundamentales y las libertades públicas. Sienta a su vez las bases para la confianza, el dinamismo de la economía y de las relaciones sociales. Igualmente, auspicia el desarrollo a todos los niveles y contribuye al ejercicio de la consolidación democrática. No en vano, seguridad, libertad y justicia se retroalimentan mutuamente a través de los valores y principios establecidos en los Tratados de la Unión, que impregnan la Carta de los Derechos Fundamentales inspirando, en último término, las Estrategias comunitarias de Seguridad y Defensa (Martínez Martínez, 2022, 13-23).

Este baño de realidad ha propiciado paulatinamente un giro de las políticas de exterior, seguridad y defensa comunitarias hacia un pragmatismo (*realpolitik*), claramente condicionado por los imperativos geopolíticos vigentes. Evolución observable en las sucesivas estrategias presentadas a lo largo de los últimos años. Así, la primigenia propuesta, *"Una Europa segura en un mundo mejor"* –conocida como "*Documento Solana*"-, adoptada en diciembre de 2003, supuso un hito en el desarrollo de la política exterior y de seguridad y defensa. Por vez primera, la Unión Europea focalizaba el esfuerzo en realizar una evaluación conjunta de las amenazas para establecer objetivos comunes con el fin de promover intereses de seguridad compartidos. Posteriormente, se añadirían al corolario de estrategias los documentos *Estrategia de Seguridad Interior de la Unión Europea: hacia un modelo europeo de seguridad*; la *Estrategia Global* de 2016 o la implantación de la Brújula Estratégica–El documento *Una Brújula Estratégica para la Seguridad y la Defensa: por una Unión Europea que proteja a sus ciudadanos, defienda sus valores e intereses y contribuya a la paz y la seguridad internacionales*, del 21 de marzo del 2022, entre los aportes más destacados a la construcción de la seguridad y defensa europeas; hasta la más reciente *Estrategia de la UE para una Unión de la Seguridad 2020-2025* (COM (2020) 605) actualmente en vigor.

Grandes lineamientos estratégicos que requieren, a su vez, de un desarrollo pormenorizado a través de instrumentos como la adopción de reglas y estándares adicionales: el desarrollo de las denominadas *EU Hybrid Toolbox* (Caja de herramientas híbrida de la UE*)*, que debe proporcionar un marco para coordinar la respuesta ante campañas híbridas que afecten a la Unión; la *Cyber Diplomacy Toolbox* (Caja de herramientas de la diplomacia cibernética), sumada a la *Foreign Information Manipulation and Interference Toolbox* (Caja de herramientas de la diplomacia cibernética), orientadas al aseguramiento de la ciberseguridad y la seguridad de la información; y para el 2025, se prevé alcanzar el reforzamiento de la Capacidad Única de Análisis de Inteligencia (*Single Intelligence Analysis Capacity*) y la implementación de mejoras en el Centro de Satélites de la UE, para aumentar las capacidades y autonomía en términos de inteligencia geoespacial.

En definitiva, conformar un corpus estratégico y normativo que, con mayor o menor coincidencia, dote a las instituciones europeas y a sus Estados miembros de herramientas y capacidades para la interdicción de los riesgos y amenazas a los que se enfrenta hoy Europa. Al menos en la teoría.

V. ¿CÓMO LOGRAR UN ESPACIO SEGURO COMPARTIDO?

La construcción de una efectiva "comunidad de seguridad" implica necesariamente asumir simultáneamente como punto de partida y objetivo último, la protección y salvaguarda del Estado de Derecho y del corolario de los derechos humanos constitucionalmente reconocidos Carta de los Derechos Fundamentales de la Unión (*Diario Oficial de las Comunidades Europeas*, 2000). Protección, que no solamente se ha convertido en una meta prominente de las acciones de la Unión hacia su interior, sino que, también, representa un objetivo central en las relaciones exteriores de la Unión Europea. Derechos reconocidos en su pretendida Carta de los Derechos Fundamentales, que conforman el corazón de la construcción jurídica de la Unión y cuyo respeto es un requisito *sine qua non* para la legalidad de sus actos. Teóricamente, no tendrían cabida en la Unión Europea medidas incompatibles con estos derechos de corte fundamental. En esta dirección, la creación de la Agencia de los Derechos Fundamentales de la Unión Europea es una muestra de la voluntad política de las instituciones europeas y de los Estados miembros de avanzar en la protección y promoción de los derechos humanos (Weiler y Alston, 1999, pp. 3-67).

Asumiendo esta autolimitación –sujeción al imperio de la ley y al Estado de Derecho-, al menos en la teoría, la Unión Europea pretende hacer frente a las amenazas existentes haciendo uso de todos los instrumentos puestos a su disposición (una combinación de instrumentos incluidos los militares), siendo conscientes de que la primera línea de defensa estará con frecuencia en el extranjero (proyección exterior). De entre toda la panoplia de iniciativas cabría destacar en concreto, ante la singularidad de las amenazas y desafíos en ciernes, la apuesta por el refuerzo de las capacidades de alerta temprana y de inteligencia, la colaboración a nivel comunitario, la resiliencia multinivel y la protección de la esfera digital.

La primera apuesta estratégica aboga por desarrollar una visión más "preventiva" de la seguridad que "reactiva" (reforzar la alerta temprana y las capacidades de inteligencia). Para ello se requiere invertir en capacidades de inteligencia para mejorar la conciencia situacional de la Unión Europea y la incorporación al acervo comunitario de la prospectiva estratégica, que posibiliten la identificación temprana de las amenazas y la disposición de herramientas eficaces para su interdicción efectiva (estrategias de acción focalizada). En este contexto, vinculado a la esfera de la gestión de la información, del conocimiento especializado y la inteligencia demanda la incorporación de instrumentos específicos para hacer frente a la creciente manipulación informativa, la intoxicación (infoxicación) y la injerencia nociva por parte de agentes extranjeros estatales y no estatales al espacio comunitario.

Para lograr estos objetivos se pone el acento en el refuerzo y en un empleo de manera más eficiente de las herramientas disponibles. Las más importantes a saber: la Capacidad de Análisis de Inteligencia de la UE (la Capacidad Única de Análisis de Inteligencia (SIAC), en particular la Célula de Fusión de la UE contra las amenazas híbridas, proporciona elementos de prospectiva y de conciencia situacional) y el Centro de Satélites. Ambas, facilitan el intercambio de inteligencia estratégica entre los servicios de seguridad e inteligencia civiles y militares de los Estados miembros, contribuyendo a garantizar la capacidad de decisión autónoma de la Unión. Partiendo de esta base se asume que las capacidades de obtención y análisis de inteligencia deben afianzarse con la disposición de unas comunicaciones seguras. Para lograrlo, se pretende emitir reglas y regulaciones sobre seguridad en las mismas. La clave del éxito reside en aunar los esfuerzos de los medios y entidades de la Unión y de los Estados miembros y socios en aras del incremento de los niveles de protección de la información, las infraestructuras y los sistemas de comunicaciones. El informe *Cybersecurity – our digital Anchor* (*Ciberseguridad: nuestro pilar digital*), del Centro Común de Investigación, ofrece una perspectiva multidimensional del crecimiento de la ciberseguridad durante los últimos cuarenta años (Reglamento 2019/881, Agencia de la Unión Europea para la Ciberseguridad) y a la certificación de la ciberseguridad de las tecnologías de la información y la comunicación (Reglamento sobre la Ciberseguridad: Recomendación 2017/1584 de la Comisión), sobre la respuesta coordinada a los incidentes y crisis de ciberseguridad a gran escala.

Avances reforzados con el desarrollo paralelo de una cultura estratégica y de inteligencia común, que a la postre contribuirán a dotar de credibilidad a la UE como actor estratégico a través de la implementación del concepto de "seguridad inteligente"; esto es, sustentar la actividad propia del ámbito de la seguridad en su amplio espectro desde el conocimiento informado (inteligencia), proporcionado por las capacidades y estructuras de inteligencia que permitirán la adopción de decisiones y la puesta en práctica de políticas públicas y estrategias con el menor nivel de incertidumbre posible. En resumen, permitirá a los Estados miembros, a través de la consolidación de una Comunidad de Seguridad, establecer estrategias, políticas y procedimientos interconectados y coordinados para prevenir amenazas, a través de su Sistema de Inteligencia y para actuar, en consecuencia, empleando de forma combinada y conjunta los Cuerpos de Seguridad y las Fuerzas Armadas.

La apuesta por la senda de la cooperación y la interconexión obedece al hecho de que los desafíos de alcance mundial y regional descritos tienden a multiplicarse poniendo en evidencia nuestra interdependencia. Realidad que acrecienta la necesidad de establecer asociaciones más estrechas en materia de seguridad y defensa. La llamada a la cooperación y la colaboración, bajo diversas modalidades y principios, se repite hasta la saciedad en análisis, documentos y estrategias como requisito no ya necesario, sino indispensable para alcanzar el éxito. Y, a pesar de ello, continúa siendo uno de los eslabones débiles de la seguridad y defensa europeas. Sobre todo, con relación a las amenazas transnacionales que requieren de una intervención más allá del amparo de la soberanía nacional de los países miembros y el espacio europeo de seguridad.

En sintonía, en el marco de la revisión del mandato de Europol, la Comisión estudiará la creación de un Centro Europeo de Innovación para la Seguridad Interior que tenga por objeto aportar soluciones conjuntas a retos y oportunidades en materia de seguridad comunes, que los Estados miembros no podrían aprovechar por sí solos. Recalcar nuevamente -hasta la saciedad-, que la cooperación es fundamental para orientar la inversión de forma que tenga la máxima efectividad y para desarrollar tecnologías y capacidades innovadoras que ofrezcan réditos notables en materia de seguridad y defensa.

Establecer una mayor cooperación multinivel (policial, militar, judicial, diplomática, aduanera, empresarial...), redundará en beneficio mutuo al conectar a todos los actores implicados directa e indirectamente, tanto en la seguridad, como en la defensa, indistintamente provenientes de los sectores públicos, como del mundo privado. Todo ello en aras de potenciar el esfuerzo en la consecución del objetivo común: lograr instaurar un ecosistema de seguridad europeo sólido, al tiempo que creíble. No será fácil. No son pocas las reticencias a compartir información, que se agravan si hablamos de inteligencia, ya sea por temor a comprometer la seguridad nacional o por motivos de competitividad. Representa sin lugar a duda, uno de los escollos más difíciles de soslayar.

Otra área que demanda atención es cómo lograr mayores niveles de resiliencia en términos generales. Para ello se propone ampliar la denominada *EU Hybrid Toolbox* (mediante la creación de Equipos de Respuesta Rápida Híbrida -*EU Hybrid Rapid Response Teams*- en la *Estrategia de la UE para una Unión de la Seguridad,* 2020), cuya misión consistirá en proporcionar una respuesta coordinada ante cualquier campaña híbrida que afecte a la UE y a sus miembros. Señalar en todo caso, que la atribución de la agresión, asunto que conforma el nudo gordiano de la cuestión, actualmente es una prerrogativa de índole nacional; limitación propia de la soberanía, que podría restar eficacia a la reacción de la Unión como conjunto, dadas las diferentes susceptibilidades e intereses que pueblan el ecosistema europeo de seguridad.

Por todo ello, el refuerzo de la resiliencia es fundamental para prevenir las amenazas híbridas y ofrecer protección. Entendiendo en todo caso por «resiliencia» la capacidad de los Estados y las sociedades para reformarse, soportando los desastres, y recuperarse de crisis internas y externas, retornando a la normalidad política y social propia del orden constitucional a la mayor brevedad.

Por lo tanto, se impone un seguimiento sistemático y una medición objetiva de los avances en este ámbito por parte de la Unión Europea. Reforzar la preparación frente a las crisis originadas a través de la consecución de un espacio sólido de seguridad, fruto de una verdadera «Unión de la Seguridad», que garantice la defensa y seguridad, tanto en el entorno físico, como en el digital. La Unión Europea necesita adaptarse a las nuevas tecnologías, incluyendo a la Inteligencia Artificial en todo su espectro y no sólo en lo tocante a la ciberseguridad. Adquisición de hábitos y capacidades como usuarios, que deberán ir acompañados del desarrollo de medidas legislativas destinadas al correcto empleo de lo tecnológico. Medidas para mejorar la capacidad para hacer aplicar la ley en el mundo digital, contribuyendo a garantizar que la inteligencia artificial, las capacidades espaciales, los macrodatos y la informática de alto rendimiento se integren en la política de seguridad y defensa de manera eficaz, tanto en la lucha contra los delitos, como en la garantía de los derechos fundamentales. La inteligencia artificial podría actuar como un potente instrumento, creando enormes capacidades de investigación mediante el análisis de grandes cantidades de información y detectando pautas y anomalías (*Configurar el Futuro Digital de Europa*, 2020). Todo ello acompasado con el desarrollo de la política de ciberdefensa de la UE para detectar y desalentar los ciberataques y conferir elevados estándares de protección a instituciones, empresas y usuarios particulares.

Política que deberá, a su vez, impulsar la investigación y la innovación contribuyendo al estímulo de la base industrial comunitaria. Al tiempo que se promueve la educación y la formación tecnológica con el fin de asegurar unos niveles de conocimiento suficientes a nivel privado y de la administración, conocedores que el eslabón más débil de la cadena de seguridad en la esfera tecnológica es siempre el usuario. Abogar por la normalización de una cultura de seguridad en el empleo de las tecnologías.

Básicamente, implementar políticas de ciberdefensa de la UE para estar preparados ante los ciberataques y responder mejor. Todo ello conlleva necesariamente el tener que incrementar y optimizar la inversión en capacidades y en tecnologías innovadoras, subsanar las carencias estratégicas y reducir las dependencias tecnológicas e industriales. Todo un reto en sí mismo.

VI. REALIDADES PRÁCTICAS: DEMOCRACIAS EUROPEAS INTIMIDADAS Y LA APARICIÓN DE TENTACIONES AUTORITARIAS CARGADAS DE BUENAS INTENCIONES

Como nos recuerda Beck, vivimos inmersos en la sociedad del riesgo (Beck, 2006). Entorno que sin duda contribuye notablemente al incremento de la sensación social de pérdida de la invulnerabilidad que, a su vez, suscita una fuerte aversión al miedo. Al sentimiento de desprotección. La intolerancia al riesgo de la sociedad europea ha desatado una paranoia contra el corolario de amenazas vigentes, alimentada por un clima de opinión dominado por el miedo, que ha auspiciado el triunfo del discurso totalizante de la seguridad.

Consecuentemente, el mantenimiento de la seguridad debe constituir el fin de los Estados miembros y el objeto de su actividad soberana y en el contexto de la Unión. La problemática se suscita cuando las iniciativas adoptadas en respuesta al desafío protagonizado por los riesgos y amenazas previamente descritos han quebrado y socavado abiertamente los principios básicos del Estado de Derecho que se pretende proteger. Circunstancia, que resulta de muy dudoso encaje en un marco de respeto de los derechos humanos y de los valores fundamentales del Estado democrático de los que se hace eco la coloquialmente conocida como Constitución Europea.

La seguridad y la defensa son importantes, sin duda, pues sin seguridad no nos sentimos libres. Y, sin libertad, no hay democracia. Por lo que la seguridad, acompañada de las capacidades de defensa son una cuestión clave para conseguir una adecuada calidad democrática. Solo en un contexto razonable de seguridad pueden ejercitarse realmente los derechos fundamentales (Fernández Rodríguez, 2020).

Por ello no tiene sentido que, para garantizar la seguridad y la defensa se diezmen otras libertades que son tan necesarias o más en un Estado democrático de Derecho o, al menos, que se haga desmesuradamente. En todo caso se debería partir de la premisa fundamental de que cualquier medida a adoptar, aun persiguiendo un fin legítimo, no puede acabar acarreando una limitación a las libertades de los individuos desproporcionada o caer en una contradicción con los fundamentos esenciales que dotan de sentido al espacio europeo y atlántico de seguridad.

Es evidente que en un Estado democrático las autoridades cuentan con toda la legitimidad y están facultadas, bajo el amparo de la legalidad vigente y respetando los pertinentes controles de legalidad constitucionalmente previstos, para implementar aquellas opciones que estimen pertinentes y oportunas en materia de seguridad y defensa. El problema se plantea cuando dichas transformaciones conllevan un debilitamiento de la democracia; esto es, cuando la legislación y herramientas adoptadas reducen de facto los ámbitos de libertad, al suprimir garantías y soslayar derechos, desvirtuando el propio contenido constitucional, retrotrayendo el espacio de acción democrático.

La legitimidad inicial de la acción del Estado dirigida a proteger los derechos, libertades y el bienestar de los ciudadanos se diluye cuando su articulación y desarrollo se ejecuta tratando de eludir la debida sujeción a los controles jurídico-constitucionales, amparándose en la máxima latina *salus reipublicae suprema lex*; esto es, que la seguridad del Estado debe ser la ley suprema. Asumir, en nombre de la seguridad del pueblo, el sacrificio de las demás leyes. Cuestión, que podría interpretarse como la pretensión de excluir del ámbito de control jurídico todo lo concerniente a la seguridad nacional cuando así lo requieran las circunstancias (Barberis, 2020), incluyendo la razón y el secreto de Estado.

Ciertamente es difícil reconocerle al Estado el monopolio del uso legítimo de la fuerza, sin concederle al mismo tiempo cierta libertad en su uso. La tendencia innata a la supervivencia por la vía de la autodefensa impele al Estado a recurrir a toda aquella herramienta o medio del que valerse. Incluso, a través de la teoría de la razón de Estado se intenta justificar la utilización de medios inmorales y no jurídicos, cuando se pone en peligro no sólo la seguridad, sino la supervivencia del Estado y del propio sistema democrático.

En concreto, preocupa sobremanera como al amparo de las iniciativas dirigidas a enfrentar las amenazas identificadas en las diversas estrategias de seguridad se auspicien y promueven procesos a través de los cuales se desvirtúe la esencia de la democracia, favoreciendo su progresivo alejamiento del espíritu europeo liberal constitucional. No pocos países están consolidándose bajo una forma de ejercicio del gobierno, que combina un nivel apreciable de democracia con un grado considerable de autoritarismo (Ferrajoli y Zolo, 2001). *La quiebra del* sistema democrático en favor de su reconfiguración autocrática.

Un recorrido por la normativa de seguridad reciente permite identificar cómo a raíz de la cadena de acontecimientos acaecidos en las últimas décadas y muy especialmente a raíz del 11 de septiembre de 2001, los gobiernos de todo el mundo, en mayor o menor medida, impulsados por intereses políticos diversos –unos más inconfesables que otros-, no han dudado en utilizar el miedo generado en las sociedades sugestionadas por la percepción de vulnerabilidad e incremento de la inseguridad para intensificar los programas de vigilancia y control social; a la par que materializar importantes recortes en el conjunto de las garantías democráticas y las libertades públicas. Transformaciones que no resultan inocuas. Representan una desfiguración sutil de la democracia en las formas, pero de profundo calado y repercusiones en lo tocante al proyecto político que representa la Unión Europea.

Los desmanes practicados bajo el paraguas aparente de la seguridad y la defensa han propiciado de facto el retraimiento del Estado de Derecho en no pocos Estados miembros. Deriva que amerita con urgencia la necesidad de reacomodar la respuesta de los Estados al marco democrático y, para ello, se requiere del retorno a la moderación y a la búsqueda de la proporcionalidad en la articulación de respuestas.

Es posible alcanzar el equilibrio trazando un camino intermedio entre una posición acrítica que defienda a ultranza los derechos humanos argumentando la imposibilidad de justificar bajo ningún pretexto cualquier violación de estos y una posición exclusivamente pragmática, que juzgue las medidas de seguridad y defensa sólo por su eficacia. Para bien ser, los gobiernos deberían auditar públicamente las iniciativas adoptadas susceptibles de generar dudas sobre los compromisos estatales y comunitarios con la justicia y la dignidad. De otra parte, comportamientos como los asesinatos selectivos (*targeted killings*); la creación de tribunales especiales y la modificación de los procedimientos de juicio (incluidas las normas probatorias) para favorecer a la acusación limitando los derechos del debido proceso del acusado; el mantenimiento de prisiones secretas o absolutamente contrarias al Derecho como la de Guantánamo; la existencia de los denominados *black spots* (puntos negros) donde se ha practicado la tortura o los interrogatorios coercitivos o cualquier otro espacio sustraído de control legal; el aumento del tiempo de duración de la detención preventiva; la alteración del principio de la tutela judicial efectiva, con la creación de Tribunales militares de excepción; la quiebra del derecho a un proceso debido con todas las garantías, la afectación de los sistemas de recursos o de pruebas; la limitación del secreto de las comunicaciones telefónicas y a través de Internet, al permitir su interceptación sin mandato judicial, admitiendo la "interceptación preventiva"; todos estos ejemplos, deberían ser totalmente inaceptables en cualquier situación.

Si bien es cierto que los derechos no fijan barreras insalvables bajo cualquier circunstancia, sí requieren que todas sus transgresiones sean analizadas mediante revisión contradictoria. Las excepciones, *a priori*, no destruyen la norma siempre que sean temporales, estén suficiente y públicamente justificadas, y sean empleadas sólo en último recurso. No hay que perder nunca de vista que todo enemigo también tiene derechos y que éstos, no dependen de la reciprocidad o de la buena conducta (Sansó-Rubert, 2023, pp. 125 y ss.). Pero la dificultad no radica en definir estos límites teóricamente: el problema reside en protegerlos en la práctica, para mantener a la democracia a salvo tanto de nuestros adversarios, como de nuestro propio celo.

El establecimiento de normas represivas y de capacidades extraordinarias en el ámbito de la seguridad, con la pretendida finalidad de tratar de preservar el Estado democrático de Derecho, esquivando para ello las leyes nacionales y las convenciones internacionales en materia de respeto a los derechos fundamentales y las libertades públicas, conlleva como consecuencia directa un debilitamiento de la propia democracia. Actuaciones todas propias de regímenes no democráticos. A partir de aquí, solo cabe deslizarse por la engañosa senda del autoritarismo bien intencionado, pero no por ello menos dañino para la calidad democrática.

En conclusión, vulnerar sistemáticamente normas y derechos fundamentales en virtud de la máxima maquiavélica de que el fin justifica los medios, no tiene cabida en el proyecto de la Unión Europea.

VII. ¿Y CÓMO ENCAJA TODO ESTO CON EL VÍNCULO TRASATLÁNTICO? DIFICULTADES PRESENTES Y FUTURAS

A pesar de las distintas orientaciones geopolíticas entre la Unión Europea y los Estados Unidos, sumado a una concepción estratégica y unas percepciones en materia de seguridad y defensa notablemente diferenciadas (especialmente en lo tocante al recurso del uso de la fuerza para la resolución de los conflictos, entre todo un conjunto de otros rasgos notablemente diferenciadores en campos diversos como la economía, las migraciones, el cambio climático o la seguridad energética entro otros muchos y por citar algunos de notable actualidad y relevancia), ambos comparten la conciencia de que, pese a todo, la Alianza Atlántica es su activo estratégico importante.

Cuestión que, por otro lado, no debe conformar ni un impedimento y menos aún una excusa (parapetados tras los "dividendos de la paz" proporcionados por la asunción norteamericana y la correspondiente dejación europea de la responsabilidad de la defensa de Europa acontecida durante prácticamente la totalidad de la Guerra Fría), para que los países europeos miembros de la OTAN y de la Unión Europea, asuman la responsabilidad de sus propias estructuras y capacidades nacionales y comunitarias de seguridad y defensa (Garton Ash, 2005). De hecho, la anexión rusa de Crimea en 2014 y la guerra de Ucrania han propiciado -por no decir forzado-, a que los integrantes de la Unión Europea configuren un esquema de seguridad y defensa más ambicioso (Grand, 2023). De ahí, que a través de la nueva estrategia se pretende impulsar el cierre del proyecto de seguridad y defensa en europea, que permita definir las relaciones entre Estados Unidos y la Unión Europea bajo un nuevo prisma y en consonancia con nuevos términos, más acordes con los cambios acontecidos en los últimos tiempos y la reconfiguración de los equilibrios en las relaciones internacionales. La clave de bóveda reside en el establecimiento de un diálogo responsable entre aliados (ad intra de la Unión Europea y ad extra con los socios OTAN no comunitarios y Estados Unidos), que posibilite la adopción de decisiones consensuadas en beneficio de la seguridad internacional. Lo que no siempre es factible.

La Unión Europea y sus miembros deben aprender a defenderse por sí mismos, con independencia de que, llegado el caso, cuenten con el paraguas de protección que representa la OTAN. Superar cualquier tipo de renuencia interna o externa a la maduración de la Identidad Europea de Seguridad y Defensa (IESD). Aceptar la plena responsabilidad de su propia defensa, sin que suponga una ruptura con la Alianza Atlántica, poniendo en valor la búsqueda de la complementariedad multinivel.

Sin embargo, a pesar de lo ambicioso de los planteamientos recogidos en las estrategias y la voluntariedad europeísta, nuevamente la realidad es tozuda ya que, al menos por el momento y de forma decepcionante para los que abogan por la autonomía defensiva de Europa, ésta depende todavía de Estados Unidos a través del modelo de la OTAN. Y esto se debe en gran medida a que la transformación del sistema de seguridad europeo requiere de una modificación en las políticas de defensa no sólo de los Estados miembros, que en aras de proteger sus respectivas soberanías nacionales e intereses geopolíticos -no siempre coincidentes entre los integrantes de la Unión Europea-, no van a renunciar a los mínimos de defensa de sus intereses vitales. Todo suma: la desconfianza hacia la burocracia comunitaria; el temor a una pérdida de capacidad de decisión en grandes temas de Estado; la quiebra de un multilateralismo eficaz; la inaplicación del Derecho Internacional y el Derecho Humanitario; la preocupación ante el posible debilitamiento del vínculo trasatlántico o el progresivo abandono de la presencia militar norteamericana de suelo europeo.

Realidad, que exige una redefinición del vínculo trasatlántico sustentada en la consolidación de una responsabilidad compartida (de igual a igual, cada una poniendo en valor sus fortalezas en los ámbitos del "soft and hard power", así como en lo referente a las capacidades diplomáticas y de potencialidad económica), que habrá que ir matizando conjuntamente.

En esta línea argumentativa no puede obviarse, de cara a la construcción efectiva de una defensa europea, la necesidad de que se sostenga sobre una base industrial eficaz y competitiva, acompasada con el aumento de la inversión en las áreas de seguridad y defensa; sin el desarrollo del tejido industrial cualquier pretensión de conformar una estructura de defensa no podrá fructificar. Sin capacidades adecuadas, no hay defensa viable. La negativa a asumir esta demanda (ausencia de comprensión social de la necesidad y voluntad política para llevarla a cabo), sólo conduciría a la rebaja forzosa de las expectativas evidenciando la incapacidad europea de desempeñar el rol de actor político global. Y todo ello sin perder de vista que tanto la Unión Europea, como la OTAN están en continua transformación y adaptación al mundo en el que están abocados a operar (con éxito). Lo cual no hace más que dificultar el escenario y la materialización efectiva de las propuestas pergeñadas en las diversas estrategias.

En definitiva, aún a riesgo de resultar repetitivo, no hay nada nuevo que contar que no expresásemos ya en el pasado: "Este sinfín de problemas de difícil solución requerirán esfuerzo, imaginación, cesión de soberanía, fijación de criterios distintos a los de unanimidad, normas de seguridad, sacrificio y voluntad, y dada la complejidad, mucho tiempo para que el nuevo pilar de la defensa sea eficaz" (Sansó-Rubert, 2001, p. 78). Conscientes de que ningún país de la Unión puede enfrentar las actuales amenazas a la seguridad de forma aislada. La realidad es que, por el momento, la infraestructura militar europea es insuficiente para todos los cometidos estratégicos que se pretenden abordar.

VIII. *FACTA NON VERBA*. ASUMIR LAS PROPUESTAS DE SEGURIDAD Y DEFENSA EN Y DESDE LOS PLANTEAMIENTOS PROPIOS DEL MODELO DE LA DEMOCRACIA CONSTITUCIONAL

Además de lo expresado en los epígrafes anteriores se debe insistir igualmente en la idea fundamental de que toda iniciativa de seguridad y defensa europea, aboga por la defensa y protección de los valores, derechos y libertades fundamentales, a través del fomento del respeto de las tradiciones constitucionales de cada uno de los Estados miembros y de las obligaciones internacionales comunes a todos ellos, del Convenio Europeo para la Protección de los Derechos Humanos y de las Libertades Fundamentales. No puede ser de otra forma. La seguridad de la Unión Europea sólo cabe entenderse en clave constitucional y democrática.

La interiorización de los derechos fundamentales como fundamento del orden político y de la paz social significa que, además de la protección subjetiva de los derechos para salvaguardar a las personas, objetivamente proteger los derechos fundamentales significa proteger el orden público, la paz social y, a la postre, el propio orden constitucional (Sansó-Rubert, 2021). De ahí la relevancia que cobra toda estrategia de protección de los derechos fundamentales, en calidad de «fundamentos constitucionales de la democracia» (Ferrajoli, 2011, p. 24). Y es que hay que incidir en la idea de que la seguridad de una sociedad no es independiente de sus valores fundamentales. Estos son la base del estilo de vida europeo y deben seguir constituyendo la columna vertebral de todo el esquema de seguridad.

Por consiguiente, la gobernabilidad, enfocada desde el prisma del "buen gobierno", repercute sobremanera en la conexión necesaria que debe establecerse entre legitimidad y ejercicio del poder, concentrando su atención en la trascendencia de la calidad de la acción gubernamental. El Estado deberá gobernar sometido al imperio de la ley (seguridad jurídica) y denostar la arbitrariedad y la discrecionalidad en sus actuaciones, recurriendo al instrumento de la fuerza legítima sólo al efecto de ejecutar y hacer ejecutar las leyes. Jamás para sostener decisiones arbitrarias.

El corolario de riesgos y amenazas no representan justificación suficiente para otorgar carta blanca a los gobiernos en sus políticas de seguridad y defensa, abandonando todo sentido crítico. No se debe claudicar ante la práctica y las aspiraciones a ultranza de seguridad. Especialmente, cuando se cuenta con medios de seguridad suficientes para responder adecuadamente al desafío planteado.

Siguiendo esta línea expositiva, defender el ideal de que los derechos fundamentales deben ser respetados siempre es crucial. Idealización, que servirá de acicate para tratar de revertir o, al menos, limitar en la medida de lo posible la realidad que parece estar gestándose. Este planteamiento descrito, no resulta incongruente con la articulación excepcional de medidas específicas, recalcando su carácter excepcional, concreto y limitado en el tiempo (recogidas como tal en la Constitución), para superar un determinado episodio crítico. Como ha expresado Posner, la Constitución no es un "pacto suicida" y, por tanto, cabe limitar, que no "sacrificar", puntualmente algunos derechos fundamentales y libertades (no todas, por ejemplo, el derecho a la vida no puede desprotegerse), sin que ello suponga cuestionar nuestras firmes convicciones en favor de los derechos (Posner, 2006).

Por consiguiente, toda acción de la Unión Europea se legitimará y construirá más confianza en la medida en que se conduzca bajo un irrestricto apego al derecho. Cualquier extralimitación resulta inadmisible por contravenir el Estado democrático mismo, que se busca consolidar. Como expresa Sanahuja, "la construcción de la paz va más allá de las dimensiones militar y de defensa. Responder a las necesidades humanitarias inmediatas, ayudar a reconstruir países y sociedades desgarradas por los conflictos, y abordar las causas profundas de la inestabilidad para evitar más violencia forma parte del enfoque de la UE en la resiliencia y el enfoque integrado de los conflictos y crisis. La seguridad humana está en el centro de todas las acciones de la Unión, con un compromiso firme desde una etapa temprana para prevenir conflictos y salvar vidas, en estrecha cooperación con la sociedad civil sobre el terreno y en las secuelas del conflicto, para asegurar que la paz arraigue y que los países no vuelvan a caer en la inestabilidad y en el conflicto violento" (2018).

IX. REFLEXIONES FINALES

La formidable historia de éxito en las relaciones trasatlánticas, malentendida, obviada y minusvalorada en ocasiones, no ha estado exenta de dificultades y desencuentros. Y, probablemente, seguirá siendo así en el futuro. Es ilusorio pensar que una buena base común garantiza una relación exenta de problemas y discrepancias, pues las naciones actúan en un mundo crecientemente complejo y globalizado en función de intereses y condicionamientos a veces irreconciliables. Afirmación válida no sólo para las relaciones trasatlánticas, sino en última instancia también lo es a la hora de explicar las dificultades para formular políticas comunes en el interior de la Unión Europea (Fix, 2024).

El clásico estatus binario "guerra y paz" ha dejado de ser explicativo del mundo y sus problemáticas (Hobsbawm, 2013). Nos sumergimos en una Era en la que aparentemente todo va bien, pero bajo la superficie de la cotidianeidad normalizada se desatan y conviven una pluralidad de conflictos de diversa intensidad y virulencia. Conflictos encubiertos -ni declarados, ni reconocidos, simplemente invisibilizados-, las guerras culturales y las de naturaleza no militar; guerras sin combates; conflictos dirigidos con toda suerte de medios no convencionales, desde la subversión a las sanciones, de la intoxicación informativa y los *fake news* a los asesinatos selectivos, que constituyen una nueva tipología de conflictividad subrogada. Una suerte de estatus de conflicto permanente de intensidad variable, interminable, en la que el campo de batalla se hace ubicuo. Aliados y enemigos se entrelazan con diversidad de significados según el momento y el contexto. Como subraya Galeotti, nuestros aliados hoy pueden ser nuestros oponentes mañana (2023, pp. XII y ss.).

Realidad que impele a que, en un futuro, las naciones estarán obligadas a ser cada vez más imaginativas y flexibles en la estructuración y diseño de sus respectivos esquemas de seguridad. Los estados capaces de conjugar realidades y herramientas disponibles, logrando desenvolverse en este contexto, dispondrán de multitud de oportunidades frente a los que no consigan adaptarse. Ante la tesitura descrita en la que se encuentra inmersa la seguridad internacional, ceñirse al estricto cumplimiento de los preceptos y mandatos del imperio de la ley y del Estado de Derecho actuales, representa otro reto en sí mismo.

Los Estados miembros como conjunto deberán ser capaces de proteger a la ciudadanía, defender los principios, valores e intereses comunes que les unen y que dan sentido a la construcción supranacional europea, y contribuir a configurar un escenario internacional pacífico y seguro. Y, para alcanzar estos objetivos básicos presentes en todos los textos estratégicos comunitarios y lograr implementar un espacio seguro compartido (Steinberg; Anchuelo y Feás, 2019), deberán igualmente de abstenerse de recurrir a cualquier medio que no encaje en esta premisa. Lo cual, no siempre resultará fácil, a tenor de la propia naturaleza gris e indeterminada de las amenazas de una parte y, de otra, la ausencia, a mi juicio, de un marco legal de actuación adaptado a la emergencia de las posibles situaciones susceptibles de producirse.

El ordenamiento jurídico en vigor a través del que se regula la seguridad, la defensa y la actividad de inteligencia, adolece de adecuación a los tiempos y necesidades actuales. Un Derecho que, bien por sus lagunas, bien porque ha quedado anquilosado, bien por un exceso de “garantismo acrítico”, favorece el auge de las tendencias autoritarias y la sobrerreacción estatales a la hora de implementar los mandatos estratégicos de seguridad y defensa. La situación amerita una mayor coherencia, que combine acertadamente las iniciativas políticas de naturaleza estratégica con su correspondiente desarrollo legal en tiempo y forma. De lo contrario, las herramientas de seguridad en la práctica resultarán deficitarias o inaplicables, al menos conforme a derecho. Se trata, en definitiva, de allanar el camino hacia una Unión de la Seguridad real y efectiva.

Y todo lo reflejado requiere de un elemento clave para que fructifique: que la Unión Europea asuma una mayor responsabilidad política respecto de su seguridad. Y para ello, los europeos debemos ambicionar la consecución de la autonomía estratégica o, al menos, un nivel aceptable de capacidad autónoma de maniobra para afrontar el escenario vigente.

La introducción en el debate de este concepto de "autonomía estratégica", si bien no es novedoso, si es fundamental. Refleja la evolución de las discusiones en el seno de la Unión y la voluntad de avanzar en materia de seguridad y defensa, al objeto de garantizar la seguridad dentro y fuera de las fronteras comunitarias. Y esto sólo se logra con voluntad política manifiesta para adquirir compromisos y materializarlos. Lo cual, ciertamente no es nada fácil. Baste con tener en consideración la diversidad de intereses y visiones respecto de cómo construir la seguridad y defensa europeas. Desde los posicionamientos que fluctúan abogando por una autonomía, hasta los planteamientos que visibilizan un futuro inseparable y dependiente del paraguas proporcionado por la OTAN; pasando por posicionamientos intermedios, que basculan más hacia uno u otro lado. Representan un variopinto abanico de visiones estratégicas.

Desde luego, ninguno de los documentos consultados representa la "estrategia ideal" para los diferentes planteamientos sobre cómo conformar la seguridad europea. En todo caso, si cabe poner en valor su aceptación por la totalidad de los Estados miembros. Cuestión esta última que no es baladí, si se tiene en consideración lo complejo que resulta alcanzar este nivel de consenso fruto de la admisión de concesiones, renuncias, así como de la construcción de ambigüedades calculadas; todo ello para acomodar la disparidad de visiones sobre cómo articular la seguridad y la defensa europea a futuro.

Si bien, ciertamente, como puede observarse se ha avanzado considerablemente en la implementación de muchas de las medidas acordadas en las Estrategias, largo es el camino aún por recorrer. El problema es que la lentitud en la ejecución de estas iniciativas puede repercutir en un coste exacerbado en términos de oportunidad y consecución de elevados estándares de seguridad. La agilización y flexibilización de los procesos de articulación e implementación de las medidas y estrategias pergeñadas ha de ser muy dinámico, si se quieren revertir los esquemas reactivos tradicionales de actuación.

Por el momento, asistimos a la preocupante imposición de medidas legislativas adoptadas sin la pertinente reflexión constitucional y cautela democrática, sin calibrar sus repercusiones: el triunfo de la imposición política revestida de razón de Estado y escudada tras la seguridad nacional sobre el Estado constitucional de Derecho. Y es aquí, cuando la política prevalece sobre el Derecho o más aún, contra el Derecho, cuando comienzan a despuntar los rasgos autoritarios del poder.

Por ello, pese a todos los logros conseguidos, el cumplimiento exitoso de los mandatos contenidos en las sucesivas estrategias de seguridad y defensa, y demás documentos estratégicos complementarios, sigue siendo un trabajo en curso (*work in progress*). Aún no se ha alcanzado el máximo potencial. Será necesario trabajar profusamente a nivel de la UE, en aras de alcanzar la implementación fáctica de un "ecosistema europeo de seguridad sólido" (*Estrategia de la UE para una Unión de la Seguridad*, Bruselas, 24.7.2020 COM (2020) 605 final) en el que se concilien autoridad y libertad, orden y justicia, política y derecho.

He aquí una de las grandes vulnerabilidades de los estados democráticos a título particular, como de las alianzas supranacionales como la Unión Europea. Y es la disparidad entre la retórica y la realidad. Políticos e instituciones proclaman su adhesión a unas políticas basadas en principios y valores propios de la democracia liberal y la preeminencia de los derechos fundamentales. Cuestión que está muy bien, siempre y cuando el discurso y la teoría coincidan con las intervenciones; esto es, discurran en la misma dirección y términos, y que así sea percibido. La existencia de disparidades al respecto pone el acento y resalta las debilidades de los Estados ante la distancia existente entre el deber ser normativo y lo que acontece realmente. Incongruencias, que otros están en situación de explotar convenientemente en aras de deslegitimar estrategias y acciones. Procesos intencionados de descalificación, que asientan e incrementan la desconfianza institucional y hacia todo contenido que provenga de fuentes oficiales. En sentido opuesto, actuar conforme al discurso democrático constitucional adherido al estricto cumplimiento de la legalidad genera credibilidad, refuerza la autoridad política y la capacidad de convicción.

Quizá ha llegado la hora de que la Unión Europea se tome muy en serio predicar con el ejemplo. *Facta non verba.* Y añadiría un paso más allá. Conjugar los esfuerzos enfocados desde la tradicional máxima *si vis pacem para bellum* ("Si quieres paz, prepárate para la guerra"), con el enfoque *si vis pacem, cole iustitiam* ("Si deseas la paz, cultiva la justicia"). Aunque pudiese parecer una deriva cuestionable hace planteamientos utópicos próximos al desiderátum de la "paz perpetua kantiana" (Kant, 2013) e incluso malinterpretarse como una debilidad propia de los europeos (la famosa imagen del "gigante con pies de barro") (Baqués-Quesada, 2023), nada más lejos de la realidad. La apuesta por el constitucionalismo y la defensa de los derechos fundamentales y las libertades públicas como brújula para guiar los avances en la seguridad y defensa europeas, representa una madurez social e institucional nada desdeñables y es, en última instancia, lo que marca la diferencia (Ferrajoli, 2023 y 2024), que hace de la Europa comunitaria referente mundial en términos democráticos, a pesar de sus carencias y errores.

Sólo así se tendrá la garantía de lograr un ecosistema sólido de seguridad y defensa adecuados al espíritu y noción de lo que se entiende por el proyecto europeo, más allá de una mera confluencia de intereses económicos y políticos, y una moneda común. Apostar por la construcción de una Unión Europea que sea el fiel reflejo de la resiliencia ante los desafíos presentes y futuros de la democracia. Lo que implica su compromiso con la promoción de los aspectos de la seguridad y la defensa en clave democrática; esto es, al servicio de la protección de las personas y del conjunto de los derechos humanos, las libertades fundamentales y el Estado de Derecho dentro y fuera del espacio comunitario y euroatlántico.

X. REFERENCIAS

Barberis, M. (2020). *No hay seguridad sin libertad. La quiebra de las políticas antiterroristas,* Madrid: Trotta.

Bauman, Z. (2022). *Modernidad líquida,* México DF: Fondo de Cultura Económica.

Baqués-Quesada, J. (2023). *La construcción de una política exterior y de seguridad común en Europa,* Barcelona: Catarata.

Beck, U. (2006). *La sociedad del riesgo: hacia una nueva modernidad,* Madrid: Paidós Ibérica.

Calduch, R. (2012) (coord.), *El enfoque multidisciplinar a los conflictos híbridos,* Documentos de Seguridad y Defensa, núm. 51, CESEDEN, Servicio de Publicaciones del Ministerio de Defensa, Madrid.

Carta de los Derechos Fundamentales de la Unión, *Diario Oficial de las Comunidades Europeas* (2000/C 364/01). Accesible en: https://www.europarl.europa.eu/charter/pdf/text_es.pdf.

Cockayne, J. (2016). *Hidden Power: The Strategic Logic of Organised Crime,* London: Oxford University Press.

Configurar el Futuro Digital de Europa, Comunicación de 19 de febrero de 2020 [COM (2020) 67].

Estrategia de Seguridad Interior de la Unión Europea: hacia un modelo europeo de seguridad (2010). Aprobada por el Consejo Europeo en su reunión del 25 y 26 de marzo de 2010. Accesible en: https://www.consilium.europa.

eu/es/resources/publications/internal-security-strategy-european-union-towards-european-security-model/

Estrategia de la UE para una Unión de la Seguridad, Bruselas, 24.7.2020 COM (2020) 605 final. Accesible en: https://eur-lex.europa.eu/legal-content/ES/TXT/PDF/?uri=CELEX:52020DC0605

Fernández Rodríguez, J. J. (2020). *Seguridad(es) en un futuro incierto: un estudio jurídico-constitucional*, Cizur Menor: Thomson Reuters Aranzadi.

Ferrajoli, L., (2011). *Principia Iuris, Teoría del Derecho y de la Democracia*, Trotta, Madrid.

Ferrajoli, L., (2023). *Por una Constitución de la Tierra. La humanidad en la encrucijada*, Madrid: Trotta.

Ferrajoli, L., (2024). *La construcción de la democracia. Teoría del garantismo constitucional*, Madrid: Trotta.

Ferrajoli, L., y Zolo, D. (2001). *Democracia autoritaria y capitalismo maduro*, Barcelona: Ediciones 2001.

Fix, L. (2024). *La trayectoria de las relaciones EEUU-UE en un año tumultuoso*, ARI 95/2024 (versión en español), 15 de julio de 2024.

Galeotti, M. (2023). *Todo es un arma: Una guía de campo para las nuevas guerras*, Madrid: Desperta Ferro Ediciones.

Garton Ash, T (2005). *Mundo libre. Europa y Estados Unidos ante la crisis de Occidente*, Barcelona: Tusquets.

Grand, C. (2023). *Estrategia, capacidades, tecnología: Un manifiesto para una nueva defensa europea*, 6 de febrero del 2023. Accesible en: https://ecfr.eu/madrid/article/estrategia-capacidades-tecnologia-un-manifiesto-por-una-nueva-defensa-europea/

Hobsbawm, E. (2013). *Guerra y Paz en el siglo XXI*, Madrid: Planeta.

Kant, I. (2013). *La paz perpetua*, Madrid: Tecnos.

Kennan, G. (2012). *American diplomacy Fiftieth-anniversary*, Chicago: University of Chicago Press.

Liang, Q. y Xianshui, X. (1999). *Unrestricted Warfare*, Beijing: PLA Literature and Arts Publishing House.

Mattson, G. (2020). "Weaponization: Ubiquity and Metaphorical Meaningfulness", *Metaphor & Symbol*, vol. 35, núm. 4, pp. 250-265.

Martínez Martínez, R. (2022). "Estrategias nacionales de seguridad, una herramienta del siglo XXI". *Papeles de relaciones ecosociales y cambio global*, 57, pp. 13-23.

MCDC Countering Hybrid Warfare Project: Understanding Hybrid Warfare A Multinational Capability Development Campaign, 2019.

Posner, R. (2006). *Not a suicide pact. The constitution in a time of national emergency,* New York: Oxford University Press.

Protocolo operativo de la UE para la lucha contra las amenazas híbridas («EU Playbook»), SWD (2016) 227. Disponible en: https://eur-lex.europa.eu/legal-content/ES/TXT/HTML/?uri=CELEX:52017JC0030&from=ET.

Pulido, J. y Sansó-Rubert, D. (2016). "El Papel de la Inteligencia ante los fenómenos delincuenciales complejos en el contexto del Espacio Euroatlántico". Pulido, J.; García Cantalapiedra, D. y Rupérez, J. (coords.), *Hacia un nuevo Espacio Euroatlántico: Una visión renovada de las Relaciones Transatlánticas en un escenario global,* pp. 29-44.

Recomendación (UE) 2017/1584 de la Comisión, de 13 de septiembre de 2017, sobre la respuesta coordinada a los incidentes y crisis de ciberseguridad a gran escala. Accesible en: https://www.boe.es/buscar/doc.php?id=DOUE-L-2017-81864

Requena, M. (2010) (Ed.). *Luces y sombras de la seguridad internacional en los albores del siglo XX.* Instituto Universitario General Gutiérrez Mellado, Madrid.

Reglamento (UE) 2019/881 del Parlamento Europeo y del Consejo, de 17 de abril de 2019, relativo a ENISA (Agencia de la Unión Europea para la Ciberseguridad) y a la certificación de la ciberseguridad de las tecnologías de la información y la comunicación y por el que se deroga el Reglamento (UE) nº 526/2013 («Reglamento sobre la Ciberseguridad»). Accesible en: https://www.boe.es/buscar/doc.php?id=DOUE-L-2019-80998

Sanahuja Perales, J. A. (2018). *La Estrategia Global y de Seguridad de la Unión Europea: narrativas securitarias, legitimidad e identidad de un actor en crisis.* Instituto Complutense de Estudios Internacionales, Universidad Complutense de Madrid, 1-30. Accesible en: http://dx.doi.org/10.13140/RG.2.2.26511.48801

Sansó-Rubert, D. (2001). "Hacia un orden de Seguridad en Europa: el futuro de la IESD", *Boletín de Información del CESEDEN,* Ministerio de Defensa, núm. 269; pp. 91-78.

Sansó-Rubert, D. (2022). *Terrorismo, seguridad y retraimiento democrático: el declive del Estado de derecho constitucional.* Madrid: Dykinson.

Sansó-Rubert, D. (2021). *Crimen organizado y déficit democrático.* Colex, A Coruña.

Sansó-Rubert, D. (2020). "Inteligencia artificial. Al servicio de la criminalidad organizada ¿Mito o realidad?". *Abaco: Revista de cultura y ciencias sociales,* núm. 103, pp. 128-139.

Sansó-Rubert, D. (2024). *Los Servicios de Inteligencia al servicio de la sociedad democrática y el orden constitucional. Reflexiones socio-jurídicas en torno a la inteligencia jurídica, las estrategias de desinformación y el Lawfare,* Barcelona: Atelier.

Sexto Informe de situación relativo a una Unión de la Seguridad genuina y efectiva, Bruselas 12.4. 2017, (COM 2017) 213 final, disponible en: https://eur-lex.europa.eu/legal-content/ES/TXT/PDF/?uri=CELEX:52017DC0213&from=ES.

Steinberg, F.; Anchuelo, A. y Feás, E. (2019). *La Unión hace la fuerza: Europa ante los desafíos del siglo XXI.* Planeta, Madrid.

Tilly, C. (2007). "Guerra y construcción del estado como crimen organizado", *Relaciones Internacionales* 5, pp. 1–26. Accesible en: https://revistas.uam.es/relacionesinternacionales/article/view/4866

Tratado por el que se establece una Constitución para Europa, Roma: 2004. Accesible en: https://www.boe.es/doue/2004/310/Z00001-00474.pdf

Una Brújula Estratégica para la Seguridad y la Defensa: por una Unión Europea que proteja a sus ciudadanos, defienda sus valores e intereses y contribuya a la paz y la seguridad internacionales, del 21 de marzo del 2022. Accesible en: https://data.consilium.europa.eu/doc/document/ST-7371-2022-INIT/es/pdf

Una Europa segura en un mundo mejor (2003). Unión Europea. Accesible en: https://www.consilium.europa.eu/media/30808/qc7809568esc.pdf

Walzer, M. (2001). *Guerras justas e injustas. Un razonamiento moral con ejemplos históricos.* Barcelona: Paidós Ibérica.

Walzer, M. (2008). *Terrorismo y guerra justa.* Barcelona: Katz Editores.

Your rights matter: Security concerns and experiences, Agencia de los Derechos Fundamentales de la Unión Europea, Oficina de Publicaciones, Luxemburgo, 2020, disponible en: https://fra.europa.eu/sites/default/files/fra_uploads/fra-2020-fundamental-rights-survey-security_en.pdf

La IV Guerra de Gaza en el marco de las Operaciones Multidominio: el manejo del concepto A2/AD en un escenario COIN

DRA. BEATRIZ GUTIÉRREZ LÓPEZ
Profesora de Relaciones Internacionales
Universidad Europea de Madrid
https://orcid.org/0000-0002-5691-7833

I. RESUMEN

La IV Guerra de Gaza, bajo el nombre de la Operación *Iron Swords*, lanzada como respuesta al ataque orquestado por Hamas el 7 de octubre de 2023 en las ciudades próximas a la Franja de Gaza, plantea una serie de elementos en los que el conflicto va más allá de un escenario contrainsurgente, para introducir variables como el espectro multidominio, el manejo del teatro de operaciones a través de estrategias A2/AD y la explotación no solo del terreno, sino de factores psicológicos a través de tácticas como el secuestro masivo, la retención de cadáveres, o la devastación desproporcionada como estrategia.

II. PALABRAS CLAVE

A2/AD, Multidominio, *Iron Swords*, Tormenta de al-Aqsa, Gaza

III. INTRODUCCIÓN

El ataque masivo perpetrado por Hamas en suelo israelí el 7 de octubre de 2023 trajo consigo una serie de consecuencias, alguna de ellas todavía incierta hasta que el conflicto termine y se conozca con seguridad cuál va a ser el nuevo escenario operacional en la zona. Sin embargo, desde los primeros momentos se observa una serie de parámetros que evolucionan desde conflictos previos, añadiendo nuevos componentes.

El 7 de octubre puso de manifiesto de una forma sorpresiva -por la ausencia de antecedentes previos y lo disruptivo del ataque- no solo la virulencia con la que actores no estatales pueden reconvertirse operacionalmente para llevar a cabo una acción armada de gran letalidad, sino también que las reverberaciones de esta pueden prolongarse en el tiempo gracias al aprovechamiento del ecosistema de conflicto. Es por ello que el concepto multidominio constituye, por su construcción, un marco interpretativo para este nuevo tipo de escenarios, así como para la respuesta proporcionada por Israel como parte atacada.

La operación lanzada por Israel sobre la Franja de Gaza, denominada *Harbot Barzel -Iron Swords* o Espadas de Hierro- ha asumido una doble naturaleza, contrainsurgente en cuanto a su propósito último, pero actuando en un teatro de operaciones que ha integrado nuevas tecnologías, que implican acciones terrestres, aéreas y navales, pero también digitales o psicológicas. Por ello, resulta pertinente hablar del manejo del escenario de operaciones multidominio como adición a las operaciones contrainsurgentes propiamente dichas.

Por las propias características del ataque de Hamas y la respuesta israelí resulta de interés esclarecer cómo la Operación *Iron Swords* integra operacionalmente el espectro multidominio a la hora de neutralizar la capacidad de acción de Hamas mediante estrategias *Anti-Access/Access Denial* (A2/AD).

IV. NUEVOS PATRONES EN LOS CONFLICTOS ASIMÉTRICOS: CONTRAINSURGENCIA Y TEATRO DE OPERACIONES EN EL S.XXI

4.1 Ecosistema de conflicto: COIN y el diagrama de McChrystal

El análisis de operaciones como *Iron Swords* se debe circunscribir en dos ejes contrapuestos que definen el ecosistema de conflicto, y que son el subsistema insurgente y el subsistema contrainsurgente. Brevemente, la definición operativa más extendida de ambos conceptos es la encontrada en el Field Manual 3-24 de los Marines estadounidenses, que señala que una insurgencia es un movimiento organizado dirigido al derrocamiento de un gobierno establecido mediante el uso de la subversión y el conflicto armado. Es una lucha político-militar organizada, prolongada en el tiempo, diseñada para debilitar el control y la legitimidad de un gobierno establecido, poder ocupante u otra autoridad política, conforme el control insurgente se incrementa" (US Marine Corps, 2006, p.1-1)

Mientras que por contrainsurgencia (COIN) se entiende:

"las acciones militares, paramilitares, políticas, económicas, psicológicas, y civiles llevadas a cabo por un gobierno para derrotar una insurgencia" (US Marine Corps, 2006, p.1-1) .

Autores como David Kilcullen plantean el enfrentamiento entre actores insurgentes y contrainsurgentes en términos de dinámica de sistemas, en la cual los *outputs* o resultados de las acciones que cada uno ejecutan son *inputs* que actúan en el subsistema contrario (Kilcullen, 2004, p. 22). La creciente complejidad de las operaciones contrainsurgentes -derivadas de la necesidad de readaptación a los nuevos actores insurgentes- fue explicada de forma escasamente académica, pero con un gran valor analítico y operacional, en una presentación del Pentágono para el general McChrystal durante su mandato del contingente estadounidense de ISAF en Afganistán, en el año 2010, mediante el famoso "Diagrama COIN". Para McChrystal, el ecosistema contrainsurgente contaba con multitud de actores en su interior -a los cuales Kilcullen denomina nodos-, que se retroalimentan entre sí; a mayor cantidad de nodos, mayor es la complejidad del sistema, puesto que el número de inputs o acciones y outputs o resultados se incrementa exponencialmente (Borger, 2010).

La dinámica de sistemas aplicada a los ecosistemas insurgentes explica también cómo se producen, por otra parte, los ciclos de aprendizaje en los distintos niveles de conducción bélica entre ambos actores, en una suerte de ciclo acción-reacción, en la cual se genera un proceso de adaptación a las innovaciones introducidas por el contrario, y que o bien generan una respuesta táctica, o bien una macroinnovación (Luttwak & Shamir, 2023, p. 13) que abre una ventana de tiempo mientras el oponente busca nuevas herramientas con las que contrarrestar y obtener una nueva ventaja táctica.

4.2 Operaciones Multidominio y el concepto A2/AD

A comienzos del presente siglo, la revolución de los asuntos militares que había venido produciendo desde la II Guerra Mundial, da un nuevo giro tendente a la integración de sistemas armamentísticos, hasta el punto de que el denominado Informe Krepinevich ya menciona que la innovación operacional se basará progresivamente en el control de la información, los espacios aéreo, exterior y marítimo, y la capacidad de operaciones sostenidas en el espacio terrestre. Todo ello se sostendría gracias a las nuevas tecnologías aplicadas a armas y sistemas militares, y tendría, del mismo modo, un impacto no solo en la guerra convencional, son también en los conflictos asimétricos (Krepinevich, 2002). En este contexto, las armas guiadas de largo alcance, con capacidad para destruir bases navales, aéreas y sistemas de defesa y satélites, desdibujarían -como así ha sido- las fronteras físicas de los conflictos, llevando a la pérdida de los enfrentamientos directos entre ejércitos, que quedarán acotados a las batallas, cada vez más escasas, y a los enfrentamientos entre unidades o batallones pertenecientes a ejércitos regulares y actores armados no estatales de naturaleza insurgente (Pulido, 2021, pp. 12-13).

El *National Defense Strategy Summary* estadounidense de 2018 señala cómo tanto las amenazas provenientes de los Estados como de los actores no estatales han evolucionado (Department of Defense, 2018, p. 2). La invasión rusa de Ucrania en febrero de 2022 o el rol de Irán en Oriente Medio, promoviendo la violencia sectaria a través de grupos *proxies*, dan muestra de este cambio, implicando un componente de guerra convencional, pero también el empleo de herramientas irregulares que hasta hace apenas unos años parecían limitadas en su uso a los actores armados no estatales, como la subversión, las operaciones de información y psicológicas -ahora incluidas en discursos como las campañas de desinformación y *fake news*-, etcétera. En este contexto en evolución, que integra cada vez un mayor número de aspectos, la nueva doctrina militar estadounidense trataba de desarrollar una fuerza conjunta -es decir, integrando a la fuerza terrestre, naval y aérea- con capacidad letal, pero también resiliente, flexible, capaz de adaptarse a los cambios en el entorno operacional de forma rápida e integrada con sus aliados, y que permitiese el sostenimiento de la influencia estadounidense y la salvaguarda las libertades en el orden internacional (Department of Defense, 2018, pp. 5-8).

El elemento clave en esta transición a un nuevo escenario de amenazas ha sido, fundamentalmente, la aplicación de nuevas tecnologías, especialmente en lo referente a sistemas de información, comunicación, y transporte, que ha favorecido la expansión de los dominios de operaciones clásicos -tierra, mar y aire- al espacio exterior, ciberespacio y dominio humano o cognitivo. Estos tres últimos inciden, a su vez, sobre los dominios de tierra, mar y aire, a través de las redes de telecomunicaciones, incluyendo la tecnología de señales y satelital, la integración de sistemas de inteligencia basadas en señales, imágenes, geolocalizaciones, etcétera, las redes informativas que se integran en el ciberespacio -el cual, a su vez, cuenta con una parte física y una parte lógica, puramente digital, ambas con sus propias dinámicas y vulnerabilidades- y la población, como entidad física consumidora de información, moldeable y, en consecuencia, susceptible de ser conquistada para que modifique su comportamiento en cuanto a quién y cómo brinda su apoyo (US Joint Staff Force Development, 2016).

Esta nueva articulación, que afecta a los tres niveles de conducción bélica, confluye en la definición de operaciones multidominio, actualizada en marzo de 2025 por el Ejército de Tierra Estadounidense, que las describe como el empleo combinado de sistemas armamentísticos de forma conjunta por parte de las Fuerzas Armadas, para crear y explotar ventajas relativas en la consecución de objetivos, derrotar a las fuerzas enemigas y consolidar los éxitos explotables por los mandos de la fuerza conjunta. El empleo de fuerzas terrestres y capacidades conjuntas hace que el uso de toda la fuerza de combate disponible en cada dominio esté a disposición para lograr los objetivos de la misión al menor coste posible. Por debajo del umbral del conflicto armado convencional, las operaciones multidominio son el mecanismo por el que las fuerzas armadas acumulan posiciones de ventaja y demuestran su preparación para el conflicto, disuadiendo a las fuerzas armadas adversarias y dando protección a sus aliados. Por otra parte, durante el conflicto, las operaciones multidominio son el mecanismo por el que las Fuerzas Armadas se enfrentan y destruyen a las fuerzas armadas enemigas, derrotando sus formaciones, tomando el control de zonas críticas y de poblaciones y recursos que resultan clave para la consecución de los objetivos políticos del enfrentamiento armado (US Department of the Army Headquarters, 2025, p. 2). Para Pulido, todo ello pasará por la integración de capacidades de ciberguerra, de guerra electrónica, sensores, y municiones de distinto alcance y con o sin sistema de guiado (Pulido, 2021, p. 50), en confluencia con otros aspectos como el control sobre la población y los recursos.

Finalmente, un elemento transversal a la evolución de los teatros de operaciones y al escenario multidominio es el agudo proceso de urbanización que ha tenido lugar a lo largo del siglo XX y que continúa en el presente. Las ciudades se han convertido también en el escenario de operaciones por antonomasia. Estos entornos densamente poblados, como son definidos en la mayor parte de la doctrina militar contemporánea, donde los flujos informativos parecen condensarse, se pueden definir someramente como áreas caracterizadas por la abundante presencia de infraestructuras construidas por el ser humano muy próximas entre sí, con una alta densidad de población, y que potencialmente incluyen una concentración de edificios de diversa altura sobre el nivel del suelo, presencia de interiores, estructuras subterráneas, un espacio aéreo controlable con drones y helicópteros con funciones de vigilancia y ataque, y suburbios con mayor o menor grado de ordenación arquitectónica, proximidad y densidad demográfica (Kilcullen, 2019, pp. xxxi-xxxviii). Estas características se unen a las diversas dinámicas políticas, sociales y culturales que se dan en las urbes, favorecidas también por la introducción de las nuevas tecnologías de la información y comunicación, arrojando como resultado un escenario dinámico y complejo que condiciona a nivel micro o local los dominios físicos -aéreo, terrestre y, en su caso, naval-, cognitivo y espacial/ciber, favoreciendo los espacios de desorden o contestación a las normas o poderes establecidos, convirtiendo las metrópolis en escenarios favorables a la aparición de actores armados no-estatales que capitalizan las dificultades de los Estados para actuar en un entorno limitado por la presencia de civiles e infraestructuras que reducen su superioridad tecnológica y armamentística (Wolfel et al., 2021, pp. 24-31;TRADOC, 2020, p. 9).

4.3 *Anti-Access* y *Area Denial (A2/AD)* en un escenario multidominio.

El control de los diferentes dominios y del teatro de operaciones en su conjunto como objetivo último en un conflicto armado, sea convencional o irregular, pasa por la capacidad de maniobras en dicho teatro de operaciones. Sucintamente, en este sentido a lo largo del siglo XX se han consolidado dos conceptos relacionados con dicha capacidad de maniobra, denominados

Anti-Access -anti-acceso- y *Area Denial* -denegación de área-, conocidos por su acrónimo A2/AD. Ambos conceptos aparecen en Estados Unidos tras la Guerra del Golfo, en 1991, asociándose por su estrecha relación en cuanto a su objetivo de limitar la capacidad operativa del enemigo en un entorno determinado, pero su conjunción como estrategias A2/AD se puede definir como la creación de burbujas para desintegrar la guerra conjunta entre dominios (Pulido, 2021, p. 55), entendiendo dichas burbujas como áreas acotadas dentro del área de operaciones.

El concepto *Anti-Access* o A2 se refiere al movimiento hacia el área de operaciones e implica que esta pueda ser penetrada para obtener el control de la misma. Se fundamenta en restringir la capacidad de unas fuerzas proyectadas de penetrar en un teatro de operaciones.

Por su parte, pero íntimamente relacionado con el anterior, el concepto de *Area Denial* o denegación de área alude al control de un área de operaciones desde el interior de la misma, imposibilitando la capacidad de acción de una fuerza enemiga ya presente en la misma. Como señala Brustlein, en el plano teórico ambos conceptos parecen perfectamente delimitados, sin embargo, sobre el terreno dan respuesta a una misma problemática: la preocupación de los Estados por limitar la libertad operacional de cualquier fuerza expedicionaria en el propio territorio soberano u áreas de interés asociadas (Brustlein, 2019, p. 86). A ello podemos añadir que si bien el concepto de fuerza expedicionaria se asocia, por su capacidad de proyección, a fuerzas regulares, también se deberían incluir actores armados no estatales, tales como grupos insurgentes que, operando desde el interior de un territorio o desde las proximidades del mismo y con el objetivo de penetrarlo, son susceptibles de ser neutralizados o contenidos a través de estrategias A2/AD, del mismo modo que, salvando las distancias en cuanto a capacidades y procedimientos de combate, también estos actores pueden implementar sus propias estrategias A2/AD. En cualquiera de los dos casos, y en un contexto multidominio, el escenario de operaciones estaría marcado por la combinación de medios, de forma adaptada a las amenazas existentes y a los objetivos de la propia misión (Gordon & Matsumura, 2013, pp. 5-8).

El concepto, empleado con frecuencia en las últimas dos décadas, presenta matices dependiendo de su ámbito de aplicación; mientras en términos generales se refiere a una estrategia concreta de denegación de las operaciones -a través de la denegación de acceso o de la denegación de uso del escenario-, empleando para ello todo el espectro multidominio y medios al alcance -medios económicos, diplomáticos, etcétera-, desde una perspectiva operacional, sin embargo, se asocia a la asimetría en las capacidades de un actor que controla un escenario determinado, frecuentemente en desigualdad de condiciones armamentísticas, pero que convierte dicho escenario en irreductible o incontrolable (Tangredi, 2019, p. 8). Tangredi añade que este tipo de estrategias se basan, a su vez, en una serie de elementos característicos (Tangredi, 2018, p.16).

1. La percepción de la superioridad estratégica del oponente y la necesidad, en consecuencia, de adoptar un enfoque disuasorio o defensivo. El enemigo es percibido como más poderoso en términos de capacidades militares, políticas o diplomáticas, o, por el contrario, constituye una amenaza para la integridad territorial a través de tácticas como la invasión, la infiltración o la subversión.

2. La primacía de la geografía, como elemento que mayor impacto tiene en la duración del conflicto y que facilita la guerra de desgaste contra las fuerzas oponentes. Dependiendo de si el oponente es un Estado o un actor armado no estatal, el territorio puede constituir un área a conquistar, el establecimiento de una base segura o la construcción de un Estado sobre bases insurgentes. Como autores clásicos en estudios sobre insurgencia y contrainsurgencia como David Galula señalan, los distintos tipos de geografía son capitalizables tanto por Estados como por grupos insurgentes, ofreciendo ventajas e inconvenientes a cada uno de ellos (Galula, 2000, pp. 26-28).

3. La predominancia del dominio marítimo como espacio de conflicto, que separa territorios e incluye el dominio aéreo y el espacio sobre sí mismo.
4. La criticalidad de la información y la inteligencia, y, derivada de estas, los efectos estratégicos y operacionales de la decepción o engaño militar. La información es la clave del dominio cognitivo, informando a la sociedad y a los actores intervinientes en el conflicto y pugna territorial. Para Tangredi, el manejo de la información es especialmente explotable a través de la decepción o engaño militar, y, en concreto, del engaño en su nivel estratégico, conduciendo al enemigo a considerar que las líneas de acción que se van a desarrollar serán otras en el corto, medio o largo plazo (Tangredi, 2018, p.37).
5. El impacto determinante de factores extrínsecos, algunos de ellos aparentemente no relacionados, incluso en otras regiones o a nivel global. La superioridad estratégica de un oponente puede lograrse gracias a la intervención de potencias externas. La actuación estadounidense a lo largo del presente siglo muestra que se pueden producir conflictos con patrones similares o con similitudes en varios escenarios de forma simultánea, del mismo modo que el concepto de conflicto *proxy* permite a grandes potencias o potencias regionales coordinar varios frentes activos para hostigar o atacar un objetivo concreto, tal y como Estados como la antigua URSS en las últimas décadas del siglo XX o Irán en las primeras del presente, dan muestra.

Para Gordon y Matsumura, existe un mayor número de actores con capacidades AD que con capacidades A2. Tomando como ejemplo el caso del ejército estadounidense en Afganistán (2001-2002), señalan que mientras que las capacidades *anti-access* afganas eran limitadas y permitieron un rápido acceso al teatro de operaciones, fue una vez desplegado el contingente sobre el terreno cuando encontraron serias amenazas al control del territorio por parte de la alianza entre talibanes y al-Qaida, en forma de operaciones guerrilleras, emboscadas o uso intensivo de artefactos explosivos improvisados, además de su capacidad de operar mimetizados en el entorno urbano y entre la población (Gordon & Matsumura, 2013, p. 2).

Sin embargo, en el centro del espectro entre actores insurgentes y fuerzas convencionales, se encontrarían los actores híbridos, actores armados no estatales cuyos procedimientos de combate continúan siendo de tipo insurgente, mientras que sus capacidades, en cuanto a comunicaciones -sistemas de mando y control-, tecnología aplicada a la vigilancia, inteligencia o guerra electrónica, y, especialmente, tecnología armamentística, les aproximan a las capacidades de una fuerza convencional (Hoffman, 2007, p. 28). El hito de la II guerra del Líbano (2006) entre Hizbullah e Israel ya puso de manifiesto los retos que el crecimiento de los arsenales armamentísticamente avanzados y las capacidades de guerra electrónica por parte de un actor armado no estatal como Hizbullah podían inclinar el equilibrio de fuerzas y limitar en gran medida la asimetría del conflicto. Para Saaman, este cambio en los patrones de combate en conflictos asimétricos denota una creciente inclinación precisamente hacia la inclusión de estrategias A2/AD entre los actores armados no estatales, si bien la casuística existente indica que, a día de hoy, esta tendencia estratégica es sustentada por Estados con intereses regionales y altas capacidades militares, como es el caso de Irán respecto a Hizbullah, las milicias hutíes o Hamas y Jihad Islámica Palestina y ello es, a su vez, una consecuencia lógica de la propia difusión de las nuevas tecnologías armamentísticas que conllevan la adopción de determinadas estrategias asociadas a su empleo (Samaan, 2020, p. 1), y que, en cualquier caso, suponen un reto para la creación de burbujas A2/AD por parte de los actores estatales contendientes.

V. LA FRANJA DE GAZA COMO ESCENARIO MULTIDOMINIO: EL ATAQUE DEL 7 DE OCTUBRE.

La Franja de Gaza es un estrecho territorio que se encuentra en el sur de la costa mediterránea israelí, compartiendo frontera con Egipto. Tiene una extensión de unos 41 kilómetros de norte a sur, y entre seis kilómetros de ancho en su mitad norte y unos doce en su mitad sur, con un total de 360 kilómetros cuadrados. En octubre de 2023 su población era de aproximadamente 2.26 millones de habitantes, según la Oficina Central de Estadísticas de Palestina. El terreno es mayoritariamente llano, con vegetación escasa y expuesto, lo que facilita la vigilancia del mismo. Desde que se inició el bloqueo israelí tras la toma de control de la Franja por Hamas en junio de 2007, los únicos puntos de acceso terrestre son Erez al norte, Kami y Nahal Oz al este, Sufa y Kerem Shalom al Sureste, y Rafah al sur, ya abierto en la península de Sinaí egipcia (Johnson, 2011). Desde dicha fecha de 2007, Hamas ha actuado como el gobierno de hecho en la Franja, estableciendo un control relativamente sólido sobre el resto de las facciones existentes en lucha contra Israel, entre las que destaca Jihad Islámica Palestina. El gobierno se ha mantenido estable, a pesar de las tres guerras con Israel en 2008-2009, 2012 y 2014, todas ellas fruto de la escalada en el lanzamiento de cohetes sobre Israel y la respuesta de éste a través de una intervención terrestre en la Operación *Cast Lead*, y dos intervenciones fundamentalmente aéreas, en las operaciones *Pillar of Defense* y *Protective Edge*, respectivamente.

a. El 7 de Octubre: Operación Tormenta de al-Aqsa

El 7 de octubre de 2023 Hamas lanzaba la que se puede considerar su operación más sofisticada y de mayor impacto sobre Israel. Sobre las seis de la mañana iniciaba un ataque masivo con cohetes sobre las ciudades próximas a la Franja, así como las ciudades del centro de Israel, especialmente Tel Aviv. Aproximadamente una hora después, cuando las fuerzas de seguridad israelíes comenzaban a movilizarse frente a la escalada, una multitud de gazatíes se aproxima a la valla fronteriza, abriendo una brecha con explosivos e internándose en Israel. El ataque, promovido por Hamas bajo el nombre operativo "Tormenta de al-Aqsa", dejó escenas retransmitidas en redes sociales, de los enfrentamientos en diferentes *kibutzim* como Be'eri o Ofakim, la infiltración en Sderot, los ataques a bases militares como la de Zikim y Reim, o los tiradores activos en el festival de música electrónica Supernova, donde se produjeron más de 200 muertos. Las fuentes gráficas muestran multitud de individuos, muchos con equipamiento táctico, otros con ropas civiles, cruzar la frontera en pick-ups, motocicletas e incluso a pie, robando vehículos israelíes en las carreteras tras disparar a sus conductores. Los ataques perpetrados sobre población civil israelí con armas automáticas, granadas lanzadas al interior de viviendas y refugios e incendios para evitar que las víctimas pudieran huir, e incluso el empleo de RPGs, dan muestra de la sofisticación, planeamiento y coordinación del ataque. El ataque se completó, finalmente, con la toma de 251 rehenes, algunos de los cuales con muestras de haber sido heridos de diversa consideración y, en el caso de algunas mujeres, de haber sido víctimas de violencia sexual (Office of the Special Representative of the Secreatry-General on Sexual Violence in Conflict, 2024, p. 18).

Human Rights Watch identificó, a partir de dicha información gráfica distribuida por los propios participantes y las propias organizaciones, hasta cinco grupos armados: las Brigadas Izz al-Din al-Qassam de Hamas, Sarayat al-Quds de Jihad Islámica Palestina, Brigada del Mártir Abu Ali Mustafa, del Frente Popular para la Liberación de Palestina, la Fuerza Omar al-Qassim, y las Brigadas de los Mártires de al-Aqsa, reminiscencia de al-Fatah en la Franja de Gaza; la cooperación entre los distintos grupos armados da muestra de que, a pesar de contar con Hamas como estructura de mando, el ataque implicó a las principales facciones de la resistencia o *Muqawama* palestina (Human Rights Watch, 2024, pp. 29-35).

b. El dominio terrestre

La Franja de Gaza se caracteriza por tratarse de un terreno reducido y con una alta densidad de población, que se concentra fundamentalmente en las ciudades de Gaza, Khan Younis y Rafah, en primer lugar, y los campamentos de refugiados de Jabalya y Beit Lahia, al norte de Madinat Gaza -Ciudad de Gaza, situada en la zona central-, con los campamentos de Deir Balah y Nuseirat al sur de ésta y al norte de Khan Younis, que, a su vez, se encuentra pocos kilómetros al norte de Rafah, en el extremo sur de la Franja. No cuenta con recursos naturales ni cursos de agua, y su producción agrícola es fundamentalmente hortofrutícola, ya que el espacio es reducido para cultivar cereales en extensión. Incluso tras el inicio del bloqueo, Israel ha proporcionado el suministro de comida importada, agua, electricidad e infraestructuras de alcantarillado (Harel, 2012, p. 17).

En este escenario operan los brazos armados de los distintos movimientos de resistencia, entre los que destacan las Brigadas al-Qassam de Hamas, la Sarayat al-Quds de Jihad Islámica Palestina, y las Brigadas de los Mártires de al-Aqsa de al-Fatah, prácticamente único vestigio de la organización en la Franja y cuya presencia Hamas ha permitido por su compromiso con la causa de la lucha contra Israel.

Sin embargo, posiblemente el aspecto más destacable del dominio terrestre gazatí es su alto grado de urbanización y su densidad de población, estructurada en una suerte de red que interconecta los seis núcleos de población mencionados anteriormente. En comparación con otras ciudades donde se han producido operaciones militares en entorno urbano, como Mosul o Raqqa, Gaza y Rafah cuentan con más de sesenta edificios con más de seis plantas, ofreciendo retos específicos (Knights, 2023) no solo en términos de presencia de civiles, sino de aprovechamiento de las cuatro dimensiones del entorno urbano -superficie, supersuperficie o azoteas, interiores, y subsuelo (USMC, 1998, pp. 1-2 – 1-4)-, a las que además se debe unir el espacio aéreo en que se utilizan drones y helicópteros. A la explotación edilicia se une, siguiendo el ejemplo de Hizbullah en la Segunda Guerra del Líbano (2006) el desarrollo de una compleja red de túneles con fines tanto defensivos y logísticos -huir, esconderse, protegerse en zonas especialmente reforzadas de los ataques aéreos israelíes- y ofensivos -penetración bajo el muro fronterizo en territorio israelí, retención de rehenes, colocación de artefactos explosivos improvisados, emboscadas, ocultación de lanzaderas de cohetes, etcétera- (Richemond-Barak, 2018, pp. 22-30).

c. *Dominio marítimo*

A pesar de sus amplias capacidades terrestres y de la maximización del empleo del entorno urbano que Hamas lleva a cabo de forma recurrente, estas no tienen equivalente en el dominio marítimo. Sin embargo, derivada de sus responsabilidades de gobierno, Hamas cuenta con el control de la Policía Naval, dependiente de las Fuerzas de Seguridad Nacional Palestinas, creadas en los años noventa en el marco de los Acuerdos de Oslo. La pequeña dotación de este cuerpo, heredado del gobierno de al-Fatah en la Autoridad Nacional Palestina, que, a su vez sí contaba con financiación internacional, permitió a Hamas contar con una incipiente capacidad anfibia a su disposición.

Ya en julio de 2014, en el marco de la Tercera Guerra de Gaza u operación *Protective Edge*, las Brigadas al-Qassam lograron infiltrar en el cercano kibutz Zikim a un comando de buceadores de combate, si bien fueron detectados por las fuerzas armadas israelíes y neutralizados antes de que cometieran un ataque. Del mismo modo, el 24 de octubre de 2023 otro comando de buceadores volvió a asaltar dicho kibutz, esta vez saliendo de la Franja a través de un túnel, desde el que pasaron al mar, siendo neutralizados cuando trataban de alcanzar la costa por una fuerza combinada naval y terrestre israelí (al-Mayadeen News, 2023).

d. Dominio aéreo

Es en el dominio aéreo donde Hamas ha desarrollado con mayor eficacia sus capacidades, junto con el mencionado dominio terrestre, especialmente a través de su programa de lanzamiento de cohetes. Tras el abandono israelí de Gaza en 2005 y la consiguiente creación de un muro fronterizo de separación tras el fin de la II Intifada, la infiltración de terroristas suicidas se vio extremadamente dificultada, por lo que tanto Hamas como Jihad Islámica Palestina hubieron de diseñar nuevos métodos de ataque para poder proseguir con la *muqawama* o resistencia frente a Israel.

A pesar de que los primeros cohetes se comienzan a usar en 2001, es en 2008 cuando el programa alcanza su madurez, permitiendo el lanzamiento masivo de cohetes y morteros sobre las ciudades más próximas a la Franja de Gaza, como Sderot o Ashkelon, provocando la Primera Guerra de Gaza u operación *Cast Lead*. Los modelos iniciales, de alcance limitado y conocidos como Qassam 1 y 2, mejoraron progresivamente con tecnología iraní y rusa, esta última importada a través de Hizbullah, cuyas piezas se introducían ilegalmente en la Franja desde los túneles de contrabando que la unían con Egipto en la península de Sinaí; para noviembre de 2012, cuando se produce la escalada que lleva a la Segunda Guerra de Gaza u operación *Pillar of Defense*, los cohetes, en su mayoría de diseño iraní, como el Fajr 5, ya tenían un alcance medio –alrededor de 75 kilómetros-, capaz de atacar Tel Aviv. Estos modelos se han mejorado con versiones locales de alcance similar o superior, tipo R-160 -con un alcance de unos 160 kilómetros, es decir, más allá de Tel Aviv o Jerusalén- o el J-75 -con un alcance de unos 75 kilómetros- (Shapir, 2014, pp. 44-46).

Los cohetes, al carecer de sistema de guiado, son lanzados sin objetivos específicos sobre núcleos poblacionales israelíes. A pesar de que la Cúpula de Hierro, de la que se hablará más adelante, intercepta los cohetes entrantes en su área de protección, la constante interrupción de la vida cotidiana de los habitantes de las ciudades afectadas tiene unos efectos devastadores en términos psicológicos, como trastornos de estrés post-traumático, depresión o ansiedad crónica (Levi-Belz et al., 2024, pp. 6-7), lo que justifica su uso como táctica terrorista.

Además de los cohetes, desde el inicio de la Marcha del Retorno, campaña organizada por Hamas en 2018 que consistía en marchar cada viernes hasta la valla fronteriza (Wispelwey & Jamei, 2020, pp. 179-180), la organización comenzó a emplear artefactos voladores no tripulados como globos de helio o cometas cargados con artefactos incendiarios, que sobrevolaran la valla y provocaban incendios al perder altura y chocar con el suelo (Zych, 2019, pp. 75-76). Durante Tormenta de al-Aqsa recuperaron esta técnica, pero también hicieron uso del dominio aéreo con parapentes y drones comerciales, fundamentalmente con fines de grabación y distribución de imágenes.

e. *Dominio del Ciberespacio y sus aspectos cognitivos*

Las cibercapacidades de Hamas como actor dominante en la Franja de Gaza han evolucionado a lo largo de las últimas dos décadas, ganando en sus aspectos no sólo técnicos, sino también discursivos. La organización cuenta con presencia en las principales redes sociales, si bien posiblemente sea en las aplicaciones de mensajería instantánea Telegram y Whatsapp donde tiene una mayor implantación y alcance, a pesar de que tras el ataque del 7 de Octubre sus cuentas se hallan bloqueadas en numerosos países, incluidos los de la Unión Europea.

Buena parte del ataque del 7-O se retransmitió prácticamente en directo a través de Telegram, desde la ruptura de la valla fronteriza con explosivos, el traslado y ataque a los *kibutzim* de las inmediaciones de Gaza, el ataque al festival Supernova, o los asaltos a las bases militares próximas o la comisaría de Sderot. El impacto psicológico sobre la población civil, que veía desde sus propios dispositivos y televisores lo que estaba sucediendo a escasos kilómetros al sur, derivó en situaciones de estrés postraumático, ansiedad y pánico (Levi-Belz et al., 2024).

Además, destaca el manejo de un discurso dual, con grandes repercusiones especialmente en materia de diplomacia pública e impacto mediático; Hamas como organización cuenta con dos páginas web, una para la organización política -en inglés y árabe- y otra para su brazo militar -las Brigadas al-Qassam-, donde se aprecia una dualidad del discurso. Desde la primera página web se promocionan contenidos de protesta frente a la ocupación, ensalzando la labor de gobierno en la Franja, el desarrollo de las infraestructuras administrativas, o, durante la presente guerra, de la destrucción y de las dificultades que la población padece. En la página web de las Brigadas al-Qassam, en árabe, por el contrario, se ensalzan las actividades militares contra Israel, haciendo un especial uso de materiales gráficos en los que se alaban las figuras de los mártires -miembros caídos de la organización en el transcurso del conflicto-, con una clara audiencia-objetivo local, y una finalidad de arenga y cohesión de sus bases sociales alrededor de la necesidad de la lucha armada, la resistencia o *muqawama* frente a Israel (Gutiérrez, 2015, p. 21).

f. Dominio humano y sus aspectos cognitivos

El dominio humano, en tanto en cuanto bases sociales de un Estado o de un actor armado no estatal, constituye uno de los centros de gravedad del actor, junto con la construcción de la causa que garantiza la legitimidad del enfrentamiento. Si la población no considera la causa como legítima, retirará su apoyo al actor por quien se ve representada, y en consecuencia éste será incapaz de enfrentar a un enemigo, sea ofensiva o defensivamente (Krieger, 2007, p. 99). Cómo es natural, cada contendiente cuenta con sus propias bases sociales y sus correspondientes centros de gravedad ante las que mantener la legitimidad de la causa.

Como ya se ha mencionado, en el ataque del 7 de Octubre Hamas no solo masacró a alrededor de 1770 personas, sino que tomó 255 rehenes -hombres, mujeres y niños-, fundamentalmente de los *kibutzim* que rodean la Franja y del festival Nova. De los secuestrados, al menos cien permanecen en cautividad, de los cuales treinta y cinco están fallecidos -siendo retenidos sus cadáveres-, y sin que en algunos casos se conozca si el rehén sigue con vida (INSS, 2024).

El secuestro del centenar de rehenes que todavía permanece en la Franja, en paradero desconocido, cuando las operaciones militares israelíes ya han logrado un avance casi completo en el territorio está provocando un fuerte movimiento de contestación social contra el gobierno israelí de Benjamin Netanyahu, acusado de no actuar con la debida diligencia o de imponer un criterio belicista sobre uno negociador que permitiera la liberación de los secuestrados. A ello se une una variable psicológica, cultural y religiosa clave: en la religión judía impera la tradición del entierro del cuerpo íntegro, tras haber sido lavado, purificado, vestido, y puesto en la tierra para su descomposición (Rohatyn Jewish Heritage, n.d.); por ello, la profanación y ulterior retención de los cadáveres tiene un efecto emocional todavía más grave, afectando a la trascendentalidad de las familias, a las que se niega un cierre al trauma, sometiéndolas a una continua revictimización.

VI. LA OPERACIÓN "IRON SWORDS": ¿INNOVACIÓN VOLVIENDO A LOS BÁSICOS?

La respuesta israelí a la operación Tormenta de al-Aqsa no se hizo esperar. A las 8:23 de la mañana del 7 de octubre, Israel declaraba el estado de guerra por primera vez desde la Guerra del Yom Kippur (1973). Dos horas después, se decretaba la operación *Iron Swords*, que inicialmente tuvo como prioridad la valoración de la situación, el rescate de las comunidades sitiadas y atacadas en las proximidades de Gaza, y la limpieza de éstas de la presencia de terroristas, lo cual no se logró hasta pasadas más de cuarentaiocho horas; destacó el caso de Sderot, donde la comisaría de policía fue asaltada en las primeras horas de la noche del día 7, siendo ocupada por un comando terrorista junto a un nutrido número de policías tomados como rehenes, y que fueron asesinados en su interior tras haber defendido las instalaciones durante horas (Margulies, 2023). A lo largo de la mañana se movilizaron y activaron en los principales núcleos urbanos el mayor número posible de Cúpulas de Hierro, sistema CRAM de interceptación basado en radares y misiles que interceptan los proyectiles que penetran dicha zona de cobertura radar, neutralizando en buena medida el dominio aéreo terrorista. También el mismo día 7 la Armada israelí frustró la infiltración por la costa, nuevamente por la zona de la base de Zikim, de varios comandos de buceadores y dos lanchas. Mientras, se inician las operaciones y bombardeos selectivos en el interior de la Franja de Gaza, contra las zonas identificadas desde donde las diversas facciones de la resistencia y, especialmente, Hamas, continuaban lanzando cohetes.

En este sentido, se puede señalar que, habiendo fallado las estrategias preventivas *Anti-Access* israelíes, al producirse la infiltración masiva en su territorio, en las primeras horas de la operación la prioridad se movió a la aplicación de estrategias *Area-Denial*, para imposibilitar a las fuerzas de Hamas la toma de control efectiva de espacios en el interior de Israel. Conforme la zona exterior a la Franja -conocida como *Gaza Envelope*- se consolidó y liberó de efectivos terroristas y se inició la evacuación de la población a otras ciudades del país, la operación pasó a su siguiente fase, a través de la progresión en el interior de Gaza. El objetivo último era destruir la infraestructura militar de Hamas y del resto de facciones armadas, privándoles de este modo de su capacidad de proyección sobre Israel; para ello, se aplicaron paralelamente estrategias AD también en el interior de la Franja, neutralizando progresivamente la capacidad de operación de dichas organizaciones armadas. Durante los primeros días de la operación los ataques se basaron exclusivamente en bombardeos aéreos y navales sobre objetivos identificados de interés, tales como infraestructuras de mando y control, y la localización de los distintos líderes de Hamas, accesos a la red de túneles, lanzaderas de cohetes o depósitos de municiones, en la mayoría de los casos, ocultos en zonas urbanas densamente pobladas.

a. *Zona Norte: Jebalia y Beit Lahia*

La intervención terrestre se inició el mismo día 9, con ataques selectivos en la zona de Beit Hanoun sobre la entrada a un túnel y a un almacén de municiones. Entre el 12 y 13 de otubre se inicia la llamada israelí a la evacuación de las poblaciones del norte de Gaza, procedimiento que se seguirá en las demás zonas de progresión terrestre con una triple finalidad: primero, salvaguardar las vidas de civiles; segundo, erosionar las bases sociales de Hamas; y tercero, dejar al descubierto las instalaciones e infraestructuras civiles empleadas por Hamas para ocultar sus medios de combate (Meir Amit Intelligence and Terrorism Information Center, 2023f), neutralizando el dominio humano y terrestre. El 26 de octubre se inicia la segunda fase de la Operación, que incluye incursiones terrestres; la primera noche fuerzas terrestres con carros blindados localizaron y destruyeron puestos de varios terroristas y de armas antitanque, para posteriormente retirarse al lado israelí de la valla. Estas acciones se intensifican con presencia de zapadores e infantería, cuyos objetivos principales eran la limpieza y consolidación del territorio frente a presencia de terroristas -incluidos algunos de los líderes de Tormenta de al-Aqsa-, lanzaderas de cohetes y de ATMs, y destrucción de infraestructuras terroristas logísticas y de mando y control. Al tratarse de una zona mayormente evacuada, se considera consolidada para inicios de noviembre (Meir Amit Intelligence and Terrorism Information Center, 2023ª, pp. 2-4).

Sin embargo, el avance hacia el sur de la Franja de las tropas israelíes se vio ralentizado por la presencia de emboscadas llevadas a cabo por miembros de Hamas y Jihad Islámica Palestina, incluso con enfrentamientos cuerpo a cuerpo (Meir Amit Intelligence and Terrorism Information Center, 2023c, p. 4). Con la superación de estas emboscadas y la neutralización de la mayoría de túneles ofensivos en la zona de Jebalia, se considera concluida esta fase AD en la zona norte de la Franja a finales de diciembre (Meir Amit Intelligence and Information Terrorism Center, 2023, pp. 2-5), a pesar de la existencia de focos de resistencia en la zona de Jebalia que han prolongado las acciones en la zona.

b. Madinat Gaza y el eje centro-este – centro-sur

Los primeros momentos de la operación tuvieron lugar sobre la ciudad de Gaza, con bombardeos aéreos de las principales infraestructuras económicas, de inteligencia, mando y control previamente conocidas por los servicios de inteligencia israelíes. Conforme se movilizan las reservas, los bombardeos aéreos y navales sobre Ciudad de Gaza se centran en objetivos identificados, residencias u oficinas de altos cargos de Hamas y, dentro de estos, especialmente aquellos ubicados en edificios de gran altura, por su potencial para albergar lanzaderas de cohetes u otras amenazas aprovechando la ventaja táctica de los interiores y la supersuperficie en altura, neutralizando de este modo una de las características del espacio urbano. Conforme avanzaba el mes de octubre y se entraba en noviembre, la destrucción de infraestructuras se comenzó a combinar con la localización y asesinatos selectivos de líderes vinculados a Hamas, Jihad Islámica Palestina y sus respectivos brazos armados, con la finalidad de quebrar la estructura y cadena de mando de ambas organizaciones, empleando para ello ataques aéreos de precisión.

El 2 de noviembre se concluye el cerco sobre la ciudad de Gaza, dando comienzo a las operaciones terrestres, combinadas con la continuación de las aéreas. Las primeras se orientaron a la consecución de inteligencia, limpieza de terroristas e infraestructuras y señalización para la neutralización aérea de lanzaderas, algunas de ellas ubicadas en las proximidades o en instalaciones civiles. La intensidad de los combates crece en las siguientes semanas, incluyendo escenarios de combate cuerpo a cuerpo, conforme se accede al interior de la ciudad en zonas densamente pobladas como el campamento de al-Shati o las áreas de los hospitales de al-Shifa, al-Quds e Indonesio, en cuyas inmediaciones se incautó un elevado número de armas, vídeos de uso por parte de operativos de Hamas y parte de la estructura de mando y control de la organización (Meir Amit Intelligence and Terrorism Information Center, 2023[a], pp. 4-5; Meir Amit Intelligence and Terrorism Information Center, 2023b, pp. 2-5; Meir Amit Intelligence and Terrorism Information Center, 2023c).

Para el 11 de noviembre los enfrentamientos ya se reproducen en la zona costera, al oeste de la ciudad, y el 14 se controlan los edificios pertenecientes al gobierno de la Autoridad Nacional Palestina en Ciudad de Gaza, gobernados por Hamas desde 2007, pasándose el 15 de noviembre a la evacuación del hospital al-Shifa y al acceso al mismo, donde se tenía constancia de haber sido inicialmente empleado para alojar a varios rehenes; el acceso al hospital estaba protegido por artefactos explosivos improvisados (*Improvised Explosive Device* o IEDs) y varios comandos terroristas (Meir Amit Intelligence and Terrorism Information Center, 2023d, pp. 3-4). Como ya había sucedido en el norte, la exposición de túneles durante las maniobras terrestres permitió su destrucción y la de las armas y efectivos terroristas que se encontraban en su interior, bien mediante medios terrestres o aéreos. El control de esta serie de infraestructuras hospitalarias y administrativas redujo considerablemente las bases logísticas y de mando y control de Hamas y el resto de organizaciones, con un efecto positivo en la reducción del número de lanzamiento de cohetes, derivado de la destrucción de lanzaderas e incautación de proyectiles. En las mismas fechas también se neutralizaron las capacidades navales de Hamas, concentradas en el puerto de Gaza.

El 1 de diciembre, tras ocho días de alto el fuego dedicados al intercambio de rehenes israelíes por prisioneros palestinos, las Fuerzas de Defensa de Israel (IDF) inician sus operaciones en el barrio gazatí de Shejaiya, considerado como el bastión de Hamas y Jihad Islámica Palestina, y cuyos enfrentamientos continuarán hasta finales de diciembre, con presencia de focos de resistencia, y para volver a recrudecerse nuevamente en los meses de verano, dando muestra de la complejidad del combate en entorno urbano, principalmente debido al uso de infraestructuras civiles por parte de ambas organizaciones terroristas; prueba de estas dificultades, el 15 de diciembre las IDF mataron accidentalmente a tres rehenes que trataban de huir conforme el ejército se aproximaba. Mientras, las operaciones combinadas continúan incrementándose al sur de la capital. Para finales de diciembre las IDF habían dividido en tres áreas la Franja, controlando los movimientos de norte a sur, consolidando así el éxito de la estrategia AD, especialmente en las zonas norte y centro (Meir Amit Intelligence and Terrorism Information Center, 2023a).

c. *Khan Younis*

El 23 de octubre las IDF comienzan a preparar la intervención terrestre desde la zona exterior a Gaza de Kissufim, obteniendo inteligencia y comenzando la concentración de fuerzas. Es en esta zona donde se realizan las primeras incursiones, sin llegar a alcanzar Khan Younis. Las primeras operaciones terrestres comienzan en la segunda mitad de noviembre, también basadas en la identificación de objetivos terroristas, túneles, depósitos de armas y centros de mando y control. En este momento coexisten operaciones en el norte, centro y sur, consolidando áreas progresivamente (Meir Amit Intelligence and Terrorism Information Center, 2023d, pp.2-9).

A partir del 1 de diciembre, las operaciones aéreas y terrestres se incrementan en la zona, con especial atención a túneles logísticos en los que se puedan encontrar armas, terroristas, o en los que se haya reubicado a los rehenes restantes. El centro de la ciudad se convertirá, junto con Shejaiya, en la zona más problemática de la Franja en términos de presencia enemiga, armas e intensidad de los enfrentamientos (Meir Amit Intelligence and Terrorism Information Center, 2023e). Como sucedió con la transición del norte al centro, conforme se han consolidado partes de la ciudad de Gaza, mayores esfuerzos comenzaron a aplicarse en Khan Younis desde los primeros días de enero, con la misma dificultad basada en la alta densidad de población y las sólidas bases sociales de Hamas y Jihad Islámica Palestina en la ciudad.

Algunos de los primeros cadáveres retenidos de los rehenes secuestrados el 7 de octubre se localizaron en Khan Younis. Correspondiendo a la presión psicológica sobre la población y gobierno israelí, los cadáveres de varios soldados israelíes fueron secuestrados y retenidos; en julio de 2024 fuentes de inteligencia tras varios meses operando en Khan Younis habían arrojado la ubicación de dónde se encontraban cuatro de estos soldados y de la civil Maya Goren, de la que se conocía su muerte desde diciembre. Los enfrentamientos durante la recuperación de los cuerpos en un túnel produjeron unas setenta bajas palestinas, y se desconocía a quién pertenecían los cadáveres, que tuvieron que ser identificados a posteriori (Fabian, 2024b). Tras la recuperación de estos cuerpos, se sabía que quedaban 41 cuerpos más por recuperar, más setenta rehenes todavía con vida.

d. Nuseirat

Nuseirat no constituía a priori un objetivo clave en la campaña combinada en el interior de la Franja. Sin embargo, la inteligencia recabada en las semanas y áreas controladas con anterioridad indicaba la posibilidad de que varios rehenes hubiesen sido reubicados en este campamento de refugiados al sur de Ciudad de Gaza. El 8 de junio, cuatro rehenes -Noa Argamani, Almog Meir, Andrey Kozlov y Shlomi Ziv, todos ellos secuestrados en el festival Nova- fueron localizados en dos ubicaciones separadas, en una compleja operación diurna que se prolongó durante dos horas, compuesta por apoyo aéreo desde helicópteros y

UAV dando cobertura, más tanques e infantería dando apoyo a un convoy formado por operativos de la Yamam, unidad de élite de la Policía y de la Shabak, que se dividieron en dos, con destino en las dos ubicaciones identificadas, una de ellas donde se encontraban los tres varones, y la otra donde se encontraba Noah Argamani (Fabian, 2024a). Como sucederá también en Rafah, el rescate de rehenes con vida implica neutralizar la variable del dominio humano y cognitivo que el secuestro conlleva tanto para Hamas como para Israel.

e. *Rafah*

El 11 de octubre Egipto declaraba que el paso de Rafah quedaría abierto con fines de introducción de ayuda humanitaria, pero cerrado a la emigración gazatí, imposibilitando la evacuación civil de la Franja, que progresivamente se iba concentrando en la ciudad del sur. Desde el comienzo de *Iron Swords* Rafah ha sido uno de los objetivos de los bombardeos aéreos, por su relevancia demográfica en la Franja; sin embargo, las operaciones como parte integral de la operación comienzan a finales de noviembre, primero con bombardeos, y, a partir del 6 de mayo, con la intervención terrestre, tras la consolidación relativa del resto del territorio. Debido a la progresiva concentración poblacional en el sur, tanto por la evacuación de civiles como por la huida de miembros de las principales facciones a la zona, se sospechaba de la reubicación de un número indeterminado de rehenes en la zona, convirtiéndose en otro de los ejes de acción a combinar con las acciones aéreas y terrestres de neutralización de infraestructuras y efectivos terroristas. Además, la zona de Rafah, por su proximidad con la frontera egipcia, ha sido un área tradicionalmente excavada por túneles orientados al contrabando, capitalizables tanto ofensiva como defensivamente por Hamas y otros grupos.

En esta línea de acción, el 12 febrero se rescató del interior de un edificio en el centro de Rafah a Louis Har y Fernando Marmán, durante una operación llevada a cabo por las IDF, la agencia de inteligencia interior o *Shabak* y la unidad táctica contraterrorista de la Policía israelí, *Yamam*, con un enfrentamiento armado con sus captores en el interior de las instalaciones y a lo largo del trayecto de extracción (Meir Amit Intelligence and Terrorism Information Center, 2024, p. 2-4). El 29 de agosto unidades de ingenieros descubrieron el túnel en que se encontraba Farhan al-Qadi, abandonado por sus captores en un túnel minado de explosivos y solo con agua, pan y dátiles, con el objeto de prolongar su vida pero imposibilitando su huida (Lieber, 2024), y el 1 de septiembre a seis rehenes que habían sido asesinados pocas horas antes, posiblemente tras percibir sus captores la presencia de las IDF durante el rescate de al-Qadi. Todos ellos se encontraban retenidos en el interior de túneles, si bien a la llegada de las IDF los seis cuerpos se encontraban ya abandonados sin seguridad de ningún tipo, con sus captores huidos (Fabian, 2024c).

En cualquier caso, uno de los principales problemas que la limpieza y consolidación de Rafah ha implicado ha sido el movimiento a través de una ciudad sembrada de IEDs, localizados prácticamente en cada vivienda de cada edificio que los miembros de Hamas y las otras facciones han ido abandonando. La tarea de localización y detonación controlada por parte de las IDF para poder continuar su avance terrestre ha incrementado el número de bajas y afectado a la destrucción ya provocada por los bombardeos, pues en ocasiones los IEDs conectaban varias viviendas, o éstas con túneles y otras estructuras, como mezquitas, escuelas, etcétera. Para minimizar el número de bajas, las IDF han comenzado a inspeccionar las viviendas de interés con drones, y en caso de duda con perros, antes de que unidades de cuatro hombres realicen una última inspección ocular; en caso de detección por imágenes o con las unidades K9 de un IED, la vivienda se destruye directamente, evitando el riesgo de que el IED sea activado remotamente en presencia de tropas, pero, en contrapartida, la destrucción del entorno urbano de Rafah se ha incrementado exponencialmente. En cualquier caso, esta táctica que combina el empleo de UAVs y unidades terrestres ha logrado restringir la capacidad operativa de Hamas en la ciudad, denegándoles la ventaja táctica que la colocación de IEDs ocultos les confería (Fox, 2024).

VII. CONCLUSIONES

La introducción de nuevas tecnologías armamentísticas y de las telecomunicaciones han modificado los teatros operativos militares tanto convencionales como asimétricos. Organizativamente, los movimientos insurgentes y la respuesta estatal en forma de contrainsurgencia se han asimilado a modelos sistémicos en pugna. Estructuralmente, los tres dominios clásicos -terrestre, aéreo y naval-, se han visto incrementados por ciberespacio, espacio y dominio humano/cognitivo, todos ellos con sus especificidades y vulnerabilidades propias. Ello ha provocado un cambio de paradigma con la introducción de nuevas estrategias adaptadas al entorno multidominio como es la estrategia *Anti-Access/Area Denial* (A2/AD) o anti-acceso y de denegación de área, que han pasado a ser aplicadas no solo por actores estatales, sino también por actores armados no estatales, tales como fuerzas insurgentes, que manejan el entorno operacional multidominio de forma efectiva a pesar de carecer de los mismos medios y recursos que sus oponentes.

La revisión de las acciones llevadas a cabo tanto por las principales facciones de la resistencia palestina en la Franja de Gaza como por Israel tras el ataque del 7 de Octubre de 2023 muestran cómo tanto dicho ataque como la ulterior operación en respuesta constituyen un nuevo laboratorio de ensayo de las operaciones multidominio, donde tanto un actor armado no estatal -o en este caso actores- como un Estado pueden aplicar distintas estrategias anti-acceso y de denegación de área -A2/AD- y cómo este concepto no solo aparece vinculado a las grandes innovaciones tecnológicas y armamentísticas, sino que, desde la sobriedad de la insurgencia y la contrainsurgencia, es un marco de acción a la hora de definir y manejar el área de operaciones, también en sus dominios clásicos.

La presencia de zonas densamente pobladas, el dominio cognitivo o el manejo de la información, entre otros, parecen condicionar la movilización del esfuerzo bélico, pero también se ven influenciados por los dominios de tierra, mar y aire, a la vez que los primeros incluyen también en los segundos, en forma de una suerte de retroalimentación que, a efectos prácticos, determina el desarrollo del conflicto y la actuación de ambas partes sobre el teatro de operaciones. Las operaciones Tormenta de al-Aqsa y *Iron Swords* parecen ratificar que, en pleno siglo XXI, las operaciones multidominio siguen volviendo al paradigma clásico de las botas sobre el terreno y el control de las áreas de operaciones físicas, eso sí, maximizando tácticas clásicas a través de la integración de nuevas tecnologías armamentísticas y de las telecomunicaciones.

VIII. REFERENCIAS

Al-Mayadeen News. (2023). Al-Qassam infiltrate into "Zikim" by sea, confront IOF: Resistance. *Al-Mayadeen News.* https://english.almayadeen.net/news/politics/al-qassam-infiltrate-into-zikim-by-sea-confront-iof:-resista

Borger, J. (2010, April 27). Afghanistan: the power point solution. *The Guardian.* https://www.theguardian.com/world/julian-borger-global-security-blog/2010/apr/27/afghanistan-microsoft

Brustlein, C. (2019). Five myths abour the anti-Access/Area-Denial Threat. *International Paris Air Show Le Bourget 2019.* https://www.defnat.com/e-RDN/vue-article-cahier.php?carticle=122&cidcahier=1183

Department of Defense. (2018). *National Defense Strategy Summary.*

Fabian, E. (2024a, June 8). 'Operation Arnon': How 4 hostages were freed from Hamas captivity in central Gaza. *The Times of Israel.* https://www.timesofisrael.com/operation-arnon-how-4-hostages-were-freed-from-hamas-captivity-in-central-gaza/

Fabian, E. (2024b, July 25). Bodies of 5 Israelis slain on Oct. 7 recovered by IDF from Gaza, brought home. *Times of Israel.* https://www.timesofisrael.com/bodies-of-slain-hostages-recovered-by-military-returned-to-israel/

Fabian, E. (2024c, September 1). Bodies of 6 hostages, murdered by Hamas just days ago, found in Rafah – IDF. *Times of Israel.*

Fox, A. (2024, August 20). How Israel is clearing Hamas out of Rafah. *The Spectator.* https://www.spectator.co.uk/article/how-israel-is-clearing-hamas-out-of-rafah/

Gordon, J., & Matsumura, J. (2013). *The Army's role in overcoming Anti-Access and Area-Denial challenges.*

Gutiérrez, B. (2015). La doctrina de la muqawama (resistencia): el caso de Hamas. *Revista Del IEEE, 2*(6). http://revista.ieee.es/index.php/ieee/article/view/197

Harel, D. (2012). Asymmetrical Warfare in the Gaza Strip: a test case. *Military and Strategic Affairs, 4*(1), 17–24.

Hoffman, F. (2007). *Conflict in the 21st Century: the rise of hybrid wars.* https://www.potomacinstitute.org/images/stories/publications/potomac_hybridwar_0108.pdf

Human Rights Watch. (2024). *"I can't erase all the blood from my mind": Palestinian armed groups' October 7 Assault on Israel.*

INSS. (2024). *Swords of Iron: an overview.* https://www.inss.org.il/publication/war-data/

Johnson, D. (2011). *Hard fighting. Israel in Lebanon and Gaza.* http://www.rand.org/content/dam/rand/pubs/monographs/2011/RAND_MG1085.pdf

Kilcullen, D. (2004). *Countering global insurgency.* http://smallwarsjournal.com/documents/kilcullen.pdf

Kilcullen, D. (2019). Preface to Blood and Concrete. In D. Dilegge, R. Bunker, J. P. Sullivan, & A. Keshavarz (Eds.), *Blood and Concrete. 21st Century conflict in Urban Centers and Megacities.* (First, pp. xxxi–xxxvii). Xlibris.

Knights, M. (2023). *Gaza's urban warfare challenge: lessons from Mosul and Raqqa* (3795; Policy Watch). https://www.washingtoninstitute.org/policy-analysis/gazas-urban-warfare-challenge-lessons-mosul-and-raqqa

Krepinevich, A. (2002). *The Military-Technical Revolution A Preliminary Assessment.*

Krieger, M. (2007). We the people are not the center of gravity in an insurgency. *Military Review, JulyAugust,* 96–100.

Levi-Belz, Y., Groweiss, Y., Blank, C., & Neria, Y. (2024). PTSD, depression, and anxiety after the October 7, 2023 attack in Israel: a nationwide prospective study. *The Lancet, 68.*

Luttwak, E., & Shamir, E. (2023). *The art of military Innovation. Lessons from the Israel Defense Forces.* HarvardUniversityPress.

Margulies, J. (2023, October 8). Israel regains control over Sderot police station. *Jerusalem Post.* https://www.jpost.com/israel-news/defense-news/article-763198

Meir Amit Intelligence and Information Terrorism Center. (2023). *Operation Iron Swords, update to 1 p.m., December 20, 2023.*

Meir Amit Intelligence and Terrorism Information Center. (2023a). *Operation Iron Swords, update to 1 p.m., December 26, 2023.*

Meir Amit Intelligence and Terrorism Information Center. (2023b). *Operation Iron Swords, update to 1 p.m., November 6, 2023.*

Meir Amit Intelligence and Terrorism Information Center. (2023c). *Operation Iron Swords, update to 1 p.m., November 7, 2023.*

Meir Amit Intelligence and Terrorism Information Center. (2023d). *Operation Iron Swords, update to 1 p.m., November 10, 2023.*

Meir Amit Intelligence and Terrorism Information Center. (2023e). *Operation Iron Swords, updated to 1 p.m., December 6, 2023.*

Meir Amit Intelligence and Terrorism Information Center. (2023f). *Operation Iron Swords, updated to 1 p.m., October 15, 2023.*

Meir Amit Intelligence and Terrorism Information Center. (2023g). *Operation Iron Swords, updated to 1 p.mm, October 29, 2023.*

Meir Amit Intelligence and Terrorism Information Center. (2024). *Operation Iron Swords, Updated to 1 p.m., February 12, 2024.*

Office of the Special Representative of the Secreatry-General on Sexual Violence in Conflict. (2024). *Mission Report. Official visit of the Office of the SRSG-SVC to Israel and the occupied West Bank.* https://www.un.org/sexualviolenceinconflict/wp-content/uploads/2024/03/report/mission-report-official-visit-of-the-office-of-the-srsg-svc-to-israel-and-the-occupied-west-bank-29-january-14-february-2024/20240304-Israel-oWB-CRSV-report.pdf

Pulido, G. (2021). *Guerra multidominio y mosaico.* Los Libros de la Catarata.

Richemond-Barak, D. (2018). *Underground Warfare.* Oxford University Press.

Rohatyn Jewish Heritage. (n.d.). *Jewish tradition for death, burial, and mourning.* Jewish Heritage. Retrieved September 24, 2024, from https://rohatynjewishheritage.org/en/culture/death-burial-mourning/#:~:text=No%20jewelry%20or%20cosmetics%20are,not%20rejoice%20at%20the%20sight.

Samaan, J.-L. (2020). *Non-State actors and anti-access area/area denial strategies: the coming challenge.*

Shapir, Y. (2014). Rocket warfare in Operation Protective Edge. In S. Brom (Ed.), *The lessons of Operation Protective Edge.* (pp. 44–50). INSS. http://www.inss.org.il/uploadImages/systemFiles/ZukEtanENG_final.pdf

Tangredi, S. (2018). Antiaccess Warfare as Strategy. *Naval War College Review, 71*(1 Winter), 33–51. https://digital-commons.usnwc.edu/cgi/viewcontent.cgi?article=1003&context=nwc-review

Tangredi, S. (2019). Anti-Access Strategies in the Pacific: the United States and China. *Parameters, 49*(1 Spring/Summer), 5–20.

TRADOC. (2020). *TRADOC Pamphlet 525-92-1. The changing character of warfare: the urban operational environment.*

US Department of the Army Headquarters. (2025). *FM 3-0 Operations.* US Department of Defense.

US Joint Staff Force Development. (2016). *Cross-Domain Synergy in Joint Operations. Planner's Guide.* Department of Defense. https://www.jcs.mil/Portals/36/Documents/Doctrine/concepts/cross_domain_planning_guide.pdf?ver=2017-12-28-161956-230

US Marine Corps. (2006). *FM 3-24 Counterinsurgency.* US Marine Corps Warfighting Publication. http://www.everyspec.com/ARMY/FM-Field-Manual/FM_3-24_15DEC2006_13424/

USMC. (1998). *MCWP 3-35.3 Military Operations in Urbanized Terrain (MOUT).* Department of the Navy.

Wispelwey, B., & Jamei, Y. A. (2020). The Great March of Return: Lessons from Gaza on Mass Resistance and Mental Health. *Health and Human Rights, 22*(1), 179–185.

Wolfel, R., Richmond, A., & Ridgeway, J. (2021). Dense urban environments. The crucible of multiple-domain operations. *Military Review, January*, 22–32.

Zych, J. (2019). The use of weaponized kites and balloons in the Israeli – Palestinian conflict. *Security and Defence Quarterly, 27*(5), 71–83. https://doi.org/10.35467/sdq/108677

La amenaza terrorista en eventos deportivos masivos: historia, impacto y respuestas de seguridad

JAVIER GONZÁLEZ DEL CASTILLO
Facultad de Medicina, Salud y Deportes
Universidad Europea de Madrid
https://orcid.org/0000-0003-1985-3153

DRA. LAURA GOSTIÁN
Facultad de Medicina, Salud y Deportes
Universidad Europea de Madrid
https://orcid.org/0000-0003-2809-6203

I. RESUMEN

La evolución del terrorismo en eventos deportivos de gran magnitud refleja su capacidad de adaptación a los cambios geopolíticos, tecnológicos y de seguridad global desde la década de 1970.Los atentados, como el ocurrido en los Juegos Olímpicos de Múnich en 1972, han explotado la visibilidad y cobertura mediática de estas competencias para maximizar el impacto psicológico y político, convirtiendo a los eventos deportivos en objetivos atractivos para los terroristas.

A lo largo de las décadas, se observa un desplazamiento geográfico en los objetivos de los ataques, particularmente después del 11 de septiembre de 2001. Con el aumento de las medidas de seguridad en Occidente, los terroristas han dirigido su atención hacia regiones con menores capacidades defensivas, como África y Asia, lo que ha provocado un aumento de ataques en estas zonas. Paralelamente, se ha evidenciado una transición en las tácticas utilizadas, pasando de grupos organizados a "lobos solitarios," cuyas acciones resultan más difíciles de prevenir debido a su carácter impredecible y la radicalización facilitada por internet.

La sofisticación creciente de estas amenazas ha impulsado un notable incremento en los costes de seguridad para los eventos deportivos internacionales, alcanzando cifras millonarias en ediciones recientes. Sin embargo, como muestran los atentados recientes en París o Bruselas, la amenaza persiste debido a la evolución de las tácticas empleadas —como los ataques individuales o el uso de drones—, la dificultad de predecir la radicalización autónoma y los límites estructurales de la vigilancia masiva. La sofisticación de la seguridad no elimina, sino que desplaza el riesgo.

Esta respuesta sostenida ante la amenaza también está mediada por narrativas históricas de vulnerabilidad colectiva. Como sostiene Wang (2012), los Estados tienden a construir discursos de legitimación a partir de memorias de humillación o trauma nacional, que son reactivadas frente a ataques terroristas (Wang, 2012, pp. 10–13). En este sentido, los eventos deportivos no solo movilizan dispositivos de seguridad, sino también relatos simbólicos de orgullo, unidad y resistencia, con los que las autoridades justifican ampliaciones de poder o movilizaciones excepcionales.

La evidencia demuestra que el terrorismo sigue siendo un desafío global en el ámbito deportivo, demandando una respuesta coordinada y sostenida que equilibre la protección efectiva con la experiencia de los asistentes, en un entorno cada vez más complejo y peligroso.

II. PALABRAS CLAVE

Terrorismo, Eventos Deportivos, Seguridad Internacional, Amenazas Globales, Radicalización

III. INTRODUCCIÓN

Juegos Olímpicos, Mundiales de fútbol, macroconciertos o foros internacionales consiguen algo que pocos eventos logran: captar la atención global de forma simultánea. En ellos se congregan miles de personas de forma presencial, pero su verdadera dimensión está en la retransmisión. Las cámaras expanden el alcance y convierten lo local en universal. Esta visibilidad posiciona al país anfitrión como referente internacional, con beneficios en reputación, turismo y proyección diplomática. Sin embargo, esa misma exposición lo convierte en un objetivo potencial para actores que buscan interrumpir el relato oficial y atraer la atención global a través del conflicto.

Los grandes eventos deportivos concentran audiencias globales y proyectan valores universales, lo que los convierte en objetivos altamente simbólicos para los actores terroristas. Según Korstanje (2020, pp. 111–112), operan como representaciones del orden internacional y su ataque constituye una fractura deliberada en ese marco. La finalidad no es solo provocar víctimas, sino perturbar el relato de estabilidad y armonía que estos encuentros encarnan. En esta lógica, el terrorismo se configura como una acción comunicativa orientada a ser percibida, amplificada y recordada. Weimann (2006, pp. 3–5) señala que los medios de comunicación no se limitan a informar: forman parte integral de la estrategia, amplificando el efecto emocional del atentado y reforzando la percepción de inseguridad. Por ello, califica esta forma de violencia como un auténtico "teatro del terror": una dramaturgia del miedo, global, inmediata y continua (p. 24).

El impacto psicológico de los atentados también tiene raíces profundas en la percepción de amenaza existencial. La Teoría del Manejo del Terror plantea que, ante el miedo a la muerte, las personas se aferran con más intensidad a sus creencias ideológicas y nacionalistas. Esa reacción defensiva se agudiza cuando el ataque no solo es físico, sino simbólico, como ocurre en eventos deportivos que representan unidad, identidad o prestigio nacional (Pyszczynski, Solomon & Greenberg, 2015, p. 4).

En este contexto de impacto emocional e ideológico, también resulta crucial analizar cómo se propagan los mensajes tras un atentado, especialmente a través del entorno digital. Tras un atentado, la circulación de bulos, rumores o discursos extremistas no responde necesariamente a una estrategia organizada. Starbird *et al.* (2019) muestran que muchas veces el proceso de viralización surge de la acción espontánea de miles de usuarios. Las plataformas digitales se convierten en espacios de "trabajo colaborativo", donde la participación masiva —aunque no coordinada— favorece la expansión de narrativas de terror y desinformación (pp. 21–26). La propagación no depende de un emisor central, sino de una lógica distribuida, emocional, contagiosa.

Este fenómeno ha sido ampliamente documentado. Williamson, Fay y Miles-Johnson (2019) señalan que una exposición mediática prolongada a noticias sobre atentados puede inducir ansiedad, sensación de vulnerabilidad y percepción elevada de amenaza, incluso en personas que no estuvieron presentes en el lugar de los hechos. El miedo, en estos casos, no nace del contacto directo con el riesgo, sino del modo en que este se representa y circula (pp. 4, 10).

La dinámica ha cambiado. Si antes los medios tradicionales eran el canal dominante de amplificación, hoy el escenario es otro. Rothenberger (2016, pp. 95–100) observa que el terrorismo ya no necesita medios oficiales: redes como Telegram, Twitter o TikTok permiten una difusión inmediata, sin filtros ni control. Las imágenes, los mensajes, las justificaciones —todo se esparce en cuestión de minutos.).

El atentado en el maratón de Boston de 2013 ilustra de forma clara cómo las redes sociales amplifican el impacto de este tipo de hechos. Martin y Dwyer (2019, pp. 85–87) documentaron cómo, en cuestión de horas, plataformas como Twitter o Facebook se llenaron de teorías conspirativas, señalamientos infundados y reacciones viscerales. Lo que comenzó como una cobertura espontánea se convirtió en un proceso de elaboración colectiva de narrativas alternativas. Miles de usuarios dejaron de ser meros observadores y empezaron a participar activamente en la construcción del relato.

El resultado no fue solo un desafío para las autoridades encargadas de la investigación. También hubo consecuencias psicológicas medibles. Holman, Garfin y Silver (2014, pp. 94–95) hallaron que quienes estuvieron expuestos durante más de seis horas diarias a imágenes del atentado desarrollaron síntomas de estrés agudo, aun sin haber estado físicamente en el lugar. El efecto del atentado se extendió más allá de Boston; alcanzó a quienes lo vivieron a través de pantallas.

Este tipo de comportamiento colectivo no surgió de forma aislada. Starbird et al. (2010, pp. 4–6) ya habían detectado cómo, ante situaciones percibidas como peligrosas, las redes sociales se convierten en espacios hiperactivos. En ellos circulan advertencias útiles, pero también rumores y desinformación, sin filtros ni supervisión.

El entorno ha cambiado. El terrorismo ya no solo busca atención mediática, sino viralidad, carga emocional y desorden comunicativo. La visibilidad del ataque depende tanto del acto en sí como de los algoritmos que determinan qué se muestra y qué permanece oculto. Jenkins (1975, p. 15) definió el terrorismo como una forma de "teatro", subrayando su dimensión escenográfica y comunicativa. Hoy, ese teatro está mediado por algoritmos, reacciones digitales y métricas de impacto que determinan qué se muestra, cómo se interpreta y a quién alcanza.

En el contexto de los Juegos Olímpicos de París 2024, Samuel-Azran, Manor, Yitzhak y Galily (2024) analizaron más de 11.000 entradas generadas por inteligencia artificial y detectaron un sesgo sistemático hacia la asociación entre "terrorismo" y "deporte" en la cobertura automatizada de grandes eventos. Su estudio evidencia cómo, incluso sin una amenaza concreta, los algoritmos tienden a amplificar escenarios de miedo y vinculan ciertas ciudades, religiones o regiones con posibles atentados, reproduciendo marcos sensacionalistas sin supervisión humana directa (p. 12).

Varios eventos deportivos de gran escala han sido atacados o amenazados a lo largo del tiempo. Uno de los casos más conocidos ocurrió en los Juegos Olímpicos de Múnich de 1972, cuando un grupo palestino secuestró y asesinó a once atletas israelíes. La transmisión en directo convirtió el atentado en una tragedia global, alterando de forma definitiva la percepción de seguridad en este tipo de celebraciones. A partir de ese momento, la protección de atletas, espectadores y delegaciones pasó a ser un objetivo prioritario. La seguridad ya no podía ser un complemento logístico: se convirtió en el eje operativo del evento.

El vínculo entre terrorismo y macroeventos no es accidental. Giulianotti y Klauser (2012, p. 307) lo interpretan como una estrategia para maximizar el pánico. Atacar estos escenarios permite a los grupos violentos difundir sus mensajes ante millones de personas. El daño físico es solo una parte del objetivo. Lo que buscan es generar miedo, sembrar incertidumbre y alterar la percepción del mundo tanto en quienes están presentes como en quienes siguen el evento a través de los medios.

Este nuevo contexto plantea dilemas complejos para los organizadores. Los eventos deportivos se conciben como celebraciones colectivas, símbolos de unión, apertura y convivencia. Sin embargo, la amenaza constante ha transformado su atmósfera. La presencia de escáneres, cordones policiales, fuerzas armadas y sistemas de vigilancia avanzados es cada vez más habitual. Estas medidas elevan el nivel de seguridad, pero también afectan la experiencia del espectador. Muchos asistentes sienten que participan en un acto controlado más que en una fiesta.

Fussey y Coaffee (2012, pp. 9, 12) señalan que, aunque las estrategias de seguridad tienden a uniformarse a nivel global, las amenazas tienen raíces locales. En Londres 2012, los dispositivos internacionales se combinaron con respuestas adaptadas a grupos específicos del entorno británico. Estandarizar no basta; hay que interpretar cada contexto.

La evolución del terrorismo ha disparado los costes de seguridad en los eventos deportivos de gran escala. Desde Múnich 1972, el presupuesto destinado a protección no ha dejado de crecer. Cada nueva amenaza, cada atentado, ha elevado el listón. Los Juegos Olímpicos de Atenas 2004 asignaron 1.500 millones de dólares solo a seguridad, una cifra sin precedentes que reflejaba el temor generado por los atentados del 11 de septiembre (Samatas, 2007, p. 224). Este presupuesto supuso un aumento del 700 % respecto a la edición anterior y representó casi el 10 % del coste total de los Juegos, lo que evidencia la prioridad absoluta que adquirió la protección frente a la amenaza terrorista. Ocho años más tarde, Londres 2012 superó esa cifra, con 1.700 millones invertidos, en parte como respuesta a los ataques sufridos por la ciudad en 2005 (Houlihan & Giulianotti, 2015, p. 532).

En Río 2016, el contexto económico impuso importantes restricciones presupuestarias, pero el gasto en seguridad alcanzó los 895 millones de dólares, impulsado por la necesidad de protección frente al crimen organizado local y posibles amenazas terroristas (Duckworth, 2022, pp. 190–191). Aunque inferior a los presupuestos de ediciones anteriores, esta cifra ilustra la dificultad de organizar unos Juegos con garantías de seguridad en entornos urbanos complejos. En Tokio 2021, pospuestos por la pandemia de COVID-19, la inversión en seguridad fue de aproximadamente 1.500 millones de dólares. Esta cifra incluyó medidas extraordinarias de control sanitario, ciberseguridad y vigilancia sin público en las gradas, en un contexto en el que la salud pública se convirtió también en un asunto de seguridad nacional (Duckworth, 2022, pp. 193–195). De cara a París 2024, el gobierno francés ha anunciado un presupuesto cercano a los 1.800 millones de dólares para garantizar la seguridad del evento, en un escenario marcado por el temor a atentados y la creciente preocupación por amenazas híbridas como los drones armados o los ciberataques (Reuters, 2024).

La tendencia es clara: más sofisticación, más inversión, más vigilancia. La seguridad se ha convertido en uno de los pilares estructurales de cualquier evento deportivo global.

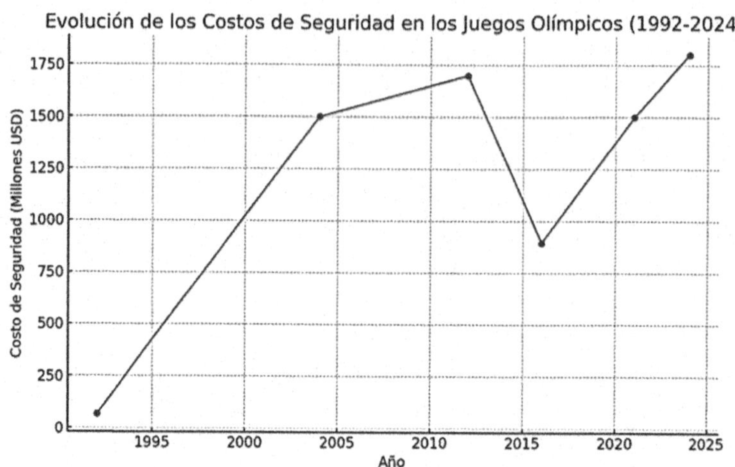

Gráfico 1. Evolución del gasto en seguridad en los Juegos Olímpicos (1972–2024)

El gráfico muestra el incremento sostenido en el presupuesto destinado a seguridad en los Juegos Olímpicos desde Múnich 1972 hasta París 2024. Destacan los picos de gasto tras atentados emblemáticos, como el 11-S o París 2015, así como la tendencia creciente hacia una seguridad cada vez más tecnificada y costosa.

El terrorismo no solo deja víctimas y pérdidas económicas. También produce efectos psicológicos que persisten más allá del acto. No se trata únicamente de causar daño inmediato, sino de gestionar el miedo. Esa es, precisamente, una de sus estrategias centrales. Williamson *et al.* (2014, p. 2) explican que los atentados se diseñan para generar un estado de alarma colectiva, amplificado por los medios de comunicación. Cuando un ataque ocurre en un evento deportivo internacional, su transmisión en directo convierte cada imagen en un canal de propagación emocional. La audiencia no necesita estar presente para sentirse afectada.

Ese eco emocional es clave. Glassner (2010, p. 190) sostiene que los medios tienden a magnificar amenazas poco probables —como los atentados— y a minimizar otras más comunes, generando una percepción distorsionada del riesgo. En ese escenario, el miedo al terrorismo se alimenta con facilidad y legitima respuestas políticas desproporcionadas. Altheide (2006, p. 113) va más allá y describe este fenómeno como un "ritual informativo": una narrativa repetida en la que se combinan horror, indignación y una sensación de impotencia compartida.

Eventos como los Juegos Olímpicos o los Mundiales potencian este efecto. Su visibilidad global convierte cada incidente en un acontecimiento que trasciende fronteras. En estos espacios, el *framing* emocional adquiere una fuerza extraordinaria. Richardson (2007, pp. 4, 237) advierte que el terrorismo opera como un bucle: cuanto mayor es la espectacularidad del ataque, mayor es el miedo generado; cuanto mayor el miedo, más intensa la reacción de gobiernos y medios. Ese ciclo transforma la propia naturaleza del evento. El incremento de las medidas de seguridad no solo eleva los costes operativos, sino que transforma la experiencia de los asistentes. Muchos espectadores dejan de percibir el evento como un espacio festivo y comienzan a experimentarlo como un entorno condicionado por el control, la vigilancia y la posibilidad latente de amenaza.

El deporte contemporáneo no se limita a lo lúdico o a lo competitivo. Funciona como un espejo y, al mismo tiempo, como una plataforma desde la cual se proyectan dinámicas de poder, conflicto e identidad. Desde la Guerra Fría hasta el presente, los Juegos Olímpicos han servido como escaparate geopolítico, donde los Estados muestran fortaleza, modernidad o unidad nacional. También las federaciones internacionales, como el Comité Olímpico Internacional, operan con agendas políticas propias que moldean quién participa, cómo se sanciona o qué valores se promueven.

Los propios deportistas han convertido los grandes escenarios en espacios de reivindicación. A través de gestos, símbolos o declaraciones, aprovechan la visibilidad del evento para expresar posiciones políticas. La dimensión política se acentúa además en la manera en que el éxito deportivo se asocia con superioridad cultural, económica o ideológica, reforzando jerarquías y narrativas de poder. A esto se suma la continuidad de rivalidades históricas entre países, que se reproducen en el campo de juego y transforman la competición en un capítulo más de disputas mayores.

Incluso actores externos al ámbito deportivo, como los grupos terroristas, han reconocido el valor simbólico de estos eventos. Para ellos, son una vitrina privilegiada desde la cual lanzar su mensaje y amplificar su impacto psicológico (Hargreaves, 2014; Guttmann, 1994).

Aunque el terrorismo ha estado presente a lo largo de la historia, muchos analistas coinciden en señalar 1968 como el año en que adquirió una dimensión internacional. La expansión del transporte aéreo, la cobertura mediática global y la circulación de ideologías insurgentes compartidas entre distintos grupos lo convirtieron en una herramienta comunicacional más eficaz y espectacular. Laqueur (1999, pp. 10–12) identifica ese año como un punto de inflexión. Hoffman (2006, p. 57) lo refuerza al afirmar que fue entonces cuando el terrorismo se volvió realmente global, en especial a través de secuestros aéreos y atentados diseñados para ser vistos por audiencias internacionales.

No existe una definición única de terrorismo aceptada de forma universal. Sin embargo, tanto las instituciones internacionales como la mayoría de los enfoques académicos coinciden en ciertos elementos clave. La Resolución 1566 del Consejo de Seguridad de las Naciones Unidas (2004) define los actos terroristas como aquellos dirigidos a provocar un estado de terror en la población. Incluye los ataques contra civiles, con el objetivo de intimidar o coaccionar a gobiernos o instituciones internacionales. Según el texto, se trata de:

> "actos criminales, incluidos contra civiles, cometidos con la intención de causar la muerte o lesiones corporales graves, o la toma de rehenes, con el fin de provocar un estado de terror en la población

> en general, en un grupo de personas o en personas particulares, intimidar a una población u obligar a un gobierno o a una organización internacional a realizar o abstenerse de realizar cualquier acto" (Consejo de Seguridad de las Naciones Unidas, 2004).

El marco europeo adopta una formulación similar. La Directiva (UE) 2017/541 define el terrorismo como el conjunto de actos destinados a intimidar gravemente a la población, forzar a las autoridades públicas a actuar contra su voluntad o desestabilizar estructuras fundamentales del Estado o de una organización internacional.

Desde la perspectiva académica, el terrorismo no responde a impulsos irracionales, sino que constituye una estrategia instrumental y deliberada. Es una elección calculada, asumida por grupos que no tienen acceso a los canales convencionales del poder político y que buscan alterar decisiones gubernamentales mediante la presión simbólica del miedo. Tal como señala Crenshaw, puede ser "una respuesta razonable y calculada a determinadas circunstancias" (2007, p. 113).

Laqueur (1999, p. 11) pone el acento en otro aspecto: el valor simbólico y psicológico del acto terrorista. No es la cantidad de víctimas lo que define su impacto, sino el efecto emocional que genera en una audiencia mucho mayor que la afectada directamente. En este sentido, el terrorismo actúa como un medio de comunicación.

El desacuerdo persistente sobre cómo definirlo se debe, en gran parte, a lo que Schmid (2011) llamó "la politización del concepto". En su análisis de más de cien definiciones, concluye que, aunque hay consenso en la existencia de violencia con fines políticos, las divergencias aparecen en torno a la legitimidad de los actores, el tipo de víctimas o el contexto. Esta falta de acuerdo ha dificultado la adopción de una definición normativa común, con consecuencias prácticas en la cooperación internacional (Schmid, 2011, pp. 38–39).

Pese a la diversidad terminológica, estas definiciones comparten elementos fundamentales. En primer lugar, el terrorismo se concibe como una forma de violencia premeditada con fines políticos. En segundo lugar, suele estar dirigido contra civiles o blancos simbólicos, con el objetivo de amplificar su impacto emocional. Y, en tercer lugar, responde a una lógica instrumental: alterar decisiones políticas o generar desestabilización mediante el miedo. Las divergencias, sin embargo, aparecen en torno a la legitimidad de los actores, la calificación jurídica y el contexto de aplicación, lo que explica las dificultades para alcanzar una definición universalmente aceptada.

Pese a las diferencias existentes en torno a la definición del terrorismo, hay una serie de rasgos ampliamente compartidos tanto en los marcos legales como en los análisis doctrinales. En primer lugar, su motivación es eminentemente política. La violencia no se ejerce por impulso, sino como una estrategia orientada a provocar cambios en la conducta de los gobiernos, presionando simbólicamente a través del miedo y la conmoción pública. Crenshaw (2007) insiste en esta racionalidad estratégica, que distingue al terrorismo de otras formas de violencia colectiva.

Otro elemento común es su carácter no estatal. Aunque algunos grupos reciben apoyo logístico o financiación de ciertos gobiernos, sus acciones no pueden ser formalmente atribuidas a Estados. Operan al margen de la legalidad internacional, lo que les diferencia del uso legítimo de la fuerza previsto en el derecho internacional (Laqueur, 1999). Además, el blanco de sus ataques suele ser la población civil. A diferencia del combate convencional, el terrorismo selecciona a víctimas no combatientes con el propósito de amplificar el impacto emocional y social del atentado (Crenshaw, 2007).

La violación de las normas internacionales también es una constante. Los grupos terroristas no reconocen los convenios que regulan el uso de la fuerza, como los de Ginebra, ni actúan dentro de los marcos jurídicos establecidos (Laqueur, 1999).

En este contexto, resulta especialmente significativo que muchos atentados se dirijan a escenarios con alta carga simbólica y visibilidad mediática, como los encuentros deportivos internacionales. En ellos, la concentración de público y la cobertura en tiempo real convierten el ataque en un acto de proyección global. Más allá del daño inmediato, el objetivo es generar una respuesta emocional masiva que altere la percepción de seguridad y amplifique el mensaje del agresor. Eventos como los Juegos Olímpicos o el Mundial de fútbol ofrecen, por su propia naturaleza, ese alcance emocional y comunicativo buscado por los perpetradores.

IV. LOS JUEGOS OLÍMPICOS COMO BLANCO DEL TERRORISMO INTERNACIONAL (1972-2004)

Los Juegos Olímpicos, por su proyección global, se han convertido en un escenario privilegiado para quienes buscan visibilizar causas políticas mediante actos de violencia. La combinación de símbolos nacionales, cobertura mediática internacional y una concentración masiva de personas los convierte en objetivos particularmente atractivos. Dershowitz (1998, p. 38) lo resume con claridad: los grandes eventos deportivos representan un "objetivo ideal para el terrorismo", porque permiten maximizar el impacto simbólico y emocional con una inversión logística limitada.

El atentado perpetrado durante los Juegos de Múnich en 1972 marcó un punto de inflexión en la historia olímpica y en la conciencia internacional sobre la amenaza terrorista. El 5 de septiembre, ocho miembros del grupo palestino Septiembre Negro se infiltraron en la Villa Olímpica y tomaron como rehenes a once miembros del equipo israelí. Tras horas de tensión, el intento de rescate en el aeródromo de Fürstenfeldbruck terminó con la muerte de todos los rehenes y de cinco de los secuestradores. El mundo fue testigo, en directo, de un acto de violencia que superaba los márgenes del deporte. Más que una acción militar, fue una operación diseñada para captar la atención global y colocar la causa palestina en la agenda internacional. Reeve (2000, p. 11) lo describe como "una declaración política coreografiada para captar la atención del mundo entero".

Más allá de su dimensión deportiva, los Juegos Olímpicos funcionan como escenarios de proyección ideológica y nacional. Bairner y Molnar (2010, p. 2) los describen como plataformas simbólicas desde las que los Estados proyectan su identidad, refuerzan su legitimidad y compiten por reconocimiento cultural ante la comunidad internacional. Esa visibilidad convierte a los Juegos en blancos potenciales para quienes buscan romper el discurso oficial y dirigir el foco mediático hacia sus propias reivindicaciones o agravios.

El impacto del atentado de Múnich fue inmediato. En los Juegos de Montreal 1976 se implementó un dispositivo de seguridad sin precedentes, con más de 16.000 efectivos desplegados, lo que supuso la mayor operación militar en Canadá desde la Segunda Guerra Mundial. Aunque no se produjo ningún ataque, la atmósfera estaba marcada por la tensión y la vigilancia estricta se convirtió en una nueva norma. La seguridad pasó a ser un eje estructural en la organización olímpica, ya no como respuesta coyuntural, sino como parte de una planificación sistemática de largo plazo (Duckworth, 2022, p. 48).

El atentado de Múnich no solo modificó los protocolos de protección: redefinió el papel simbólico de los Juegos como escaparate político. La Villa Olímpica dejó de ser solo un símbolo de convivencia internacional para transformarse en escenario estratégico. Large (2012, p. 356) señala que el ataque fue concebido como una operación mediática que buscaba deliberadamente captar la atención mundial. Esa instrumentalización revela una tensión estructural: los Juegos, ideados como celebración pacífica del deporte, se han convertido también en terreno donde se disputan narrativas de legitimidad, soberanía y conflicto. En esta línea, Bairner y Molnar (2010, p. 85) destacan que los megaeventos deportivos son "espacios de visibilidad máxima donde las identidades nacionales se representan, negocian o desafían", lo que los expone a ser utilizados por actores no estatales con fines propagandísticos o disruptivos.

La amenaza del terrorismo no desapareció tras Múnich; siguió presente en la planificación de las siguientes ediciones olímpicas. En Moscú 1980, la seguridad fue una prioridad, no por atentados concretos, sino por un entorno político enrarecido. La invasión soviética de Afganistán y el boicot liderado por Estados Unidos generaron un clima tenso. Según Boykoff (2016, pp. 170–171), las autoridades soviéticas aplicaron un rígido control sobre la interacción entre ciudadanos y visitantes, más orientado a mantener el orden ideológico que a neutralizar amenazas reales, aunque el miedo a sabotajes estaba latente.

En Los Ángeles 1984, con el recuerdo aún reciente de Múnich y bajo la sombra del boicot del bloque oriental, el temor a ataques terroristas condicionó la organización desde el inicio. Se incorporaron tecnologías que entonces eran innovadoras, como la vigilancia satelital y controles informatizados de acceso. Duckworth y Hunt (2016, pp. 223–224) describen esta edición como un punto de inflexión en la gestión de la seguridad olímpica, con un enfoque basado en la disuasión tecnológica que se consolidaría en eventos posteriores.

La amenaza fue más directa en los Juegos de Seúl 1988. Corea del Norte, excluida de la coorganización, intentó boicotear el evento con un ataque que conmocionó a la comunidad internacional. El 29 de noviembre de 1987, agentes norcoreanos colocaron una bomba en el vuelo 858 de Korean Air, causando la muerte de 115 personas. Oberdorfer y Carlin (2014, pp. 311–314) explican que el objetivo era infundir miedo, deslegitimar al régimen surcoreano y sabotear la celebración de los Juegos. Como respuesta, Corea del Sur recibió apoyo directo de Japón y Estados Unidos, que aportaron recursos clave para garantizar la seguridad. Esta cooperación internacional fue decisiva para blindar el evento y evitar que el terrorismo volviera a alterar la narrativa olímpica.

Los Juegos Olímpicos de Barcelona 1992 evidenciaron que el terrorismo no siempre proviene de actores internacionales. En este caso, la amenaza adoptó una dimensión local a través de los grupos ETA y GRAPO, considerados organizaciones terroristas por el Estado español. Ambos protagonizaron actos de sabotaje en infraestructuras críticas: ETA atacó torres eléctricas para comprometer el suministro y GRAPO colocó explosivos en un gasoducto en Vilafranca del Penedès, a pocos días del inicio de los Juegos (Duckworth, 2022, pp. 136–137). A ello se sumó el hallazgo de una bomba sin detonar en el techo del Palau Sant Jordi, una de las instalaciones olímpicas principales. Aunque el artefacto fue desactivado sin incidentes, su descubrimiento confirmó que la amenaza no siempre se manifiesta en atentados consumados, sino en su potencial constante. Las autoridades gestionaron el episodio con extrema discreción, pero el hecho reflejó una vulnerabilidad estructural difícil de neutralizar en eventos de esta magnitud (Shaw, 2008, pp. 132–133).

En términos doctrinales, el terrorismo se ha definido más por su lógica instrumental que por su tipología. Hoffman (2006) lo describe como una violencia deliberada dirigida no solo contra las víctimas inmediatas, sino diseñada para impactar sobre una audiencia secundaria, amplificando así su efecto a través del miedo (p. 40). Desde una perspectiva legal, la Resolución 1566 del Consejo de Seguridad de las Naciones Unidas define los actos terroristas como aquellos que buscan provocar un estado de terror en la población civil o coaccionar a gobiernos mediante amenazas y violencia (Consejo de Seguridad, 2004). Sin embargo, tal como advierte Crenshaw (2007), las estrategias de seguridad tienden a centrarse en amenazas externas, más visibles mediáticamente, relegando riesgos internos que pueden ser igualmente relevantes (p. 79).

Esta diferencia de enfoque no solo condiciona las decisiones operativas, sino también la narrativa oficial sobre el riesgo. Mientras Septiembre Negro es calificado sin ambages como un "grupo terrorista palestino", las referencias a ETA o GRAPO suelen incorporar su filiación ideológica sin una etiqueta inequívoca. Esta asimetría en el lenguaje refleja una dimensión estratégica del discurso. Schmid (2004) alertó sobre la falta de una definición universalmente aceptada de terrorismo y la politización de su uso, lo que impide que el término funcione como una categoría analítica objetiva (p. 397). Años después, en su análisis ampliado, reiteró que esta ausencia de consenso tiene consecuencias prácticas para la cooperación internacional y para la legitimidad del discurso antiterrorista (Schmid, 2011, pp. 38–39).

La edición de Atlanta 1996 confirmó esta fragilidad estructural. En esta ocasión, la amenaza provino de Eric Rudolph, un extremista cristiano radicalizado que actuó por cuenta propia. Colocó una bomba en Centennial Olympic Park, una zona emblemática de convivencia ciudadana durante los Juegos. El atentado dejó dos muertos y más de cien heridos, y expuso la debilidad de los espacios abiertos, menos vigilados que las sedes deportivas oficiales (Large, 2012, p. 357). Rudolph justificó su acción como un intento de "confundir, enfurecer y avergonzar al gobierno de Washington", buscando generar pánico suficiente como para forzar la cancelación del evento (Fussey, Coaffee & Hobbs, 2012, p. 51).

El ataque, sin embargo, no logró su propósito. Las autoridades decidieron continuar con el calendario previsto y el presidente Clinton lo respaldó públicamente con un mensaje inequívoco: "No podemos permitir que el terrorismo gane" (Large, 2012, p. 359). Pero el episodio reveló una nueva categoría de amenaza: la del "lobo solitario", un tipo de actor difícil de detectar, con capacidad de causar daños significativos sin necesidad de pertenecer a una organización estructurada. Spaaij (2012) subraya que la radicalización individual puede tener consecuencias tan amplias como la acción colectiva, especialmente cuando se dirige a escenarios globales de alto impacto simbólico, como los Juegos Olímpicos (p. 119).

Durante los Juegos Olímpicos de Sídney 2000, la amenaza terrorista motivó a las autoridades australianas a desplegar uno de los operativos de seguridad más sofisticados hasta la fecha. El clima global de alerta, especialmente tras el atentado de Atlanta en 1996 y la creciente actividad de grupos extremistas, impulsó una respuesta coordinada sin precedentes. Se llevaron a cabo simulacros a gran escala, se reforzó la vigilancia en puntos sensibles y se estableció una intensa colaboración con agencias internacionales. De hecho, Estados Unidos colaboró con Australia a través de la provisión de asistencia médica especializada en caso de ataques químicos o biológicos, dentro de un esquema más amplio de cooperación internacional que sentó las bases de la seguridad olímpica del siglo XXI (Duckworth, 2022, p. 190).

Uno de los episodios más sensibles fue el complot para atacar el reactor nuclear Lucas Heights, cuya desarticulación —aunque con detalles clasificados— evidenció tanto la gravedad de las amenazas como la capacidad preventiva de los servicios de inteligencia. También se detuvo a un individuo cerca de la Villa Olímpica, lo que subrayó la constante presión operativa sobre los dispositivos de seguridad (Toohey, 2008, pp. 437–440).

Más allá de los hechos, conviene atender al modo en que estos eventos se construyen simbólicamente. La violencia terrorista no actúa únicamente en el plano físico, sino también en el comunicacional. En este sentido, la teoría del framing resulta útil para analizar cómo los medios seleccionan, jerarquizan y encuadran la información sobre atentados, estableciendo qué aspectos destacar y cuáles silenciar. Por su parte, la teoría de la agenda setting no impone interpretaciones, pero sí orienta la atención pública hacia ciertos temas y no otros. Ambas dinámicas influyen en la percepción social del riesgo y en las respuestas institucionales que se activan como consecuencia (Rothenberger, 2016, pp. 191–193).

Como advierten Starbird, Arif y Wilson (2020), los efectos de estas narrativas se ven amplificados en los entornos digitales, donde la desinformación se construye de forma colaborativa en ecosistemas participativos. Esto es especialmente visible en los atentados vinculados a eventos deportivos, que suelen viralizarse con rapidez, generando respuestas públicas inmediatas que pueden ser tan relevantes como los hechos en sí (p. 4).

A diferencia de otros eventos deportivos —incluso masivos— los Juegos Olímpicos están cargados de valor diplomático, geopolítico y simbólico. Atacar este tipo de escenario supone, en muchos casos, desafiar el discurso oficial de paz, unidad y celebración de las naciones. El terrorismo aquí funciona como un contrarrelato, que interrumpe la imagen armónica del evento y pone en jaque tanto al país anfitrión como a las instituciones internacionales implicadas.

Mientras que en los ataques a eventos en zonas inestables (como el cricket en Pakistán o maratones regionales) el objetivo suele ser táctico —intimidar rivales, demostrar presencia armada o debilitar al Estado— en los Juegos Olímpicos el objetivo es casi siempre comunicacional: obligar a la comunidad internacional a prestar atención a una causa, crear disrupción en la narrativa institucional o elevar a nivel global un conflicto que en otras circunstancias pasaría desapercibido.

Este patrón sugiere que los Juegos Olímpicos no solo se convierten en objetivo por su escala, sino por su potencia simbólica, actuando como un megáfono involuntario de discursos violentos. Como explican Grix y Brannagan (2016), los megaeventos deportivos representan instrumentos de soft power en manos de los Estados, diseñados para proyectar prestigio, cohesión y liderazgo internacional (p. 254). Precisamente por eso, atacar estas plataformas permite a los grupos violentos interrumpir la narrativa dominante y situar su causa en un escenario de máxima visibilidad, disputando el control simbólico del acontecimiento.

La seguridad, por tanto, no puede centrarse únicamente en lo técnico: debe considerar también las implicaciones políticas y comunicacionales de un posible atentado. En esta lógica, como advierte Richardson (2007), el terrorismo actúa dentro de un ciclo comunicacional perverso: cuanto mayor es la visibilidad del ataque y más intensa la respuesta institucional, mayor es el éxito simbólico del atentado (pp. 92–93). En lugar de evaluar únicamente su letalidad, deberíamos considerar su capacidad de disrupción social, mediática y política. Los eventos deportivos globales ofrecen un escenario perfecto para esta lógica, al combinar exposición internacional, ritmos narrativos definidos y emociones colectivas.

Finalmente, los Juegos de Atenas 2004, celebrados bajo la sombra de los ataques del 11 de septiembre de 2001, presentaron un desafío único en términos de seguridad. Las preocupaciones sobre un posible ataque terrorista alcanzaron un nivel sin precedentes, lo que llevó a un aumento significativo de los costes en seguridad y a la implementación de medidas extremadamente rigurosas. Grecia gastó alrededor de 1.500 millones de dólares en seguridad, lo que representó un incremento del 700% respecto a Sídney 2000 (Boykoff, 2016, p. 248). Aunque los Juegos se llevaron a cabo sin incidentes, la percepción del riesgo afectó la asistencia de espectadores y generó implicaciones financieras notables (Samatas, 2007, p. 224). Estos Juegos simbolizaron un nuevo paradigma en la gestión de riesgos para eventos internacionales, en el que la seguridad se convirtió en una prioridad absoluta, con implicaciones duraderas para futuras ediciones olímpicas.

La selección del periodo 1972–2004 no es arbitraria. Estos años marcan una etapa crítica en la relación entre el terrorismo y los Juegos Olímpicos, definida por dos factores clave: en primer lugar, la consolidación de los JJOO como un objetivo estratégico para grupos armados que buscan impacto global; en segundo lugar, la evolución de los dispositivos de seguridad desde una lógica reactiva (Múnich) hacia una infraestructura de control preventivo sofisticado (Atenas). A partir de 2004, el modelo de seguridad olímpica entra en una nueva fase, marcada por el impacto duradero del 11S, la securitización global del deporte y el uso intensivo de tecnologías predictivas, elementos que se analizan en los epígrafes posteriores.

Aunque el tratamiento de cada edición es necesariamente breve, el análisis comparado de los casos seleccionados permite identificar un patrón común de escalada securitaria y adaptación institucional. Todos los casos aquí recogidos comparten una dimensión simbólica elevada, una reacción política significativa y un rediseño de los protocolos de vigilancia. Más que una cronología exhaustiva, el enfoque adoptado busca ilustrar la transformación de los JJOO como escenario de conflicto latente y laboratorio de estrategias antiterroristas.

Esta transformación también se reflejó en la evolución institucional del Comité Olímpico Internacional. Como documentan Duckworth y Hunt (2016), tras el atentado de Múnich el COI asumió un papel más activo en materia de seguridad, aunque siempre tensionado entre su discurso de neutralidad y la creciente presión estatal por blindar los Juegos. Este dilema se intensificó especialmente en Los Ángeles 1984, donde el modelo de seguridad se profesionalizó, se privatizó parcialmente y sentó las bases del enfoque que predominaría en décadas.

Este recorrido entre Múnich 1972 y Atenas 2004 delimita un ciclo coherente de análisis en el que pueden identificarse tres fases sucesivas. La primera, iniciada con el atentado de Múnich, marca el ingreso definitivo del terrorismo en el imaginario olímpico, obligando a repensar la seguridad en clave internacional. La segunda, durante las décadas de los ochenta y noventa, muestra un patrón de amenazas menos visibles pero persistentes, donde se combinan desafíos locales (como los grupos armados en España) con el crecimiento de los dispositivos preventivos. La tercera se abre tras los atentados del 11-S, con Salt Lake City y Atenas como hitos de una nueva hiperseguridad globalizada, basada en la vigilancia digital, la cooperación interagencial y el control anticipatorio. Este ciclo, que antecede a los Juegos de Beijing 2008 y al giro hacia nuevas amenazas híbridas, constituye una unidad histórica en la evolución de las respuestas institucionales frente al riesgo terrorista en el deporte, y permite analizar de manera estructurada cómo se pasó de la sorpresa violenta al paradigma de la securitización permanente.

Este ciclo histórico no solo consolidó los Juegos Olímpicos como blanco prioritario, sino que forzó a los actores violentos a repensar sus estrategias. A partir de 2004, la hiperseguridad instaurada en Occidente provocó un desplazamiento táctico hacia regiones con menores capacidades defensivas.

V. DESPLAZAMIENTO GEOGRÁFICO DEL TERRORISMO HACIA REGIONES CON MENOR CAPACIDAD DE SEGURIDAD (2001-2010)

Tras los atentados del 11 de septiembre de 2001, los grandes eventos deportivos celebrados en Occidente adoptaron protocolos de seguridad sin precedentes. Esta securitización generalizada convirtió a los países con menores recursos en nuevos escenarios potenciales para el terrorismo deportivo. A medida que los dispositivos de vigilancia se sofisticaban en Europa y Norteamérica, los grupos terroristas comenzaron a desplazar sus acciones hacia contextos más vulnerables, dando lugar a un nuevo mapa del riesgo global.

Durante la Copa Mundial de Fútbol de 2002, organizada conjuntamente por Corea del Sur y Japón, se estableció un nivel de alerta sin precedentes, con aviones de combate en patrullas aéreas, sistemas antimisiles desplegados en los estadios y tiradores selectos posicionados estratégicamente. Esta demostración de fuerza disuasoria resultó eficaz, ya que no se produjeron incidentes de relevancia durante el torneo (Atkinson & Young, 2012, pp. 295-297).

En contraste, los ataques comenzaron a dirigirse hacia regiones menos protegidas. Pakistán, por ejemplo, se convirtió en uno de los epicentros de esta nueva geografía del terror. En 2004, una bomba explotó en el hotel del equipo de cricket de Nueva Zelanda, provocando la cancelación de su gira (Taylor & Toohey, 2005, p. 200). Años más tarde, en 2009, el autobús del equipo nacional de Sri Lanka fue tiroteado en Lahore, dejando siete muertos. Esta secuencia de eventos consolidó la percepción de que el deporte podía ser atacado con mayor impunidad fuera del marco occidental.

La violencia también afectó a países sumidos en conflictos internos o con instituciones debilitadas. En Irak, entre 2006 y 2007, varios atletas y dirigentes deportivos fueron asesinados o secuestrados, incluyendo a 30 miembros del Comité Olímpico Nacional, cuyo paradero sigue sin esclarecerse (Toohey, 2008, p. 431). En Sri Lanka, un atentado durante un maratón local en abril de 2008 causó la muerte de 14 personas, incluido un ministro del gobierno, lo que evidenció la facilidad con que se podía instrumentalizar el deporte como objetivo simbólico en guerras civiles (Spaaij, 2012, pp. 140–141).

Incluso las amenazas fallidas incidieron en las estrategias globales de vigilancia. En 2010, las autoridades iraquíes frustraron un intento de atentado contra la Copa Mundial de Sudáfrica, planeado por una célula de Al Qaeda (Giulianotti & Klauser, 2011, pp. 3158–3160). Aunque el ataque no se concretó, reforzó la necesidad de anticipar escenarios en contextos tradicionalmente considerados "seguros".

En conjunto, el periodo 2001–2010 marca una reconfiguración del riesgo terrorista en el deporte, con un giro táctico que trasladó el foco desde las capitales del mundo globalizado hacia escenarios periféricos. Este fenómeno no solo refleja un cálculo estratégico por parte de los actores violentos, sino también una limitación estructural de las capacidades de protección estatal. Como advierte Crenshaw (2007), la elección del blanco responde tanto a la oportunidad como a la vulnerabilidad percibida, dos variables que explican por qué el deporte fue utilizado como vector de terror en espacios geopolíticamente inestables.

En 2009, el autobús del equipo nacional de cricket de Sri Lanka fue atacado en Lahore, Pakistán, durante una gira oficial. El asalto armado causó la muerte de siete personas e hirió a varios jugadores, entre ellos Thilan Samaraweera y Tharanga Paranavitana. Este atentado marcó un punto de inflexión en la percepción del riesgo en competiciones deportivas celebradas en contextos de inseguridad estructural (Giulianotti & Klauser, 2012, p. 312). La visibilidad del evento y el perfil internacional del equipo confirmaron que el deporte seguía siendo un objetivo prioritario para grupos insurgentes en regiones con debilidad institucional.

El inicio de 2010 estuvo marcado por dos ataques significativos. En Pakistán, un atacante suicida mató a 90 personas durante un partido local de voleibol en Lakki Marwat, según reportes oficiales. Pocos días después, el autobús que transportaba a la selección de fútbol de Togo fue emboscado por el Frente de Liberación del Enclave de Cabinda (FLEC) en Angola, provocando la muerte de dos miembros de la expedición togolesa. Estos hechos subrayaron el desplazamiento del riesgo hacia entornos menos protegidos, donde la capacidad de respuesta estatal es limitada y el deporte se instrumentaliza para generar impacto mediático inmediato (Spaaij, 2016, p. 456-457).

En mayo de 2010, las fuerzas de seguridad iraquíes anunciaron la detención de Abdullah Azzam al-Qahtani, un ciudadano saudí vinculado a Al Qaeda, acusado de planear un atentado durante la Copa Mundial de la FIFA en Sudáfrica. Según el portavoz del gobierno iraquí, el ataque formaba parte de una operación coordinada por Ayman al-Zawahiri, aunque el propio sospechoso declaró que aún no había recibido autorización definitiva para llevarlo a cabo. A pesar de que el atentado no se ejecutó, el caso fue interpretado como una muestra del interés sostenido de las redes yihadistas por emplear los grandes eventos deportivos como plataformas de visibilidad y proyección simbólica (Mohammed, 2010).

Este conjunto de ataques refleja una inflexión táctica en los patrones de violencia terrorista en el deporte tras el 11S. El refuerzo de los dispositivos de seguridad en Europa y Norteamérica —con inversiones multimillonarias y protocolos de prevención internacionalizados— redujo las oportunidades de ataque en Occidente y fomentó una "geografía alternativa del terror", centrada en Asia, África y Medio Oriente (Giulianotti & Klauser, 2012, p. 313).

Más allá de una mera reubicación táctica, esta regionalización responde a tres lógicas combinadas: la búsqueda de contextos con menor disuasión estatal, la intención de perturbar procesos locales de estabilización, y la explotación de eventos de segundo nivel —como partidos regionales, giras de selecciones menores o maratones populares— que, aunque de menor audiencia global, ofrecen vulnerabilidades logísticas evidentes. Como argumenta Spaaij (2016), estos ataques no solo buscan atención internacional, sino también desestabilizar simbólicamente espacios considerados seguros por las poblaciones locales (pp. 47–49).

Las consecuencias institucionales de este giro han sido significativas. Federaciones como la FIFA, la FIBA o el COI se han visto obligadas a cancelar giras, redistribuir sedes o endurecer los protocolos de inspección antes de conceder la organización de competiciones a ciertos países. Ejemplos paradigmáticos son la reubicación del Rally Dakar en 2008 —tras múltiples alertas sobre ataques en Mauritania— y la cancelación de competiciones internacionales en Irak y Afganistán a lo largo de los años 2000 (Atkinson & Young, 2012, p. 291).

Estos desplazamientos tienen efectos colaterales que trascienden lo deportivo. Como señala Taylor (2007), la exclusión de regiones del Sur Global de la organización de eventos por motivos de seguridad refuerza una brecha estructural en la proyección internacional de estos países, limitando sus oportunidades de desarrollo deportivo, diplomático y económico (Taylor & Toohey, 2007, pp. 102–105). Así, el terrorismo, además de generar miedo, contribuye a perpetuar dinámicas de desigualdad global en la arquitectura del deporte internacional.

VI. NUEVAS AMENAZAS EN OCCIDENTE: ATENTADOS RECIENTES Y SU IMPACTO EN LA SEGURIDAD DEPORTIVA (2010–2024)

A partir de la segunda década del siglo XXI, el terrorismo volvió a manifestarse con fuerza en eventos deportivos celebrados tanto en Estados Unidos como en varias ciudades europeas. Aunque el incremento de las medidas de seguridad tras el 11-S había generado una percepción de mayor protección, los atentados en Boston (2013), París (2015), Bruselas (2023) y las amenazas frustradas en torno a París 2024 evidencian que los eventos deportivos de alto perfil siguen siendo objetivos estratégicos para grupos terroristas. Esta sección analiza algunos de los episodios más significativos ocurridos en este periodo y las transformaciones que provocaron en los modelos de vigilancia, respuesta institucional y percepción pública del riesgo.

El 15 de abril de 2013, el maratón de Boston terminó abruptamente cuando dos bombas explotaron cerca de la línea de meta. Tres personas murieron y 264 resultaron heridas por los explosivos, empacados en ollas a presión y escondidos en mochilas negras (CNN, 2013). Lo que siguió fue un fenómeno inédito en Estados Unidos: el cierre completo de la ciudad de Boston. Las autoridades suspendieron el transporte público, ordenaron el confinamiento domiciliario de la población y desplegaron más de 9.000 agentes en una operación de búsqueda intensiva (Mueller & Stewart, 2011, p. 160).

El comentarista Chemi Shalev afirmó al día siguiente que este fue "el gran triunfo del terrorismo", no tanto por los daños físicos causados, sino por la magnitud de la reacción institucional y el pánico social generado (Shalev, 2013). Esta percepción apunta a una lógica contemporánea del terrorismo: no busca únicamente destrucción material, sino una desestabilización emocional y simbólica a gran escala.

El FBI identificó rápidamente a los responsables como los hermanos Dzhokhar y Tamerlan Tsarnaev, lo que desencadenó una serie de eventos violentos que culminaron con la muerte de Tamerlan y la captura del segundo sospechoso el 19 de abril (CBS News, 2013). Desde una perspectiva académica, este caso encarna el paso hacia una nueva generación de atentados cometidos por "lobos solitarios" radicalizados individualmente, sin conexiones estructuradas con organizaciones transnacionales. Spaaij y Hamm (2015) destacan que este tipo de terrorismo es particularmente difícil de prevenir por su carácter autónomo y la naturaleza volátil de su proceso de radicalización (p. 435).

Pero más allá de la autoría, el atentado de Boston fue paradigmático por otras razones. En primer lugar, demostró que la amenaza terrorista puede lograr una paralización total del espacio urbano con medios técnicos rudimentarios. La ciudad se convirtió en una escena del crimen hipermediatizada, donde el miedo colectivo se propagó más rápido que los propios explosivos. Desde el punto de vista del análisis de costes, Mueller y Stewart (2011) sostienen que la respuesta institucional al atentado de Boston fue desproporcionada en relación al daño físico causado. Lo relevante, según los autores, no es solo el gasto excesivo o la parálisis urbana, sino el modo en que estas reacciones amplifican la eficacia simbólica del terrorismo. Al generar una respuesta de excepción ante un ataque técnicamente rudimentario, las autoridades terminan confirmando la capacidad del agresor para alterar la normalidad. Esta lógica paradójica —donde el miedo genera más impacto que el daño— es uno de los principales riesgos del terrorismo contemporáneo (Mueller & Stewart, 2011, pp. 157–161).

En segundo lugar, Boston marcó el inicio de una nueva etapa en la dimensión comunicativa del terrorismo. Apenas hora y media después del ataque, Twitter ya registraba más de 700.000 menciones del evento, muchas de ellas con imágenes explícitas del momento de la explosión y sus consecuencias (Starbird et al., 2014, p. 656). Esta aceleración en la circulación de la información —y la desinformación— convirtió a las redes sociales en plataformas clave tanto para la gestión de la emergencia como para la difusión de contenidos terroristas. Como señala Duckworth (2022), Boston fue "la primera crisis terrorista verdaderamente hiperconectada" (p. 192).

Desde un enfoque más amplio, el atentado ofrece una lección inquietante sobre la eficacia simbólica del terrorismo moderno. Si bien el número de víctimas fue reducido en comparación con otros ataques, su impacto psicológico y político fue exponencial. La cobertura mediática, la espectacularización de la búsqueda del sospechoso y el uso intensivo de tecnología de vigilancia transformaron el atentado en un acontecimiento global. Richardson (2007) advierte que los terroristas no necesitan destruir infraestructuras críticas para lograr sus fines: basta con generar una respuesta institucional sobredimensionada que confirme su capacidad para alterar la normalidad (p. 17).

Así, el maratón de Boston puede leerse como un punto de inflexión en la estrategia terrorista. No se trató simplemente de atacar un evento deportivo masivo, sino de instrumentalizarlo como plataforma de propagación emocional. El miedo no fue consecuencia del daño, sino del despliegue narrativo que lo siguió. La ciudad entera se convirtió en escenario, el ciudadano en espectador activo y el miedo en producto mediático.

El atentado de 2013 encarna las transformaciones más profundas del terrorismo en el siglo XXI: su mutación hacia formatos descentralizados, su simbiosis con las redes digitales y su capacidad para generar respuestas políticas y sociales que, paradójicamente, amplifican su eficacia. La amenaza no reside únicamente en el acto violento, sino en la forma en que ese acto es vivido, interpretado y gestionado.

El 13 de noviembre de 2015, París fue escenario de una serie de atentados coordinados que dejaron 130 víctimas mortales y centenares de heridos. Tres terroristas intentaron detonar explosivos en el Stade de France durante un partido entre Francia y Alemania, al que asistía el entonces presidente François Hollande. Aunque no lograron entrar al estadio, las explosiones fuera de los accesos D y H mostraron con crudeza el potencial del deporte como objetivo simbólico de primer orden (Cleland & Cashmore, 2018, p. 3). Estos ataques coincidieron con atentados en terrazas del centro de París y en la sala de conciertos Bataclan. La magnitud del dispositivo mediático amplificó el efecto psicológico del atentado y consolidó el binomio entre terrorismo y cobertura global, haciendo del deporte un escenario de máxima visibilidad para este tipo de violencia (Galily et al., 2016, p. 284).

Un estudio reciente de Rahman, Jasani y Liang (2023) documenta 74 atentados terroristas contra recintos deportivos en el periodo 1970–2019, casi la mitad de ellos dirigidos a estadios de fútbol. En su mayoría, los ataques se realizaron con explosivos, y se concentraron especialmente en regiones como Oriente Medio y el norte de África. Aunque estadísticamente infrecuentes, estos ataques se asocian con un alto número de víctimas y ponen de relieve la necesidad de integrar estos escenarios en los planes de emergencia y preparación médica (pp. 366–368).

Frevel y Schreyer (2020) analizaron este impacto desde una perspectiva conductual. En su estudio empírico sobre la Bundesliga alemana, demostraron que tras los atentados en París y la cancelación del partido amistoso Alemania–Países Bajos, se produjo un aumento significativo del fenómeno "no-show": miles de aficionados decidieron no acudir a los partidos a pesar de haber adquirido entradas. Esta respuesta, intensa pero transitoria, reflejaba una reacción emocional inmediata al riesgo percibido, especialmente en las dos semanas posteriores al ataque (p. 2).

El intento de atacar un estadio lleno durante una retransmisión en directo reveló la sofisticación estratégica de los agresores. El objetivo iba más allá del número de víctimas: buscaba desestabilizar el símbolo de cohesión nacional que estos eventos representan, precisamente en momentos de máxima visibilidad mediática y emocional. La reacción del público —que permaneció en el estadio tras las explosiones— y la decisión de no cancelar el encuentro se interpretaron como gestos de resistencia cívica, aunque también generaron críticas sobre la gestión de la seguridad (Schwarz, 2016, p. 420). Desde entonces, el Stade de France se ha convertido en un caso paradigmático del riesgo asociado a los eventos deportivos masivos.

Ocho años después, en octubre de 2023, el terrorismo volvió a golpear el fútbol europeo. En Bruselas, dos aficionados suecos fueron asesinados a tiros horas antes de un partido de Champions League. El agresor, vinculado al extremismo y motivado por represalias simbólicas tras la quema de un Corán en Suecia, actuó con el objetivo de elevar el conflicto a escala internacional y explotar el evento como plataforma mediática. El impacto fue inmediato: suspensión del partido, cierre de fronteras y un renovado debate sobre la seguridad en eventos deportivos (Cleland & Cashmore, 2018, p. 5).

Cleland y Cashmore (2018) observaron cómo, tras los atentados de París, muchos aficionados al fútbol interpretaron las nuevas medidas de seguridad como una invasión de su espacio simbólico. Como resume uno de los participantes en su estudio: "Nothing will be the same again after the Stade de France attack" (p. 461). Más allá de ese episodio concreto, Cleland (2019) amplía el análisis desde la perspectiva de la "sociedad del riesgo", mostrando cómo la mayoría de los seguidores acepta las medidas de seguridad como parte de la experiencia deportiva, aunque algunos las consideran excesivas o intrusivas. En su estudio con más de mil encuestados, casi un tercio manifestó emociones de temor, vigilancia o incomodidad ante el nuevo entorno securitario (p. 146). Así, los eventos deportivos de élite no solo se perciben como espacios de ocio, sino también como escenarios donde se negocia la tensión entre protección, miedo y disfrute.

Los Juegos Olímpicos de París 2024 se desarrollaron bajo una lógica de hiperseguridad sin precedentes en Francia. La memoria de 2015 y la amenaza persistente de ataques yihadistas impulsaron medidas excepcionales: zonas de exclusión aérea, despliegue de 45.000 efectivos y un sistema de detección temprana de amenazas a través de inteligencia artificial (Azran et al., 2024, p. 6). Entre 2022 y 2024, las autoridades desactivaron varios intentos de atentado, incluido un plan para atacar la ceremonia inaugural y otro para utilizar drones cargados de explosivos contra la Villa Olímpica. Aunque no se materializaron ataques durante los Juegos, la narrativa del evento estuvo atravesada por el riesgo, como documenta el propio COI en su informe de evaluación postolímpica (Galily et al., 2016, p. 285).

El análisis posterior a París 2024 confirma una tendencia observable desde 2015: el terrorismo deportivo no busca solo víctimas, sino disputas simbólicas. Como explica Rothenberger

(2016, p. 97), la cobertura informativa actúa como multiplicador del impacto y transforma el atentado en un acontecimiento total, capaz de alterar discursos políticos, rutinas sociales y formas de consumo cultural. En este contexto, los megaeventos deportivos se han convertido en escenarios de vulnerabilidad estratégica, donde la seguridad ya no puede separarse del control narrativo.

VII. ESTRATEGIAS DE SEGURIDAD DEPORTIVA ANTE EL TERRORISMO GLOBAL: EVOLUCIÓN Y ADAPTACIÓN

En las últimas décadas, la planificación de la seguridad en eventos deportivos de gran escala ha evolucionado de manera notable, impulsada tanto por el impacto de atentados anteriores como por el creciente perfeccionamiento de las amenazas. En este proceso, los Juegos Olímpicos se han consolidado como un laboratorio avanzado de medidas securitarias. Duckworth (2022, p. 190) describe los Juegos Olímpicos como un "desafío único" debido a su escala global, la diversidad de delegaciones y la atención mediática masiva, factores que exigen la coordinación de múltiples agencias nacionales e internacionales y el uso de tecnologías avanzadas para prevenir riesgos.

Esta lógica de securitización no se limita al entorno olímpico. Se ha expandido hacia otros macroeventos deportivos con gran capacidad de movilización, como los campeonatos mundiales de fútbol o las grandes vueltas ciclistas. El caso del Tour de Francia resulta paradigmático. Considerada la prueba ciclista más emblemática a nivel mundial, ha experimentado un notable refuerzo de sus dispositivos de seguridad tras los atentados ocurridos en suelo europeo en la segunda mitad de la década de 2010. Durante la edición de 2016, celebrada pocas semanas después del ataque en Niza, el gobierno francés desplegó más de 23.000 efectivos entre policías, gendarmes y bomberos, focalizando la vigilancia en zonas de alta concentración de público y en puntos considerados críticos por el riesgo de atentado. Además, se integraron por primera vez tecnologías como drones de supervisión aérea, sistemas de videovigilancia inteligente y equipos de respuesta rápida para incidentes con armas no convencionales (Reuters, 2016).

Este tipo de intervenciones ilustra el desplazamiento del modelo de seguridad hacia estructuras más preventivas, tecnificadas y transversales, donde la protección del evento depende tanto de las fuerzas físicas desplegadas como del control invisible y continuo del entorno.

La era posterior al 11 de septiembre supuso un punto de inflexión decisivo en la gobernanza de la seguridad aplicada a los megaeventos deportivos. Como destacan Giulianotti y Klauser (2010), los presupuestos asignados a la seguridad se han multiplicado hasta alcanzar cifras de miles de millones de dólares, como ocurrió con los Juegos Olímpicos de Pekín 2008, cuya partida superó los 6.500 millones de USD. Esta transformación no solo ha supuesto una ampliación cuantitativa de recursos, sino una reestructuración en la forma de concebir y ejecutar la seguridad, cada vez más dependiente de tecnologías avanzadas de vigilancia y de una articulación operativa entre agencias nacionales e internacionales (Giulianotti & Klauser, 2010, p. 56).

Los efectos de esta intensificación también se hacen notar más allá del evento en sí. En otro trabajo posterior, los mismos autores subrayan que desde los Juegos de Múnich 1972 se ha intensificado el control sobre los espacios públicos en las ciudades que albergan estos eventos, y muchas de esas medidas se mantienen una vez finalizado el acontecimiento. Giulianotti y Klauser (2012, pp. 311–312) describen esta tendencia como una "securitización del espacio urbano" que deja un legado físico y simbólico en la vida urbana cotidiana. Esta herencia securitaria plantea serios interrogantes sobre su sostenibilidad política y social en las ciudades anfitrionas.

Este cambio ha sido también estructural. La respuesta institucional frente al terrorismo ha transformado los modelos de gobernanza de la seguridad, integrando de forma creciente a actores privados en tareas tradicionalmente estatales. En esta línea, Fussey y Coaffee (2012) analizan cómo los grandes eventos deportivos han funcionado como "laboratorios de seguridad urbana" en los que se experimentan nuevos dispositivos, tecnologías y modelos de vigilancia en contextos reales de alta exposición pública (pp. 62–64). Estos espacios de excepción normalizada no dependen exclusivamente de la autoridad pública, sino de redes colaborativas multinivel que incluyen fuerzas policiales, empresas tecnológicas, contratistas privados y organismos internacionales.

Este modelo emergente ha sido conceptualizado por Shearing y Wood (2003) como "gobernanza nodal", un enfoque que redefine la gestión de la seguridad al distribuir el poder entre múltiples centros de decisión interdependientes —tanto públicos como privados— que actúan de forma coordinada, pero sin una jerarquía fija. En este marco, el Estado deja de ser el único productor legítimo de seguridad, compartiendo funciones con empresas tecnológicas, contratistas privados y organismos supranacionales que operan bajo criterios de eficacia operativa más que de legitimidad democrática. Esta descentralización puede favorecer respuestas más flexibles y adaptativas ante nuevas amenazas, pero también plantea riesgos significativos: la dilución de la responsabilidad política, la opacidad en la toma de decisiones y el debilitamiento de los mecanismos clásicos de rendición de cuentas (Shearing & Wood, 2003, pp. 401–402). En este sentido, Neumann (2013, pp. 874–875) advierte que la falta de claridad conceptual en torno a la radicalización dificulta la formulación de políticas coherentes y puede conducir a respuestas institucionales excesivamente amplias o mal focalizadas, con riesgos para la legitimidad democrática.

Desde el punto de vista ciudadano, la intensificación de las medidas de seguridad ha tenido un impacto significativo en la experiencia de los espectadores. Taylor y Toohey (2007) analizaron las percepciones de riesgo durante los Juegos Olímpicos de Atenas 2004 y comprobaron que los asistentes que se sentían inseguros o temerosos tendían a sobreestimar los riesgos, mientras que quienes expresaban ira o desafío reaccionaban de forma opuesta. Además, identificaron que algunos espectadores, especialmente los hombres, percibían que las medidas de seguridad—como los controles intrusivos o el despliegue militarizado—deterioraban su experiencia del evento (p. 106).

En esta línea, Zajko y Béland (2008) sostienen que el miedo al terrorismo no solo condiciona la conducta individual, sino que transforma la relación emocional con el espacio público. Según su análisis, la creciente securitización del entorno genera rutinas de sospecha y vigilancia que fragmentan el uso social del espacio urbano y erosionan su dimensión lúdica y festiva (p. 726-727).

Además, las infraestructuras de seguridad implementadas durante estos eventos no siempre se retiran una vez concluidos. Coaffee, O'Hare y Hawkesworth (2009) advierten que elementos como las vallas antiterroristas, los sistemas de reconocimiento facial o las zonas de acceso restringido suelen permanecer en el entorno urbano como "dispositivos sedimentados", alterando tanto el diseño del espacio como su accesibilidad. Esta permanencia configura lo que los autores denominan "estéticas de la (in)seguridad": entornos donde lo visible y lo invisible se entrelazan en un continuo que oscila entre la protección y la exclusión (pp. 91–93).

A nivel más profundo, estas transformaciones no solo afectan al espacio físico, sino también a las estructuras cognitivas y emocionales desde las que se interpreta el riesgo. La teoría del manejo del terror (Terror Management Theory), desarrollada por Pyszczynski, Solomon y Greenberg, propone que la conciencia de la propia mortalidad—como la que provocan los atentados terroristas—activa mecanismos defensivos que refuerzan las creencias culturales y aumentan la hostilidad hacia los grupos considerados como "otros". Como explican los autores, este proceso ha sido documentado empíricamente en diversos estudios, revelando cómo el miedo existencial puede derivar en dinámicas de polarización social (Pyszczynski et al., 2015, pp. 57, 64).

No todas las estrategias institucionales se basan exclusivamente en el refuerzo del control físico y tecnológico. En paralelo a la lógica punitiva dominante, han surgido enfoques preventivos que priorizan la inclusión social y la colaboración comunitaria como vías para anticipar procesos de radicalización violenta. Entre ellos, destacan los programas de policía comunitaria, diseñados con sensibilidad cultural, transparencia institucional y participación cívica. Estas iniciativas pueden fomentar la legitimidad de las fuerzas del orden, generar redes de confianza mutua y activar mecanismos eficaces de alerta temprana, siempre que se desliguen claramente de la lógica encubierta del CVE (Countering Violent Extremism) y eviten la estigmatización de comunidades específicas (Schanzer et al., 2016, pp. 35–47).

Desde una perspectiva más técnica, se han desarrollado herramientas de apoyo a la toma de decisiones que optimizan la asignación de recursos según el tipo de amenaza, el presupuesto disponible y las características del evento. Este enfoque parte de una premisa crítica: el gasto en seguridad no guarda una relación lineal con su efecto disuasorio. A partir de cierto umbral, el incremento del presupuesto puede generar retornos decrecientes e incluso sobrerreacciones institucionales contraproducentes. Modelos como el propuesto por Zawadzki et al. (2022) permiten alcanzar niveles óptimos de protección sin incurrir en costes innecesarios, al demostrar que una distribución estratégica de los recursos puede resultar más eficaz que un gasto indiscriminado (pp. 541).

Esta visión orientada a la eficiencia operativa ha sido objeto de críticas desde enfoques más sociopolíticos. Mientras que Zawadzki et al. (2022, pp. 6–8) proponen modelos cuantitativos de asignación óptima de recursos para maximizar la disuasión y minimizar el riesgo en eventos deportivos, otros autores, como Fussey y Coaffee (2016, pp. 6–7, 131–133), cuestionan las consecuencias sociales y simbólicas de esta lógica. Desde su perspectiva, el énfasis en la eficacia técnico-militar conduce a una hipersecuritización que no solo transforma el paisaje urbano en espacios controlados y fragmentados, sino que refuerza un imaginario del miedo y una cultura del riesgo permanente. Así, el debate no gira únicamente en torno a cuán eficaces son las medidas adoptadas, sino a qué tipo de ciudad, ciudadanía y convivencia están generando. Frente a la lógica cuantitativa del rendimiento, estos autores abogan por una evaluación cualitativa que considere el impacto cultural, democrático y social de los dispositivos de vigilancia masiva.

Esta lógica conecta con las críticas formuladas a los megaeventos por su tendencia a consolidar dispositivos de control permanente en el espacio urbano. Las denominadas "infraestructuras del miedo" —barreras físicas, zonas de exclusión, redes de vigilancia masiva— suelen persistir tras la finalización del evento, sin que exista una evaluación clara sobre su proporcionalidad o impacto. Su presencia reconfigura el entorno urbano, reduce el acceso, fragmenta el uso social del espacio y normaliza una arquitectura del temor no siempre justificada por los riesgos reales (Fussey & Coaffee, 2012, pp. 21–24).

Estos enfoques advierten del riesgo de una deriva securitaria que, en nombre de la protección frente al terrorismo, imponga costes elevados tanto en términos económicos como sociales. El reto, por tanto, no es únicamente maximizar la seguridad, sino hacerlo desde una lógica democrática, proporcional y basada en la evidencia.

El Mundial de Rusia 2018 ejemplificó la intensificación de los dispositivos de seguridad en los macroeventos deportivos. Con un presupuesto que superó los 1.500 millones de dólares, se desplegaron amplios recursos humanos y tecnológicos para proteger los 12 estadios y garantizar la seguridad de millones de asistentes. Entre las medidas adoptadas destacaron los sistemas de videovigilancia inteligente, tecnología biométrica y drones de reconocimiento, integrados en un sistema centralizado de gestión del riesgo. Este modelo, que combina control territorial, visibilidad simbólica y eficiencia tecnológica, ha sido interpretado como una forma de "soberanía espectacular", donde la seguridad es también una herramienta de legitimación política (Ipek & Makarychev, 2020, pp. 6–9).

Desde 2020, la pandemia de COVID-19 obligó a redefinir estas estrategias bajo nuevos parámetros. El caso de la Eurocopa 2020, celebrada con un año de retraso en once ciudades europeas, impuso desafíos inéditos que combinaron amenazas convencionales con riesgos sanitarios. La seguridad ya no se limitó a prevenir atentados, sino que incorporó protocolos de salud pública, restricciones de movilidad y regulación de aforos, transformando el concepto mismo de protección. Esta "securitización sanitaria" exigió formas de gobernanza más flexibles y multinivel, donde los organizadores debieron equilibrar la prevención de riesgos con la preservación de la experiencia del público (Ludvigsen, 2022, cap. 5).

En este nuevo escenario, el uso de tecnologías emergentes se ha vuelto esencial. Los drones se han consolidado como herramientas clave para reforzar la vigilancia sin aumentar la percepción de amenaza. Durante la final de la Champions League celebrada en Francia en 2022, su uso permitió monitorizar aglomeraciones, detectar incidentes en tiempo real y coordinar la respuesta de las fuerzas de seguridad con mayor eficacia. Gracias a su capacidad para ofrecer una conciencia situacional ampliada sin intrusión directa, los drones mejoran tanto la prevención como la capacidad operativa (Al-Dosari et al., 2023, pp. 2, 5–7).

De cara al futuro, el reto será encontrar un equilibrio entre protección y disfrute. No se trata solo de evitar ataques, sino de crear entornos seguros que no proyecten una imagen de amenaza constante. Tal como señalan Taylor y Toohey (2007), las medidas visibles —como la presencia militar o los controles estrictos— pueden aumentar la ansiedad del público, mientras que las estrategias discretas tienden a reforzar la sensación de normalidad y disfrute (p. 110). Diseñar políticas de seguridad que protejan sin intimidar será tan crucial como la eficacia de los propios dispositivos desplegados.

VIII. CONCLUSIONES

Este texto ha permitido identificar tres hallazgos principales. Primero, que los eventos deportivos se han consolidado como objetivos prioritarios del terrorismo debido a su enorme visibilidad mediática y su carga simbólica. Segundo, que el foco geográfico y táctico de los ataques ha variado, desplazándose hacia contextos más vulnerables y adoptando nuevas formas de agresión, como el terrorismo individual o híbrido. Y tercero, que las respuestas institucionales han evolucionado hacia modelos nodales, altamente tecnificados y, en muchos casos, intrusivos, con efectos duraderos sobre el espacio urbano y los derechos ciudadanos.

Los hallazgos confirman que el terrorismo y la seguridad en los eventos deportivos masivos no pueden abordarse como fenómenos independientes. Se trata de dinámicas interrelacionadas que han evolucionado en paralelo, transformando tanto la lógica de la amenaza como el modo de concebir y organizar el deporte global. A lo largo del análisis se ha constatado que el deporte no solo ha sido víctima de atentados, sino también una plataforma estratégica utilizada por los actores violentos para maximizar la visibilidad y el alcance emocional de sus acciones. La combinación entre proyección mediática, intensidad simbólica y significado colectivo convierte a estos eventos en objetivos preferentes que trascienden su dimensión puramente lúdica o competitiva.

Históricamente, el ciclo que se inicia con Múnich 1972 inaugura una fase donde el deporte deja de ser un espacio neutral. Desde entonces, la amenaza terrorista ha evolucionado tanto en sus formas como en sus objetivos. A la violencia planificada de comandos organizados le han sucedido ataques solitarios, atentados frustrados y nuevas amenazas de tipo híbrido que combinan propaganda, radicalización digital y acciones de alto impacto. Este desplazamiento ha obligado a los organizadores y Estados anfitriones a transformar los modelos de seguridad, pasando de esquemas reactivos centrados en la protección física a estrategias proactivas y multifactoriales que combinan vigilancia masiva, inteligencia preventiva, colaboración internacional y control sanitario, como se evidenció durante la pandemia de COVID-19.

En esta transformación, uno de los hallazgos más relevantes ha sido la consolidación de un modelo de seguridad multiagencia y nodal, donde actores públicos y privados coexisten en redes de gobernanza sin jerarquías claras. Empresas tecnológicas, organismos supranacionales, contratistas privados y cuerpos policiales configuran ecosistemas securitarios que, aunque eficaces en términos operativos, plantean serias dudas sobre la rendición de cuentas, la transparencia y el control democrático. En muchos casos, las decisiones sobre la vigilancia, el uso de tecnologías intrusivas o la delimitación del espacio público se toman fuera del escrutinio institucional tradicional.

Asimismo, se ha comprobado cómo la securitización de los eventos deportivos genera efectos duraderos sobre el entorno urbano y social. El legado de la seguridad no es solo normativo o presupuestario: es arquitectónico, psicológico y cultural. Vallas, cámaras, zonas de exclusión o dispositivos biométricos permanecen más allá del evento, modificando la relación de la ciudadanía con el espacio público y con la propia idea de convivencia. Se consolida así un nuevo paisaje urbano donde la espectacularización de la vigilancia convive con una normalización del miedo.

Pero también se ha identificado una paradoja central: más seguridad no implica necesariamente más protección. Diversos estudios revisados muestran que el incremento presupuestario y la sofisticación tecnológica no siempre se traducen en una mayor disuasión o eficacia. La relación entre coste y beneficio es, en muchos casos, ambigua o inversa. Esta constatación invita a replantear las estrategias dominantes desde una lógica no solo técnica, sino política y ética: ¿a quién protege el modelo actual y a qué precio?

Finalmente, se ha demostrado que la seguridad, lejos de ser una dimensión neutra, es una construcción social, cultural y política. Afecta la percepción del riesgo, modela la experiencia del espectador y redefine los valores que se proyectan a través del deporte. Frente a este escenario, urge articular propuestas que no renuncien a la protección, pero que lo hagan desde criterios de proporcionalidad, inclusión y respeto a los derechos fundamentales. El reto es diseñar entornos deportivos seguros sin sacrificar su carácter abierto, festivo y comunitario. Es ahí donde se jugará el verdadero partido del futuro: entre la seguridad eficaz y la democracia plena.

En este escenario, resultan prioritarias varias líneas de actuación. En primer lugar, fomentar la cooperación internacional en materia de inteligencia y análisis de riesgos, con mecanismos compartidos de alerta temprana. En segundo lugar, garantizar que las medidas de seguridad respeten los derechos fundamentales y no perpetúen dinámicas de exclusión en el espacio urbano. En tercer lugar, diseñar dispositivos menos intrusivos que permitan equilibrar protección y experiencia del espectador, incorporando tecnologías de vigilancia discreta y comunicación efectiva con el público. Por último, evaluar de forma sistemática los legados securitarios de cada evento, con indicadores de coste, eficacia y sostenibilidad a largo plazo.

IX. REFERENCIAS

Al-Dosari, K., Hunaiti, Z., & Balachandran, W. (2023). Mega Sporting Event Scenario Analysis and Drone Camera Surveillance Impacts on Command-and-Control Centre Situational Awareness for Dynamic Decision-Making. *Safety* 9(3). https://doi.org/10.3390/safety9030054.

Altheide, D. L. (2006). *Terrorism and the Politics of Fear.* AltaMira Press.

Atkinson, M., & Young, K. (2012). Shadowed by the corpse of war: Sport spectacles and the spirit of terrorism. *International Review for the Sociology of Sport, 47*(3), 286-306. https://doi.org/10.1177/1012690211433452.

Bairner, A., & Molnar, G. (2010). *The Politics of the Olympics: A Survey.* Routledge.

BBC News. (2015, 14 de noviembre). *Paris Attacks: What Happened on the Night.* https://www.bbc.com/news/world-europe-34818994.

BBC News. (2023, 17 de octubre). *Brussels shooting: 'Europe shaken' after two Swedes shot dead.* https://www.bbc.com/news/world-europe-67129117.

Boykoff, J. (2016). *Power Games: A Political History of the Olympics.* Verso Books.

CBS News (19 de abril de 2013). *Manhunt for Boston bombing suspects.* Recuperado de: https://www.cbsnews.com/pictures/manhunt-for-boston-bombing-suspects/.

Cleland, J. (2019). Sports Fandom in the Risk Society: Analyzing Perceptions and Experiences of Risk, Security and Terrorism at Elite Sports Events. *Sociology of Sport Journal, 36*(2), 144-151. https://doi.org/10.1123/ssj.2018-0039.

Cleland, J., & Cashmore, E. (2018). Nothing will be the same again after the Stade de France attack: Reflections of association football fans on terrorism, security and surveillance. *Journal of Sport and Social Issues, 42*(6), 454–469. https://doi.org/10.1177/0193723518797028.

CNN. (2013, 2 de mayo). *Timeline: The Boston Marathon bombing, manhunt and investigation.* https://edition.cnn.com/2013/05/01/justice/boston-marathon-timeline/index.html.

Coaffee, J., O'Hare, P., & Hawkesworth, M. (2009). The visibility of (in)security: The aesthetics of planning urban responses to terrorism. *Security Dialogue, 40*(4–5), 489–511. https://doi.org/10.1177/0967010609343299.

Consejo de Seguridad de las Naciones Unidas. (2004). Resolución 1566. https://undocs.org/S/RES/1566(2004).

Crenshaw, M. (2007). *Explaining Terrorism: Causes, Processes, and Consequences.* Routledge.

Dershowitz, A. (1998). *The Case for the Defense: Eric Robert Rudolph and the Olympic Park Bombing.* Yale University Press.

Duckworth, A. (2022). *International Security and the Olympic Games, 1972–2020.* Palgrave Macmillan.

Duckworth, A., & Hunt, T. M. (2016). Protecting the Games: The International Olympic Committee and Security, 1972–1984. *Olympika: The International Journal of Olympic Studies, 25*, 68–87.

Europol. (2016). France and Belgium: The Attacks of November 2015. Europol Report. https://www.europol.europa.eu/annual_review/2015/terrorism.html.

France 24. (2021, 8 de septiembre). *November 2015 attacks: A timeline of the night that shook the French capital.* https://www.france24.com/en/france/20210908-paris-november-2015-attacks-a-timeline-of-the-night-that-shook-the-city.

Frevel, N., & Schreyer, D. (2020). Behavioral responses to terrorist attacks: Empirical evidence from professional football. *Applied Economics Letters, 27*(3), 244-247. https://doi.org/10.1080/13504851.2019.1613490.

Fussey, P., G., Coaffee, J., & Hobbs, D. (2016). *Securing and sustaining the Olympic city: Reconfiguring London for 2012 and beyond.* Routledge. https://doi.org/10.4324/9781315608044.

Galily, Y., Yarchi, M., & Tamir, I. (2016). From Munich to Boston, and from theater to social media: The evolution of terrorism coverage in the media. *Studies in Conflict & Terrorism, 39*(4), 287–306. https://doi.org/10.1080/1057610X.2015.1076640.

Glassner, B. (2010). *The Culture of Fear: Why Americans Are Afraid of the Wrong Things* (Rev. ed.). Basic Books.

Giulianotti, R., & Klauser, F. (2010). Security governance and sport mega-events: Toward an interdisciplinary research agenda. *Journal of Sport and Social Issues, 34*(1), 49–61. https://doi.org/10.1177/0193723509354042.

Giulianotti, R., & Klauser, F. (2011). Introduction: Security and surveillance at sport mega events. *Urban Studies, 48*(15), 3157–3168. https://doi.org/10.1177/0042098011422400.

Giulianotti, R., & Klauser, F. (2012). Sport mega-events and 'terrorism': A critical analysis. *International Review for the Sociology of Sport, 47*(3), 307–323. https://doi.org/10.1177/1012690211433454.

Grix, J., & Brannagan, P. M. (2016). Of Mechanisms and Myths: Conceptualising States' 'Soft Power' Strategies Through Sports Mega-Events. *Diplomacy & Statecraft, 27*(2), 251–272. https://doi.org/10.1080/09592296.2016.1169791.

Guttmann, A. (1994). *Games and Empires. Modern Sports and Cultural Imperialism.* Columbia University Press. https://doi.org/10.7312/gutt91262.

Hargreaves, J. (2014). *Sport, Culture and Ideology.* Routledge.

Holman, E. A., Garfin, D. R., & Silver, R. C. (2014). Media's role in broadcasting acute stress following the Boston Marathon bombings. *Proceedings of the National Academy of Sciences, 111*(1), 93–98. https://doi.org/10.1073/pnas.1316265110.

Hoffman, B. (2006). *Inside Terrorism.* Columbia University Press.

Houlihan, B., & Giulianotti, R. (2015). Sport Mega-Events and Public Policy. En *Sport and International Politics.* Routledge.

Ipek, V., & Makarychev, A. (2020). Security and the spectacle: The 2018 FIFA World Cup in Russia's safest city. En R. Arnold (Ed.), *Russia and the 2018 FIFA World Cup.* Routledge.

Jenkins, B. M. (1975). International Terrorism: A New Mode of Conflict. En C. D. Carlton & C. Schaerf (Eds.), *International Terrorism and World Security.* Croom Helm.

Korstanje, M. E. (2020). Event management and terrorism in a global order: A preliminary insight. En V. Nadda, I. Arnott, & W. Sealy (Eds.), *Legal, safety, and environmental challenges for event management: Emer-*

ging research and opportunities (pp. 109–125). IGI Global. https://doi.org/10.4018/978-1-7998-3230-0.ch006.

Laqueur, W. (1999). *The New Terrorism: Fanaticism and the Arms of Mass Destruction.* Oxford University Press.

Large, D. C. (2012). *Munich 1972: Tragedy, Terror, and Triumph at the Olympic Games.* Rowman & Littlefield.

Ludvigsen, J. A. L. (2022). *Sport Mega-Events, Security and COVID-19: Securing the Football World.* Routledge. https://doi.org/10.4324/9781003258445.

Martin, J., & Dwyer, D. (2019). *Terrorism and Communicative Action: The Role of Media and Rhetoric in Political Violence.* Rowman & Littlefield.

Mohammed, M. (2010, 17 de mayo). Iraq official alleges Qaeda plotted World Cup attack. *Reuters.* https://www.reuters.com/article/world/iraq-official-alleges-qaeda-plotted-world-cup-attack-idUSTRE64G5AL/.

Mueller, J., & Stewart, M. (2011). *Terror, Security, and Money: Balancing the Risks, Benefits, and Costs of Homeland Security.* Oxford University Press.

Neumann, P. R. (2013). The trouble with radicalization. *International Affairs, 89*(4), 873-893. https://doi.org/10.1111/1468-2346.12049.

Oberdorfer, D., & Carlin, R. (2014). *The Two Koreas: A Contemporary History.* Basic Books.

Parlamento Europeo y Consejo de la Unión Europea. (2017). *Directiva (UE) 2017/541 sobre la lucha contra el terrorismo.* Diario Oficial de la Unión Europea, L 88, 6–21. https://eur-lex.europa.eu/legal-content/ES/TXT/?uri=CELEX%3A32017L0541.

Pyszczynski, T., Solomon, S., & Greenberg, J. (2015). *Thirty Years of Terror Management Theory: From Genesis to Revelation.* Elsevier.

Rahman, G. R., Jasani, G. N., & Liang, S. Y. (2023). Terrorist Attacks against Sports Venues: Emerging Trends and Characteristics Spanning 50 Years. *Prehospital and Disaster Medicine, 38*(3), 366-370. https://doi.org/10.1017/S1049023X23000377.

Reeve, S. (2000). *One Day in September: The Full Story of the 1972 Munich Olympics Massacre and the Israeli Revenge Operation "Wrath of God".* Arcade Publishing.

Reuters. (2016). *France and Belgium: The Attacks of November 2015.* Europol Report. https://www.europol.europa.eu/annual_review/2015/terrorism.html.

Reuters. (2024, 29 de marzo). *France to boost Olympics security with foreign military, police support.* https://www.reuters.com/world/france-boost-olympics-security-with-foreign-military-police-support-2024-03-29/.

Richardson, L. (2007). *What Terrorists Want: Understanding the Enemy, Containing the Threat.* Routledge.

Rothenberger, L. (2016). Terrorism and the Role of the Media. En A. Schwarz, M. Seeger, & C. Auer (Eds.), *The Handbook of International Crisis Communication Research.* Wiley-Blackwell. https://doi.org/10.1002/9781118516812.ch14.

Samatas, M. (2007). Security and surveillance in the Athens 2004 Olympics: Some lessons from a troubled story. *International Criminal Justice Review, 17*(3), 220–238. https://doi.org/10.1177/1057567707306649.

Samuel-Azran, T., Manor, I., Yitzhak, E., & Galily, Y. (2024). Analyzing AI Bias: The Discourse of Terror and Sport Ahead of Paris 2024 Olympics. *American Behavioral Scientist,* 00027642241261265. https://doi.org/10.1177/00027642241261265.

Schanzer, D., Kurzman, C., Toliver, J., & Miller, E. (2016). *The challenge and promise of using community policing strategies to prevent violent extremism.* National Institute of Justice. https://www.ncjrs.gov/pdffiles1/nij/grants/249674.pdf.

Schmid, A. P. (2004). Frameworks for conceptualising terrorism. *Terrorism and Political Violence, 16*(2), 197–221. https://doi.org/10.1080/09546550490483134.

Schmid, A. P. (2011). *The Routledge Handbook of Terrorism Research.* Routledge.

Schwarz, A. (2016). Terrorism and strategic communication. En A. Schwarz, M. Seeger, & C. Auer (Eds.), *The Handbook of International Crisis Communication Research.* Wiley-Blackwell.

Shalev, C. (2013, 19 de abril). *The Boston Bombers Have Already Scored a Tremendous Victory for Terror.* Haaretz. https://www.haaretz.com/1.5194771.

Shaw, C. A. (2008). Five Ring Circus: Myths and Realities of the Olympic Games. New Society Publishers.

Shearing, C., & Wood, J. (2003). Nodal governance, democracy, and the new 'denizens'. *Journal of Law and Society, 30*(3), 400–419. https://doi.org/10.1111/1467-6478.00263.

Spaaij, R. (2012). *Understanding Lone Wolf Terrorism: Global Patterns, Motivations and Prevention.* Springer.

Spaaij, R. (2016). Terrorism and security at the Olympics: Empirical trends and evolving research agendas. *The International Journal of the History of Sport, 33*(4), 451-468. https://doi.org/10.1080/09523367.2015.1136290.

Spaaij, R., & Hamm, M. S. (2015). Key issues and research agendas in lone wolf terrorism. *Studies in Conflict & Terrorism, 38*(3), 167–178. https://doi.org/10.1080/1057610X.2014.986979.

Starbird, K., Arif, A., & Wilson, T. (2019). Disinformation as collaborative work: Surfacing the participatory nature of strategic information operations. *Proceedings of the ACM on Human-Computer Interaction, 3*(CSCW), 1–26. https://doi.org/10.1145/3359229.

Starbird, K., Maddock, J., Orand, M., Achterman, P., & Mason, R. M. (2014). Rumors, false flags, and digital vigilantes: Misinformation on Twitter after the 2013 Boston Marathon bombing. *iConference 2014 Proceedings*, 654–662. https://doi.org/10.9776/14308.

Starbird, K., Palen, L., Hughes, A. L., & Vieweg, S. (2010). Chatter on the red: What hazards threat reveals about the social life of microblogged information. *Proceedings of the 2010 ACM Conference on Computer Supported Cooperative Work (CSCW '10)*, 241–250. Association for Computing Machinery. https://doi.org/10.1145/1718918.1718965.

Taylor, T., & Toohey, K. (2005). Impacts of terrorism-related safety and security measures at a major sport event. *Event Management, 9*(4), 199–209. https://doi.org/10.3727/152599506776771544.

Taylor, T., & Toohey, K. (2007). Perceptions of terrorism threats at the 2004 Olympic Games: Implications for sport events. *Journal of Sport & Tourism, 12*(2), 99–114. https://doi.org/10.1080/14775080701654754.

The Guardian. (2015, 14 de noviembre). *Paris's Stade de France evacuated after explosions.* https://www.theguardian.com/world/video/2015/nov/13/people-evacuated-paris-stade-de-france-after-explosions-video.

The Guardian. (2024, 31 de mayo). *Teenager arrested in France on suspicion of Olympics attack plot.* https://www.theguardian.com/sport/article/2024/may/31/chechen-teenager-arrested-in-france-over-islamist-inspired-olympic-attack-plot.

Toohey, K. (2008). Terrorism, sport and public policy in the risk society: A case study of the Sydney 2000 Olympic Games. *Sport in Society, 11*(4), 429–446. https://doi.org/10.1080/17430430802019485.

Wang, Z. (2012). *Never Forget National Humiliation: Historical Memory in Chinese Politics and Foreign Relations.* Columbia University Press.

Weimann, G. (2006). *Terror on the Internet: The New Arena, the New Challenges.* United States Institute of Peace Press.

Williamson, H., Fay, S., & Miles-Johnson, T. (2019). Fear of terrorism: Media exposure and subjective fear of attack. *Global Crime, 20*(1), 1–25. https://doi.org/10.1080/17440572.2019.1569519.

Zajko, M., & Béland, D. (2008). Space and Protest Policing at International Summits. *Environment and Planning D: Society and Space, 26*(4), 719-735. https://doi.org/10.1068/d0707.

Zawadzki, M., Montibeller, G., Cox, B., & Belderrain, C. (2022). Deterrence against Terrorist Attacks in Sports-Mega Events: A Method to Identify the Optimal Portfolio of Defensive Countermeasures. *Risk Analysis, 42*(3), 522-543. https://doi.org/10.1111/risa.13794.

2.
ANÁLISIS DE CONFLICTOS Y RECONFIGURACIÓN GEOPOLÍTICA CONTEMPORÁNEA DESDE DIFERENTES PERSPECTIVAS TEÓRICAS

El liderazgo en las Relaciones Internacionales: una mirada desde el cambio de paradigma

DRA. HELENA LÓPEZ-CASARES PERTUSA
Directora del departamento de Economía, Negocios y Relaciones Internacionales
Universidad Europea de Madrid
https://orcid.org/0000-0002-4895-0270

I. RESUMEN

Un paradigma es un criterio y un modelo de decisión para afrontar el mundo y comprender los distintos aspectos de la realidad. La previsibilidad del mundo derivada de la visión clásica consideraba a la realidad como una suerte de elementos estables que funcionaban de manera lineal y mecánica, cuyas causas y efectos eran predecibles y estaban proporcionadas.

En este sentido, la concepción mecanicista del modelo clásico se caracterizaba por ser racional, mecánica y reduccionista. Esta concepción sostiene que a determinadas acciones o causas corresponderán ciertos efectos o consecuencias dentro de alguna correlación razonable y predecible. Siguiendo esta base de pensamiento, la gran mayoría de los acontecimientos se pueden planificar y prever, quedando poco margen para el cambio.

La complejidad es una característica de nuestro tiempo, que requiere nuevos enfoques de aproximación a la realidad dentro de un nuevo marco de referencia. En el modelo de la complejidad, la incertidumbre sustituye a lo predecible y las relaciones entre causas y efectos dejan de ser determinables.

Nuestro mundo es incierto y desafiante, y la realidad se ve afectada e influida por un número cada vez mayor de variables, factores, cambios y transformaciones repletos de ambigüedad y de incertidumbre. Es por ello que los agentes de decisión se enfrentan con asuntos y problemas multifacéticos, los cuales serán más complejos que los anteriores.

La gestión de la incertidumbre requiere de una nueva mentalidad de los líderes y es necesario superar los viejos esquemas de pensamiento racionales, tendentes a observar la realidad como algo predecible y sujeto a causas y efectos racionales.

El principio de interconexión y la variedad de interacciones entre los elementos del entorno, obliga a desterrar las viejas ideas sobre el control. Ahora entran en juego nuevas capacidades y habilidades, nuevas formas de pensar y nuevos enfoques de aproximación a la realidad.

En este contexto, el concepto de liderazgo surge como una función central en el campo de las Relaciones Internacionales, donde los retos relacionados con la seguridad, la reconfiguración geopolítica o la gestión de crisis y riesgos mundiales requieren de nuevas competencias como la amplitud de miras, el conocimiento intuitivo o la aplicación del principio de responsabilidad.

Este artículo plantea un análisis del liderazgo en el contexto geopolítico actual. Para ello, este trabajo se estructura alrededor de los cambios que conforman el nuevo paradigma, el análisis de sus características y el ejercicio del liderazgo en un entorno complejo.

II. PALABRAS CLAVE

Liderazgo, relaciones internacionales, cambio de paradigma, complejidad, geopolítica.

III. INTRODUCCIÓN

En un contexto global marcado por la interdependencia y la complejidad, el liderazgo en el ámbito de las relaciones internacionales se enfrenta a desafíos sin precedentes. La dinámica del poder, las crisis geopolíticas, y los problemas transnacionales, requieren de líderes que no solo comprendan las intricadas relaciones entre naciones, sino que también sean capaces de inspirar y movilizar a diversos actores hacia un cambio significativo. Este artículo se propone analizar el papel del liderazgo en la configuración de un nuevo paradigma y su influencia en la promoción de la cooperación global. A través de un enfoque interdisciplinario, se busca ofrecer una perspectiva integral que permita entender cómo el liderazgo puede ser un motor de cambio en un mundo cada vez más interconectado y en constante transformación.

IV. LAS FUERZAS DEL CAMBIO

Uno de los grandes cambios de la sociedad desde la década de los años noventa del siglo XX es el rápido aumento de las tecnologías de la información dentro del contexto de Internet, que ha modificado la manera de establecer relaciones en todas sus facetas, dimensiones y posibilidades. El campo de las tecnologías ha posibilitado avances en las telecomunicaciones, que favorecen la rapidez y la efectividad de las comunicaciones; avances en transportes, que permiten movimientos veloces y eficientes de bienes y personas dentro y entre los continentes; así como progresos en los procesos de producción que redundan en la rentabilidad (Axinn y Matthyssens, 2001; Olivares, 2005).

El gran desarrollo de las tecnologías de la información y la comunicación desde la segunda mitad del siglo XX ha tenido un gran impacto en la sociedad, que ha pasado de un estado industrial a una etapa postindustrial en la que los datos, la información y su uso son el nuevo recurso. Este hecho tiene una gran repercusión en la sociedad (Montoya Camacho y Giménez Amaya, 2022) y un impacto extraordinario en la economía y en la política.

A finales del siglo XX, la mayor parte de los países desarrollados ya habían hecho fuertes inversiones en infraestructuras tecnológicas en un marco de globalización mundial. Estas inversiones se orientaban a la creación de redes de poder con capacidad de influencia en grupos de interés.

Robbins (2004) habla de cinco fuerzas impulsoras del cambio: la tecnología, las crisis económicas, la naturaleza cambiante de la fuerza del trabajo, la política mundial y las tendencias sociales. Brunner (1998) destaca que la globalización, la transformación de la economía mediante el conocimiento, la sociedad de la información o la potenciación de modelos de desarrollo basados en la competitividad internacional son factores que condicionan el nuevo escenario.

Para Kaufmann (2003) la gran transformación de finales del siglo XX tiene tres grandes rasgos que afectan e influyen de manera directa en el entorno económico: la importancia del tratamiento de la información, su carácter global y su promoción del funcionamiento en red de las organizaciones. La información se ha convertido en el principio productivo de las sociedades avanzadas y, junto con el conocimiento, es una variable decisiva en la productividad y la competitividad.

Thurow (1996) habla de una época de equilibrio ininterrumpido producido por el movimiento de varias placas tectónicas que afectan a la economía: el cambio tecnológico y la necesidad de aprovechar toda la capacidad intelectual del hombre, cambios demográficos en el mundo, una economía global y una era en la que no existe un claro poder dominante militar, económico o político.

Cavallé (2001) afirma que los cambios se están notando de forma más intensa en tres campos: la entrada en la sociedad del conocimiento, el impacto de las nuevas tecnologías y la revolución global.

Tabla 1.- Cuadro resumen de las fuerzas del cambio por autores

Autor	Fuerzas del cambio
Robbins	Tecnología, crisis económicas, cambios en la naturaleza del trabajo, política mundial, tendencias sociales.
Brunner	Globalización, sociedad del conocimiento, sociedad de la información, modelos de desarrollo basados en competitividad internacional.
Kauf-mann	Sociedad de la información, carácter global de la información, funcionamiento en red de las organizaciones.
Thurow	Era de la capacidad intelectual del hombre, cambios demográficos, economía global, ausencia de dominio militar, económico y político.
Cavallé	Sociedad del conocimiento, impacto nuevas tecnologías, revolución global.

Fuente: elaboración propia, 2024.

V. UN NUEVO PARADIGMA

Los orígenes del paradigma clásico, racional y mecanicista de la era industrial se remontan al siglo XVII y se basan en los descubrimientos de Isaac Newton mediante los que se establecía que en el universo todo estaba ya predeterminado, lo que contribuyó a generar una visión reduccionista y mecánica del mundo.

Bajo este paradigma, la realidad aspiraba a ser explicada y comprendida como la estructura de un reloj, donde todas las piezas estaban engranadas, encajaban y los movimientos eran predecibles y estables. (Sutil *et al.*, 2013). Este esquema de pensamiento es el que está arraigado en la sociedad y son las lentes con las que vemos lo que nos rodea, analizamos situaciones, resolvemos problemas y tomamos decisiones.

Sin embargo, desde 1980, el mundo viene manifestando una transformación por los nuevos retos que comenzaron a aparecer desde la segunda mitad del siglo XX y que modificaron las reglas del juego del escenario mundial. La crisis del petróleo del año 1973 y sus repercusiones en la economía global, la progresiva incorporación de la mujer al mercado laboral, el acceso al conocimiento de un mayor número de personas y el aumento de la preparación de los profesionales, los cambios migratorios y demográficos, la era de la comunicación global o la irrupción de las tecnologías disruptivas, son cambios que traen desafíos para los que las respuestas de antes ya no sirven, por lo que, lo que antaño era una solución eficaz, ahora puede no tener el efecto deseado. El paradigma clásico ya no ofrece ni explicaciones ni soluciones ante la complejidad de la realidad.

Actualmente, estamos ante un vacío de paradigma, que requiere un replanteamiento del enfoque de aproximación a la realidad. El vacío de paradigma es un paso de transición entre un paradigma antiguo y uno nuevo que responda a las características vigentes, y que contemple los modelos de relación del siglo XXI.

Este nuevo paradigma rompe con la perspectiva establecida que teníamos para explicar el mundo y cuestiona las referencias establecidas hasta ahora y las creencias sobre las que nos hemos asentado. Un nuevo paradigma requiere una nueva forma de pensar y de percibir el mundo (Covey, 1997), y unos nuevos principios sobre los que ver la realidad.

VI. COMPLEJIDAD Y CAOS

Nuestro paradigma rector está en crisis y esto conlleva un vacío de referencias. El mundo no se puede explicar bajo la óptica clásica. Los cambios son cada vez más veloces y la inestabilidad es una constante. Es en este punto donde la Teoría de la Complejidad y la Teoría del Caos se revelan como las bases del nuevo paradigma con el que analizar y comprender la realidad.

Tanto la Teoría de la Complejidad como la Teoría del Caos, abren una nueva dirección que acerca, asocia y relaciona características que en un principio parecen contrapuestas, como el orden y la impredecibilidad, la linealidad y la circularidad o la precisión y la ambigüedad. Todas ellas son peculiaridades que caracterizan al campo de las Relaciones Internacionales.

Para los científicos el caos son los movimientos no aleatorios complejos que muestran una expansión muy rápida de errores. Esta circunstancia cierra la posibilidad de que puedan ser predecibles en el tiempo.

La complejidad es una forma de comportamiento, un conjunto de características identificables en la mayoría de los sistemas de la naturaleza, lo que incluye a las organizaciones de todo tipo y a sus procesos. Un sistema complejo tiene reglas naturales que afectan a su comportamiento y reglas complejas que le permiten funcionar en ambientes turbulentos. El ámbito científico considera que la economía global del siglo XXI está forzando a las organizaciones a operar en un ambiente turbulento (Dolan, García y Auerbach, 2003), lo que es extensible a los actores del ámbito de las Relaciones Internacionales.

Las situaciones de cambio rápidas, que requieren soluciones creativas, no pueden ser controladas por los estándares normales (Begbie y Chudry, 2002). La Teoría del Caos se desarrolla en origen en el campo de la física, concretamente en la dinámica de fluidos, y en el de las matemáticas con el descubrimiento de ciertos fenómenos dinámicos no lineales cuyo comportamiento parecía aleatorio, aun cuando estaban determinados por leyes precisas. Estos sistemas dinámicos no lineales se comportan de manera impredecible y caótica. Las características principales que se perciben en un sistema caótico son:

- La dependencia sensitiva de condiciones iniciales. Esto significa que una pequeña perturbación o un pequeño cambio en las condiciones hoy genera un gran efecto en el futuro lo que hace que sean poco observables y difíciles de predecir. Este es el conocido efecto mariposa.
- La no linealidad. Las causas y los efectos de los eventos que produce el sistema no son proporcionales.
- La complejidad. El sistema caótico presenta reglas complicadas que no siempre pueden ser entendidas a través de sus partes individuales.

- La entropía positiva, que indica la tendencia al desorden del sistema.
- El atractor extraño, que es el equilibrio al que tiende el proceso. El atractor extraño es estable, aunque nunca hace lo mismo dos veces ni al mismo ritmo, por lo tanto, parece inestable. Se caracteriza por su complejidad y por ser muy difícil de observar y de predecir. El atractor extraño es un elemento muy importante porque hace que el caos pueda determinarse en ciertos aspectos, aunque aparente sea imprevisible.

El enfoque tradicional de la visión de la realidad ha puesto su acento sobre el control, el orden y los hechos previsibles. Esta es la razón por la que la planificación ha sido una de las áreas destacables en la administración y gestión de todo tipo de organizaciones y entidades. Las situaciones no controlables, el desorden, la incertidumbre y el caos han sido considerados como enemigos de la organización.

Nonaka (1988), afirma que el caos y el desorden son propiedades intrínsecas a cualquier organización y que las perturbaciones son realmente oportunidades de creación. La recomendación es abrirse al caos como oportunidad. La crisis, es pues, un medio para trascender los límites.

Si la teoría del caos sugiere que los acontecimientos son impredecibles, inesperados, que las organizaciones son sistemas irregulares, donde las pequeñas anomalías pueden tener grandes efectos y que el desorden es elevado, la gestión y el liderazgo ya no se puede basar en los sistemas, los códigos, las reglas, los planes y los procedimientos. Las organizaciones se deben preparar para adaptarse a lo nuevo de manera continua y atrapar oportunidades en todas partes (Mintzberg, Ahlstrand y Lampel, 1998). Autores como Dolan (2003) proponen una serie de condiciones para la adaptación a ambientes turbulentos:

- Lograr metas y principios compartidos.
- Generar confianza para manejar la incertidumbre.
- Trabajar con flexibilidad.

- Explorar sin miedo las situaciones caóticas para desarrollar la creatividad y la innovación.
- Simplificar las reglas y las estructuras.
- Estimular la participación y la colaboración.
- Crear responsabilidad social.
- Generar una alta calidad de relaciones interpersonales.
- Cumplir con los aspectos éticos.

Tabla 2 Del paradigma tradicional al caos

Enfoque tradicional	Enfoque de la Teoría del Caos
Es posible predecir el comportamiento del estado futuro de un sistema mediante la relación causa-efecto	El futuro es incierto y el sistema es impredecible.
El caos debe evitarse porque es sinónimo de desorden. Lo ideal es controlar al sistema.	El caos y el orden están relacionados. El caos es útil para reorganizar al sistema.
El sistema no cambia de forma súbita. Si es así es debido a un error importante.	Un mínimo movimiento, una pequeña perturbación, puede causar cambios explosivos.

Fuente: elaboración propia, 2024

Nuestro mundo se caracteriza por el aumento del deseo de control, dominio y el poder, además de por una velocidad de cambio insólita hasta ahora y sustentada por el progreso tecnológico (Montoya Camacho y Giménez Amaya, 2022). En estas circunstancias se hace necesario revisar el concepto de liderazgo para comprender si el estilo vigente es el más adecuado.

VII. APROXIMACIÓN AL CONCEPTO DE LIDERAZGO

El mundo requiere de líderes que sean capaces de lograr acuerdos, ofrecer respuestas positivas a los desafíos del entorno y aportar valor para el desarrollo de la sociedad (Goleman, 2005) y el avance global. Aunque a lo largo de la historia, ha habido ejemplos de liderazgo capaz, éstos han sido escasos (Kotter, 2000).

El liderazgo es un concepto básico en las Relaciones Internacionales en el marco de las distintas facetas bien sea económica, militar, deportiva, política, social o cultural, ya sea dentro de los entramados de las organizaciones no gubernamentales, de los gobiernos, de las empresas o entidades de distinta índole. El liderazgo implica foco en el bien común y sentido ético para poder cumplir con los objetivos pactados desde la responsabilidad.

En la comunidad académica no existe un consenso unificado sobre la definición de liderazgo y éste depende de la disciplina de aproximación (Kotter, 2000). La psicología, la historia, la política, las ciencias empresariales o la sociología se han ocupado de estudiar el liderazgo (Kroeck, Lowe y Brown, 2004) y aunque los enfoques difieran, las definiciones comparten una serie de características comunes. Así, el liderazgo es un proceso de desarrollo que implica influencia, se da en un contexto determinado y tiene que ver con el cumplimiento de objetivos y metas (Castro *et al.*, 2007; Stoner, 2005; Koontz y Weirich, 2011).

Para Bennis y Goldsmith (1997), el liderazgo conlleva innovación, amplitud de miras, creer en las personas, inspirar confianza y predisposición para hacer las cosas correctas. Por su parte, Covey (1997) establece que el liderazgo ha de estar basado en principios sólidos y profundos, que desemboquen en la convicción de que son los valores las raíces de las que fluyen la actitud y la conducta apropiadas para edificar un comportamiento responsable e íntegro. Esta idea parte de las tesis de Burns (1978), quien estableció que el liderazgo y los valores están unidos y son inseparables.

Siguiendo las premisas del liderazgo de servicio desarrollado por Greenleaf en los años setenta del siglo XX (De la Garza *et al.*, 2020), Drucker (1984) establece que el liderazgo surge cuando existe una voluntad de servicio a los demás por encima de uno mismo.

Cyril Levicki en su teoría del gen del liderazgo señaló que los líderes deben tener la capacidad de armonizar distintas culturas, equilibrar los intereses de muchas personas y tener visión de futuro (Parra, Gómez y Pichardo, 2013). Además, este autor establece la diferencia esencial entre un gran líder y un amo peligroso.

Entre ambos conceptos se imponen dos estilos de dirección opuestos. Siguiendo la terminología de Levicki, el amo peligroso impone un sistema autoritario, en el que decide en solitario, sin consultar y desde su única perspectiva y visión de la realidad. Su poder viene dado sólo por la situación privilegiada que ostenta con respecto a los demás. Las relaciones que establece están condicionadas por su clara superioridad.

En contraposición, el líder genera un entorno cooperativo, interactivo y de intercambio. Fomenta la comunicación y derriba las barreras tradicionales del poder absoluto mediante el intercambio de información y conocimiento. El líder influye positivamente en el estado psicológico de las personas que están a su alrededor, mientras que el amo peligroso crea un ambiente tenso.

Tabla 3. Diferencias entre amo peligroso y el gran líder

Amo peligroso	Líder
Es autoritario y dictatorial.	Es cooperativo, abierto y democrático.
Está aislado.	Se siente arropado.
Sus intereses son individuales.	Sigue intereses colectivos.
Cree en la superioridad y en la jerarquía.	Cree en el servicio y en la complementariedad.
Genera miedo y frustración.	Genera ilusión y compromiso.

Fuente: elaboración propia, 2024.

VIII. LIDERAZGO Y RELACIONES INTERNACIONALES

El liderazgo es un concepto fundamental en el ámbito de las Relaciones Internacionales, ya que influye en la toma de decisiones, la formulación de políticas y la dinámica entre los actores globales. Este apartado explora las diferentes dimensiones del liderazgo en el contexto internacional, analizando su impacto en la cooperación, el conflicto y la gobernanza global.

Las Relaciones Internacionales se caracterizan por la interacción entre diversos actores, incluidos Estados, organizaciones internacionales, ONGs y actores no estatales. En este complejo entramado, el liderazgo emerge como un factor determinante que puede facilitar u obstaculizar la cooperación internacional. Un liderazgo efectivo y adaptado a las circunstancias tiene una gran relevancia en la promoción de un orden mundial más estable y pacífico.

A partir de la Segunda Guerra Mundial el movimiento de cooperación entre Estados se reavivó ante los acontecimientos que el mundo vivió con el último gran conflicto de orden mundial. Este movimiento se centró en la idea de que los organismos supranacionales como la ONU podían actuar como catalizadores para alcanzar objetivos políticos, económicos, sociales y comerciales comunes (Baena-Rojas, 2024). Es entonces cuando el paradigma de liderazgo en el campo de las Relaciones Internacionales comienza a cambiar y se impone la idea de la estabilidad y las alianzas como frenos de las guerras y de los conflictos armados.

El liderazgo tiene una clara influencia en el desarrollo de las Relaciones Internacionales, pues en éstas influyen habilidades sociales e interpersonales como la capacidad de comunicación y de escucha, la de empatía, la de negociación o la de resolución de conflictos. El liderazgo, además, tiene un gran poder en la posición que un país ocupe en el mapa internacional, en el nivel de competitividad que demuestre y en su grado de adaptación a los cambios.

En un mundo complejo y globalizado, los países desean ampliar su influencia internacional (De Lucio, 2019) y tener un papel en la creación de las coordenadas del nuevo orden mundial y los cambios de paradigma.

El liderazgo determina la capacidad de los actores para colaborar y enfrentar desafíos globales. Un liderazgo efectivo, caracterizado por la transformación, la estrategia y la colaboración, es fundamental para construir un orden internacional más pacífico y cooperativo. A medida que el mundo enfrenta problemas complejos y multifacéticos, la importancia del liderazgo en las Relaciones Internacionales se vuelve cada vez más evidente.

IX. DESAFÍOS ACTUALES Y DINÁMICAS DE PODER

En la actualidad, el mundo enfrenta una serie de transformaciones que reconfiguran las dinámicas de poder global. La competencia entre grandes potencias, la interdependencia económica y los nuevos desafíos planetarios requieren un análisis geopolítico que contemple nuevas realidades y nuevos tipos de liderazgo.

a. Rivalidad entre potencias

En las últimas décadas, hemos sido testigos de un resurgimiento de la rivalidad entre potencias. La relación entre Estados Unidos y China es una de las rivalidades más significativas del siglo XXI. Esta competencia se manifiesta en diversas áreas, incluyendo la economía y la influencia militar. Sin embargo, es la tecnología la nueva forma de medir el poder entre territorios. China ha experimentado un crecimiento económico sin precedentes, convirtiéndose una gran potencia económica mundial (Brooks y Wohlforth, 2016). Este ascenso ha llevado a Estados Unidos a percibir a China como un competidor estratégico. Las tensiones se han manifestado en diversas áreas, incluyendo el comercio, la tecnología y la influencia en el área de influencia del Indo-Pacífico. La guerra comercial iniciada en 2018 y las disputas sobre la propiedad intelectual son ejemplos de cómo esta rivalidad se ha intensificado. Además, la competencia por la supremacía tecnológica, especialmente en áreas como la inteligencia artificial y las telecomunicaciones, ha añadido una nueva dimensión a esta relación.

Por su parte, la relación entre Estados Unidos y Rusia ha estado marcada por la desconfianza y la confrontación desde el final de la Guerra Fría. En el siglo XXI, esta rivalidad se ha intensificado debido a la invasión de Ucrania por parte de Rusia y las acusaciones de interferencia reiterada en procesos electorales en Occidente. La expansión de la OTAN hacia el este y las sanciones económicas impuestas a Rusia han exacerbado las tensiones. La rivalidad se manifiesta también en el ámbito militar, con un aumento en la actividad militar en Europa del Este y en el Ártico, donde ambos países buscan reafirmar su influencia.

La Unión Europea busca consolidar su autonomía estratégica como actor internacional, conformado por países de gran peso histórico. La Unión Europea tiene vocación de ejercer influencia en las distintas situaciones que afectan a sus intereses. Desde su creación los conflictos en el área de Oriente Próximo y Oriente Medio y las tensiones en el Mediterráneo han tenido especial importancia en la estabilidad del contexto político y económico de la Unión Europea. Las relaciones de la Unión Europea con países como Turquía son clave para abordar en conjunto desafíos como los de la migración, la lucha contra el terrorismo o los retos energéticos (Abu-Warda, 2020).

Con respecto al conflicto entre palestinos e israelíes, la Unión Europea ha tratado de tener un papel de actor global y mediador para llegar a una solución negociada entre Palestina e Israel. Sin embargo, y pese a sus intentos, ha mantenido un rol de segunda fila por detrás de la supremacía de Estados Unidos. Esta situación, quizá, es consecuencia de los complejos procesos de toma de decisiones de la Unión Europea, que implican a distintas instituciones y ralentizan las iniciativas en política exterior (Bosch, 2019).

Para Mearsheimer (2001) los países viven en una constante tensión por la ostentación del poder. Las potencias se reconocen por estar en la batalla por la competencia y el poder, el cual desean acaparar y para tal fin alteran el equilibrio y rompen la distribución del poder. En este escenario la cooperación internacional se hace difícil porque las potencias se ven como enemigas, lo que obstaculiza la búsqueda del bienestar global. La cooperación y la relación sólo es posible en tanto en cuanto sea algo estratégico (Mearsheimer, 2023).

La lucha por el poder es permanente y las tensiones entre potencias se mantienen en el tiempo. El incremento de poder por parte de un territorio es visto con recelo por el resto de los que ostentan a esa influencia y sus dirigentes lo verán con temor e incertidumbre.

b. Globalización

La globalización ha transformado las relaciones internacionales, creando una interdependencia económica sin precedentes. Sin embargo, esta interconexión también ha generado tensiones geopolíticas. Así, la pandemia de COVID-19 evidenció la vulnerabilidad de las cadenas de suministro globales y llevó a muchos países a reconsiderar su dependencia de mercados externos. Este fenómeno ha impulsado un movimiento hacia la desglobalización y la búsqueda de la autosuficiencia, especialmente en sectores estratégicos como la tecnología y la salud.

La globalización como fenómeno y forma de funcionamiento se halla en crisis (Sanahuja, 2020), lo que alienta una revalorización del concepto de ámbito local frente al global (Alonso, 2005). Esta realidad se manifiesta en procesos como la salida del Reino Unido de la Unión Europea tras el triunfo del Brexit en 2020 o la elección de Donald Trump a la presidencia de los Estados Unidos en el año 2017.

Los movimientos contra la globalización aumentan su fuerza en los países occidentales y se observa el incremento de partidos de corte populista que tienen un marcado discurso con connotaciones antiglobalizadoras y que exhiben su defensa hacia la reconfiguración económica mediante el proteccionismo y la soberanía nacional por encima de entidades supranacionales.

La crítica y el rechazo al fenómeno globalizador estriba en que éste no es sólo un proceso integrador de la economía, sino que se erige en una corriente vertebradora de la sociedad, con una clara influencia en la dimensión política y efectos en la creación de los valores y de la ética que han regir en el mundo. Sin duda, esto provoca contestaciones que tratan de preservar identidades y peculiaridades frente a la homogeneización (Jiménez, 2006).

c. *Desafíos emergentes*

Los desafíos globales, como la migración y la ciberseguridad, han adquirido una dimensión geopolítica significativa. La competencia por los recursos escasos, como el agua o la energía, puede exacerbar tensiones entre estados y provocar conflictos, que contribuyan a crispar el ámbito económico y social, con la consiguiente repercusión en la política.

El auge de los populismos en el mundo occidental viene alentado por las crisis migratorias y el miedo a la escasez y a la inseguridad ciudadana. En este sentido, los movimientos populistas defienden la puesta en marcha de políticas restrictivas como medidas de soberanía nacional y protección frente a la inmigración y a la invasión comercial (Steinberg, 2016). Este discurso ha calado en las clases sociales que se consideran perjudicadas por la Gran Recesión (2008-2012) y que manifiestan una desafección hacia el sistema político establecido y una desconfianza hacia los representantes de los partidos políticos tradicionales. La incertidumbre, la inestabilidad y la vulnerabilidad impregna a las clases medias y bajas. Sin duda, esta situación provoca una crisis de la democracia liberal (Mudde, 2023), que evidencia el desapego de la ciudadanía hacia lo público y muestra la falta de un liderazgo consistente y robusto.

Por otro lado, las sociedades occidentales son cada vez más dependientes de la tecnología y de los sistemas informáticos para la eficiencia de los procesos en el ámbito público y privado.

En el ámbito de la seguridad internacional, la ciberseguridad es un asunto relevante (Bartolomé, 2023) y los ataques en este ámbito son un desafío para la estabilidad que puede provocar crisis económicas, políticas y sociales. En el mundo de la era digital, es imprescindible la estrecha colaboración de las instituciones, organizaciones y organismos para salvaguardar la libertad, la integridad y la seguridad (Carlini, 2016).

d. Nuevos actores en la geopolítica mundial

El sistema internacional conforma un escenario en el cual se elaboran, se consolidan construyen y se ejecutan las interacciones entre los diferentes actores internacionales (Restrepo, 2013).

Además de los Estados, otros actores están ganando protagonismo en la geopolítica contemporánea. Organizaciones internacionales, empresas multinacionales, así como entidades y agencias no estatales desempeñan un papel crucial en la configuración de políticas y en la respuesta a los desafíos globales. La influencia de las redes sociales y el uso de la comunicación de estos actores es cada vez más relevante y, en algunos casos, sustituyen a los países como fuentes creíbles de información.

Las empresas, como entidades económicas, han evolucionado desde simples organizaciones comerciales hasta convertirse en actores clave en la esfera global. En el siglo XX, la expansión económica y la globalización acentuaron la consolidación de mercados mundiales e impulsaron las bases para la creación de un comercio internacional. De forma paulatina, las empresas fueron ganando terreno y poder. Su capacidad para generar riqueza, crear empleo y fomentar la innovación les otorga un poder significativo. En la actualidad, las empresas multinacionales y las grandes organizaciones financieras tienen una fuerte presencia en la dinámica de los mercados en áreas tan relevantes como el de la energía en general y el del petróleo en particular (Vieira de Barros, 2007).

Las grandes corporaciones poseen recursos financieros que superan el PIB de muchos países. Este poder económico les permite influir en políticas públicas, invertir en investigación y desarrollo, y establecer monopolios o prácticas de competencia desleal. La concentración de poder en manos de unas pocas empresas puede llevar a la desigualdad económica y a la erosión de la competencia.

Pero las empresas no solo operan en el ámbito económico, sino que también ejercen una influencia considerable en la política. A través de lobbies, financiamiento de campañas y relaciones públicas, las corporaciones pueden moldear legislaciones y regulaciones a su favor. Este fenómeno plantea interrogantes sobre la democracia y la representación, ya que los intereses corporativos pueden prevalecer sobre el bienestar público.

Las empresas también tienen un papel crucial en la configuración de valores y normas sociales. A través de la publicidad y el marketing, pueden influir en las percepciones y comportamientos de los consumidores. Además, su responsabilidad social corporativa se ha convertido en un aspecto importante, ya que los consumidores demandan prácticas empresariales éticas y sostenibles.

A partir de la Segunda Guerra Mundial comenzaron a proliferar estudios y teorías que cuestionan los planteamientos económicos clásicos imperantes (Aguado, Echebarría y Barrutia, 2008), los cuales estaban basados en un modelo de desarrollo regido por un paradigma racionalista que no integraba la visión del cuidado del medioambiente (Miranda *et al.*, 2007). Además, los nuevos planteamientos comenzaron a poner el foco en los países menos desarrollados y de qué forma podían salir de su situación de desigualdad para su progreso social y económico. La preocupación por el desarrollo económico ha sido y sigue siendo un punto de análisis y debate por parte de la comunidad de investigadores y estudiosos de la economía (Aguado, Echebarría y Barrutia, 2008).

X. DIMENSIONES DEL LIDERAZGO EN RELACIONES INTERNACIONALES

Existen múltiples enfoques del concepto de liderazgo y distintas perspectivas de aproximación. Desde el punto de vista de las Relaciones Internacionales, las características del líder y su capacidad de adaptación a los cambios del entorno es un asunto de especial relevancia en un mundo convulso e inestable.

El liderazgo occidental tan influyente en el siglo XX, se encuentra en revisión, mientras se asiste a una reconfiguración mundial en el panorama de las relaciones internacionales, fruto de las transformaciones geopolíticas.

El liderazgo es parte de la dinámica entre el conflicto y el poder tan propio de las relaciones internacionales (Burns, 1978). El liderazgo en relaciones internacionales no solo afecta a las políticas de un país, sino que también tiene implicaciones para la gobernanza global. Los líderes que promueven un enfoque multilateral pueden contribuir a la creación de instituciones internacionales más efectivas y alianzas orientadas a la mejora del funcionamiento del sistema global contemporáneo. Sin embargo, el liderazgo unilateral puede llevar a tensiones y conflictos, como se ha observado en las relaciones entre potencias globales.

A continuación, se analizan tres tipos de liderazgo de influencia y alcance en el campo de las Relaciones Internacionales: el liderazgo transformacional, el estratégico y el colaborativo.

a. Liderazgo transformacional

Fue a raíz de los estudios de Burns sobre el liderazgo de Franklin Delano Roosevelt, cuando se desarrolla el concepto de liderazgo transformativo, más tarde denominado como liderazgo transformacional.

Este tipo de liderazgo se centra en la capacidad de los líderes para inspirar y motivar a otros a alcanzar objetivos comunes. En el ámbito internacional, los líderes transformacionales pueden fomentar la colaboración entre naciones, promoviendo iniciativas como el desarrollo sostenible y la paz mundial.

El liderazgo transformacional enfatiza en la idea de que los individuos pueden ayudar a provocar grandes cambios con sus contribuciones, siempre y cuando estén convencidos y comprometidos. Un líder transformacional visualiza el horizonte de futuro deseado, modula la forma de alcanzarlo, se convierte en un ejemplo de desempeño y es baluarte de determinación, perseverancia y confianza (Mendoza, Ortiz y Parker, 2007). El liderazgo transformacional promueve la autonomía y el poder del individuo como bases para el cambio y la transformación.

Un ejemplo histórico de este tipo de liderazgo lo encontramos en Nelson Mandela y en su papel en el proceso de reconciliación en Sudáfrica tras su llegada a la presidencia del país en 1994 y después de cincuenta años de políticas de segregación racial y social. Su carácter pacificador, su inteligencia emocional y su visión se antepusieron a las amenazas de una confrontación que podía haber desembocado en una guerra civil. Su misión para ganarse la confianza de la población al completo pasó por el uso del deporte, concretamente del rugby, como núcleo para lograr la unidad nacional y símbolo de superación. Así, Mandela se acercó a lo Springboks, equipo nacional de rugby conformado en aquel momento por jugadores de mayoría blanca, para proponerles luchar por conseguir la Copa del Mundo de rugby que se celebraba en Sudáfrica. Los dos grandes ejes del liderazgo transformacional de Mandela fueron unir al país alrededor de un sueño y crear las bases para la convivencia social, usando para ello la persuasión y la libre participación (Echart y Rodríguez, 2014).

b. Liderazgo estratégico

El liderazgo estratégico implica la formulación de políticas que respondan a los desafíos globales. Los líderes que adoptan un enfoque estratégico son capaces de anticipar cambios en el entorno internacional y adaptar sus políticas en consecuencia. Este tipo de liderazgo es crucial en la gestión de crisis, como se evidenció durante la pandemia de COVID-19, donde la coordinación internacional fue esencial para mitigar sus efectos y minimizar sus consecuencias.

El liderazgo estratégico es concebido como la capacidad de anticipación, de pensamiento estratégico y de saber mantener la flexibilidad para promover cambios (Sarfraz, 2017) o gestionar las adversidades. En este tipo de liderazgo entra en juego la toma de decisiones ágil y la negociación con perspectiva (López-Lemus, De la Garza y Zavala, 2020).

En el liderazgo estratégico es clave el análisis del entorno y sus características para la resolución de conflictos y la solución de problemas. Es por ello que una nota distintiva de este liderazgo es la vista puesta en el largo plazo como elemento esencial del pensamiento estratégico.

El liderazgo estratégico diseña y pone en marcha políticas y acciones de efecto inmediato, pero traza objetivos de gran calado a largo plazo que redundan en el crecimiento y en la viabilidad de las organizaciones (Rowe, 2001), así como en la sostenibilidad y perdurabilidad de los sistemas establecidos.

Steve Jobs, fundador de Apple, es un referente en el modelo de liderazgo estratégico. Con su visión supo anteponer los productos a los beneficios empresariales (Isaacson, 2012), algo insólito en el mundo de los negocios y en las luchas de poder de las multinacionales por ganar cuota de mercado internacional. Del mismo modo, complementaba su habilidad vislumbrar el entorno y sus movimientos en general con su capacidad para analizar los pequeños detalles y matices de la realidad (Isaacson, 2012), combinando un análisis panorámico con un estudio pormenorizado de corto alcance.

c. Liderazgo colaborativo

En un mundo interconectado, el liderazgo colaborativo se vuelve indispensable. Este enfoque se basa en la creación de redes y alianzas entre diferentes actores internacionales. La cooperación en temas como los cambios derivados de las crisis climáticas o la seguridad cibernética requiere un liderazgo que priorice el diálogo y la construcción de consensos.

En el ejercicio de este tipo de liderazgo la capacidad de comunicación y la de influencia se erigen como pilares fundamentales. Las relaciones interpersonales y la creación de redes son básicas. El arte de liderar es influir en las relaciones interpersonales (Barandiarán, 2011).

En el liderazgo colaborativo el carisma del líder es un elemento de gran repercusión e importancia. Max Weber en su obra *Economía y sociedad* del año 1922 estableció que el carisma es una forma de influencia alejada de la autoridad formal que le confiere su posición a una persona. El carisma para Weber es una percepción basada en una serie de cualidades que los demás otorgan a una persona en concreto.

En este sentido, John F. Kennedy es considerado un político representativo de este tipo de liderazgo. Consciente de la influencia de la televisión como herramienta persuasiva, Kennedy se preparó de forma intensa para mostrar naturalidad y seguridad ante las cámaras y enfrente de multitudes (Barnes, 2009).

XI. AMPLITUD DE MIRAS

La competencia de la amplitud de miras está relacionada con el desafío de la toma de conciencia del nuevo marco de referencia. La forma en la que se percibe la realidad es un aspecto clave en el ejercicio del liderazgo. La psicología señala que a la hora de enfrentarse a la realidad más del 80% de lo que percibimos está en función de nuestras creencias e ideas. Las creencias que tiene un líder refuerzan sus percepciones y las percepciones, nuevamente, refuerzan sus creencias, lo que puede llegar a convertirse en un bucle mediante el que se repiten los mismos patrones, se tienen en cuenta las mismas opciones y se dan los mismos pasos a la hora de solucionar situaciones y tomar decisiones.

La competencia de la amplitud de miras trata de que los líderes aprendan a identificar sus creencias siendo más conscientes de ellas. Desde esa posición podrán evaluarlas en términos de costes y oportunidades. Una vez analizado este aspecto podrán modificarlas y seleccionar conscientemente sus nuevas creencias. Estas nuevas creencias deben abrir nuevas perspectivas a los líderes que antes no advertían y proporcionar un nuevo prisma con el que analizar la realidad (Sutil *et al.*, 2013).

El paradigma clásico que modeló la vida del siglo pasado creó una estructura cerrada y determinista que se convirtió en el filtro principal a través del cual vemos lo que está a nuestro alrededor. El reto para los líderes ahora es mirar más allá (Manucci, 2007) y salir de la zona de comodidad mental.

En este sentido, el pensamiento paradójico es una forma de pensamiento que cuestiona las ideas que generalmente han sido aceptadas como válidas en un determinado contexto. El pensamiento paradójico es clave para crear soluciones innovadoras y efectivas en el nuevo marco internacional.

XII. CONCLUSIONES

En la actualidad, los problemas globales requieren de una cooperación internacional más estrecha. Las alianzas estratégicas y las relaciones internacionales son fundamentales para abordar estos desafíos de manera efectiva.

A través de la cooperación, la diplomacia y la interdependencia económica, los países pueden trabajar juntos para enfrentar desafíos comunes y promover un orden mundial más pacífico y próspero. La complejidad de las relaciones internacionales exige un enfoque flexible y adaptativo para navegar en un entorno en constante cambio.

Bajo la óptica del análisis realizado, se considera que el concepto de liderazgo en las Relaciones Internacionales debe contemplar una visión multilaterial y debe evolucionar mediante la incorporación de competencias como la amplitud de miras y el pensamiento paradójico.

A lo largo de este trabajo, se han constatado las siguientes conclusiones acerca del liderazgo: 1) los cambios del entorno requieren un nuevo tipo de liderazgo para enfrentar los desafíos; 2) el nuevo paradigma rector de la realidad se caracteriza por la velocidad de los cambios, la inestabilidad y la incertidumbre, lo que afecta al ejercicio del liderazgo; 3) la complejidad conlleva cambios no lineales e impredecibles, por lo que los líderes han de abrirse a nuevas perspectivas; 4) el liderazgo establece la capacidad de los países y de las entidades para enfrentar desafíos globales; 5) la rivalidad entre grandes potencias, la interdependencia, la globalización, los nuevos actores y los nuevos desafíos planetarios requieren nuevos tipos de liderazgo; 6) el concepto de liderazgo, como parte de la dinámica entre el conflicto y el poder, se haya en revisión ante los cambios del entorno; 7) el liderazgo transformacional, el estratégico y el colaborativo son tres tipos de liderazgo con influencia y alcance en el ámbito de las Relaciones Internacionales; 8) la amplitud de miras es una competencia básica en el ejercicio del liderazgo actual.

En un siglo XXI repleto de desafíos, cambiante, complejo, veloz incierto y turbulento, el liderazgo se erige en el campo de las Relaciones Internacionales como un agente estratégico y catalizador de las transformaciones.

XIII. REFERENCIAS

Aguado, I., Barrutia, J., y Echebarria, C. (2008). Métricas para el desarrollo sostenible. *En Bienestar y democracia económica global.* XI Jornadas de Economía Crítica. Servicio editorial Universidad del País Vasco, 1-19.

Alonso, A. (2005). Entre lo global y lo local. Dinámicas controvertidas en una sociedad globalizada. *Polítika* (1), 27-49.

Abu-warda, N. (2020). La política de la Unión Europea en Oriente Medio, historia y actualidad. *Araucaria. Revista Iberoamericana de Filosofía, Política, Humanidades y Relaciones Internacionales,* (22), 45, 499-526. https://dx.doi.org/10.12795/araucaria.2020.i45.21

Axinn, C.N. y Matthyssens, P. (2001). Limits of internationalization theories in an unlimited world. *International Marketing Review,* 15 (5), 436-449.

Baena-Rojas, J J. (2024). La Unión Europea en la OMC: paradigma de liderazgo geopolítico en las relaciones internacionales. *Novum Jus* (18), 1, 431-459. https://doi.org/10.14718/NovumJus.2024.18.1.15

Barandiarán, X. (2011). La gestión estratégica del liderazgo colaborativo en la comunicación institucional y organizacional. En Mateos, C., Ardévol, A. y Toledano, S. *La comunicación pública, secuestrada por el mercado,* 145-146.

Barnes, J. A. (2009). *John F. Kennedy su liderazgo: Las lecciones y el legado de un presidente.* Grupo Nelson.

Bartolomé, M. (2023), Ciberseguridad, Geopolítica y Relaciones Internacionales. *Global Strategy Report,* 5. https://global-strategy.org/ciberseguridad-geopolitica-y-relaciones-internacionales/

Begbie, R. y Chudry, F. (2002). The Intranet Chaos Matrix: Aconceptual framework for designing an effective knowledge management intranet, *Journal of Database Marketing,* 9 (4), 325-338.

Bennis, W. y Goldsmith J. (1997). *Learning to lead. Workbook on becoming a leader.* Addison Wesley.

Bosch, N. (2019). La lucha por el relato: el conflicto Árabe-Israelí y la Unión Europea. *Working papers–Institut de Ciències Polítiques i Socials.* https://ddd.uab.cat/record/215977

Brooks, S., y Wohlforth, W. (2016). The Rise and Fall of the Great Powers in the Twentyfirst Century: China's Rise and the Fate of America's Global Position. *International Security,* (40), 3, 7-53.

Brunner, J. (1998). *Globalización, cultura y posmodernidad.* Fondo de Cultura Económica.

Burns, J. M. (1978). *Liderazgo.* Harper & Row.

Cavallé, C. (2001). ¿Hay un nuevo management? *ESE, revista del IESE* (1), 77-80.

Carlini, A. (2016). Ciberseguridad: un nuevo desafío para la comunidad internacional. *bie3: Boletín IEEE,* (2), 950-966.

Castro, A., Lupano, M.L., Benatuil, D. y Nader, M. (2007). *Teoría y evaluación del liderazgo.* Editorial Paidós.

Covey, S. (1997). *El liderazgo centrado en principios.* Ediciones Paidós.

De la Garza, M., Carpio, J., López, J., y Rodríguez, P. (2020). El liderazgo de servicio en relación al involucramiento en el trabajo. *Revista Espacios, 41*(08), 30-40.

De Lucio, J. (2019). Liderazgo geopolítico. El papel de los acuerdos comerciales. *Comillas Journal of International Relations,* (15), 52-77

Dolan, S.L.; García, S., Auerbach, A. (2003). Understanding and managing chaos in organisations. *International Journal of Management*, 20(1), 23-35.

Drucker, P. (1984). *The effective executive.* Harper & Row.

Echart, P. y Rodríguez, J. (2014). Un liderazgo transformacional y ejemplar: la imagen de Nelson Mandela en Invictus. *Revista empresa y humanismo*, 17, (1), 7-22.

Goleman, D. (2005). Liderazgo que obtiene resultados. *Harvard Business Review,* (83) 11, 109-122.

Isaacson, W. (2012). The real leadership lessons of Steve Jobs. *Harvard Business Review, 90* (4), 92-102.

Jiménez, J. C. (2006). *Los dogmas de la antiglobalización.* Editorial Club Universitario.

Kaufmann, A. (2003). *Construir equipos de trabajo en la era de la conexión.* Editorial Universidad de Alcalá de Henares.

Koontz, H. y H. Weirich (2011). *Administración. Una perspectiva global.* Mc Graw Hill.

Kotter, J. (2000). *¿Qué hacen los líderes?* Gestión 2000.

Kroeck, KG, Lowe, KB y Brown, KW (2004). La evaluación del liderazgo. En J. Antonakis, AT Cianciolo y RJ Sternberg (Eds.), *La naturaleza del liderazgo,* 71-98). Sage.

López-Lemus, J. A., De la Garza, M. A., y Zavala, M. A (2020). El liderazgo estratégico, la negociación y su influencia sobre la percepción del prestigio en pequeñas empresas. *Innovar,* 50(75), 57-70. https://doi.org/10.15446/innovar.v30n75.83257

Manucci, M. (2007). Comunicación, incertidumbre y liderazgo. *Contratexto,* 15 (015), 97-115. https://doi.org/10.26439/contratexto2007.n015.775

Mearsheimer, J. (2001). *The Tragedy of Great Power Politics.* W. W. Norton & Company.

Mearsheimer, J. (2023). Por qué se enfrentan las grandes potencias: el origen de las rivalidades geopolíticas. *Le Monde diplomatique,* (334), 10-12.

Mendoza, I.A., Ortiz, M.F. y Parker, H.C. (2007). Dos décadas de investigación y desarrollo en liderazgo transformacional. *Revista del Centro de Investigación. Universidad La Salle,* 7 (27), 25-41.

Mintzberg, H.; Ahlstrand, B.; y Lampel, J. (1998). *Strategy Safari: A Guided Tour through the Wilds of Strategic Management.* Prentice Hall

Miranda, T., Suset, A., Cruz, A., Machado, H. y Campos, M. (2007). El desarrollo sostenible: Perspectivas y enfoques en una nueva época. *Pastos y Forrajes, 30*(2), 191-204. http://scielo.sld.cu/scielo.php?script=sci_arttext&pid=S0864-03942007000200001&lng=es&tlng=es

Montoya Camacho J. M. y Giménez Amaya, J. M. (2021). *Encubrimiento y verdad: algunos rasgos diagnósticos de la sociedad actual.* EUNSA.

Montoya Camacho J. M. y Giménez Amaya, J. M. (2022). *Cuadernos de pensamiento,* 35, 71-104.

Mudde, C. (2023). Populismo en Europa: una respuesta democrática iliberal al liberalismo antidemocrático. *Revista de Estudios Globales. Análisis Histórico y Cambio Social,* (2), 4, 15-42. https://doi.org/10.6018/reg.576051

Nonaka, I. (1988). Creating Organizational Order Out of Chaos: Self-Renewal in Japanese Firms. *California Management Review,* 30 (3), 57- 73

Olivares, A. (2005). La globalización y la internacionalización de la empresa: ¿es necesario un nuevo paradigma? *Estudios Gerenciales,* 21(96), 127-137 http://www.scielo.org.co/scielo.php?script=sci arttext&pid=S0123-59232005000300005&lng=en&tlng=es

Parra, A., Gómez, R., y Pichardo, E. (2013). Efectos del liderazgo y del trabajo en equipo sobre el desempeño de una empresa del sector de las tecnologías de la información. *Repositorio de la Red Internacional de Investigadores en Competitividad,* 7(1), 1986-2003.

Restrepo, J. C. (2013). La globalización en las relaciones internacionales: Actores internacionales y sistema internacional contemporáneo. *Revista de la Facultad de Derecho y Ciencias Políticas–Universidad Pontificia Boliva 43*(119), 625-654. http://www.scielo.org.co/scielo.php?script=sci arttext&pid=S0120-38862013000200005&lng=en&nrm=iso

Robbins, S. (2004). Comportamiento Organizacional. Pearson Educación.

Rowe, W. (2001). Creating wealth in organizations: The role of strategic leadership. *The Academy of Management Executive,* 15(1), 81-94.

Sanahuja. J. A. (2020). Hegemonía, crisis de globalización y Relaciones Internacionales: concepciones clásicas y teorización crítica. En González del Miño, P. *El sistema internacional del siglo XXI: dinámicas, actores y relaciones internacionales,* 19-51.

Sarfraz, H. (2017). Strategic leadership development: simplified with bloom's taxonomy. *Industrial and Commercial Training,* 49(1), 40-47. https://doi.org/10.1108/ICT-08-2016-0056

Steinberg, F. (2016). Declive económico o xenofobia: ¿por qué el auge de los populismos? *Expansión,* 7 de octubre de 2016.

Stoner, J. (2005). *Administración.* Mc Graw Hill.

Sutil, L., Pacheco, R., León, E., García Fraile, L., Rienda J.J., Jiménez, P., et al. (2013). *Neurociencia, empresa y marketing.* ESIC.

Thurow, L. (1996). *El futuro del capitalismo.* Ariel.

Vieira de Barros, E. (2007). A matriz energética mundial e a competitividade das nações: bases de uma nova geopolítica *ENGEVISTA*, 9, (1), 47-56.

Weber, M. (2020). *Economía y sociedad.* Editorial Verbum.

El intelectual, el clérigo y el influencer: violencia, terror y polarización

DR. JULIO DÍAZ GALÁN
Profesor Titular en Filosofía Antropológica
Universidad Europea de Madrid
https://orcid.org/0009-0006-6603-8433

DR. JORGE RAMIRO PÉREZ SUÁREZ
Profesor Titular en Criminología Aplicada a Espacios Digitales
Universidad Europea de Madrid
https://orcid.org/0000-0002-5589-2830

MARIO MUÑOZ ANGUITA
Profesor en Criminología
Universidad Europea de Madrid
https://orcid.org/0009-0004-1505-536X

I. RESUMEN

Cualquier utilización de la violencia, incluso a nivel cotidiano, suele venir precedida o seguida de una explicación que la normaliza. Guerras, invasiones, atentados terroristas, genocidios, purgas..., suponen una enorme quiebra de lo social y de lo humano, solo asumibles mediante el olvido o la teoría justificativa. A lo largo de la historia y en el presente, diferentes intérpretes trataron de dar sentido al mal y a la violencia sufridos. En el pasado, el teólogo, mediante la fe, era el encargado de volver aceptables el dolor, las desdichas y hasta la muerte. La figura del intelectual, que sucedió al antiguo predicador, hizo a veces lo mismo mediante el uso de la razón. Durante el siglo XX se los podía ver a muchos de ellos justificando incluso los ataques terroristas más sangrientos. En la actualidad, la figura del *influencer* ha desbancado al antiguo intelectual en muchos de sus dominios. Si la fe caracterizaba al predicador, y la razón al intelectual, la emoción es lo que define al *influencer*. En el ambiente polarizado de las sociedades actuales, junto con la despolitización creciente, el uso de la irracional emoción puede suponer un detonante para la violencia.

II. PALABRAS CLAVE

Terrorismo, intelectual, materialismo histórico, *influencer*, polarización.

III. INTRODUCCIÓN

Durante el siglo pasado, era habitual toparse con posturas intelectuales que legitimaban la violencia terrorista, a modo de teodicea laica. Algunos, incluso, trataban de solucionar el imposible y delirante balance entre muertos inocentes admisibles y un mundo más igualitario. La creencia en, por ejemplo, la doctrina cuasi-religiosa del materialismo histórico cegó a muchos para comprender el sufrimiento ajeno. La sangre que la Historia dejaba a su paso siempre era asumible por la Teoría. Tampoco ayudaba la política represiva contraria que muchos gobiernos extendieron por doquier ante cualquier activismo político incluso de corte pacífico: torturas, desapariciones y matanzas que sumían a lo social en una escalada de venganzas (Tamayo, 2019, p. 1723). Las legítimas aspiraciones de independencia nacionalista, mezcladas la mayoría de las veces con asuntos ideológicos, también produjeron un número considerable de muertes en nuestro país.

Hoy día, la bomba política y nacionalista está en gran parte desactivada y olvidada. Además, sería muy difícil encontrar a un Sartre del siglo XXI legitimando y predicando la violencia y el terror, tal y como el autor de *La náusea* hiciera en su momento (Domínguez, 2002). Los grandes terrorismos europeos que sembraron de sufrimiento las calles en los años 80 y 90, como el del ETA en España o el del IRA en Irlanda, son por fin materia de la historia sin mayúsculas. No pasa igual con el terrorismo religioso de carácter fundamentalista. Si bien es cierto que ya durante la segunda mitad del siglo XX se hizo notar en numerosas ocasiones, es sobre todo a partir del actual milenio cuando este tipo de terrorismo muestra su rostro más mortífero.

La figura del intelectual, que en parte también está desapareciendo, sirvió para que parte de la población aceptara todas esas muertes innecesarias. En la actualidad, solo desde algunos púlpitos religiosos y políticos se predica contra la vida. Es en este panorama actual en el que el Grupo de Investigación: Conocimiento e Investigación en Problemáticas Sociales ha desarrollado el Proyecto J.A.T.I: Activismos, Terrorismo e Intereses" (2023-266) de la Universidad Europea de Madrid. Realizando una serie de encuestas a personas de entre 18 y 30 años, se ha tratado de descubrir cuál es la percepción de la fenomenología criminal del terrorismo.

Cuestiones tales como la Memoria histórica (la mayoría de los jóvenes en España solo ha vivido en el periodo de terrorismo religioso y la disolución de ETA), la reinserción, la utilización política del terrorismo o la restauración son las que han vehiculado nuestra investigación al respecto. En la actualidad española, según los datos recogidos, pocos son los que justificarían una acción terrorista. También, por supuesto, la sociedad se ha vuelto más sensible a ese otro terror ejercido desde los Estados. Ahora bien, mientras la figura del intelectual se desvanece, otros rostros, con mucha menor preparación, van ocupando su lugar. *Influencers, youtubers e instagramers* son la nueva fuente de autoridad que ejerce su prédica desde el púlpito de las redes. Vivimos en la era del *Tiktoker dixit*... Que lo mediático esté ganando el pulso a lo académico supone un peligro para el tiempo que viene (y que ya ha llegado). En este nuevo escenario, se emiten opiniones infundadas, bulos y *fakes* que se viralizan rápidamente en pos de una manipulación y desinformación sin límites.

IV. EL CONCEPTO DE TERRORISMO

Sin pretender realizar una historia del concepto de terrorismo, es necesario destacar su congénita problematicidad. El origen de este concepto es tan claro como nuevo en la historia, pero su uso actual es tan impreciso como problemático. Tras los atentados del 11 de septiembre de 2001, Jacques Derrida, en una entrevista, decía que "cuanto más confuso es un concepto, más dócil es a su apropiación oportunista" (Derrida, 2004, p. 16). De esta manera, el padre de la deconstrucción alertaba de los usos espurios que indudablemente se iban a hacer del "terrorismo" tras aquellos fatídicos acontecimientos:

> Si la ONU ha autorizado a los Estados Unidos a utilizar *todos* los medios juzgados oportunos y apropiados por la administración americana para protegerse ante el llamado ´terrorismo internacional', es porque previamente no se ha llevado a cabo un debate filosófico al respecto (Derrida, 2004, p. 16).

La entrevista que Giovanna Borradori le hacía a Derrida llevaba el título de "Qué es el terrorismo", es decir, es necesario saber *qué es* para así aplicar el concepto (y las leyes que de ahí emanen) adecuadamente. En principio, podría parecer un debate de Perogrullo preguntar por la esencia de los atentados de las Torres Gemelas, porque nadie en su sano juicio, salvo algún filósofo, podría argumentar que aquello no fue un acto terrorista. Pero, ¿y si no lo fue? ¿No fue acaso más parecido a un acto de guerra? se preguntaba Derrida, puesto que las consecuencias que entrañó fueron las que se darían frente a una guerra, como invadir varios países por parte de EEUU. Venía a decir Derrida en esa entrevista que con los atentados del 11 de septiembre no solo habían caído las Torres Gemelas, sino también el concepto de terrorismo. Estábamos, pues, ante la aparición de una *nueva realidad* que excedía la antigua intensión del concepto de terrorismo. De igual modo que en los Juicios de Núremberg no se disponía jurídicamente del concepto de genocidio, quizás no disponemos aún del concepto de una nueva realidad a caballo entre el terrorismo, la guerra y el genocidio mismo. Por esta razón Derrida contestaba en esa misma entrevista: "si incluso persistiéramos en hablar de terrorismo, esta apelación cubre un nuevo concepto y nuevas distinciones" (Derrida, 2004, p. 16). En esta situación de indistinción conceptual, incluso los Estados utilizan las técnicas del terrorismo más atroz.

Se podría pensar, por lo escrito hasta ahora, que el concepto de terrorismo se vuelve problemático a partir del 11 de septiembre, pero no es el caso. La indecidibilidad inherente a cualquier acto violento siempre afectó al concepto de terrorismo. La línea delgada que distingue un acto terrorista de una acción defensiva de resistencia legítima ha originado históricamente que justificados actos de lucha por la vida y la mera existencia hayan sido perseguidos bajo el concepto de terrorismo. No hay que olvidar, a este respecto, que el artículo 51 de la Carta de las Naciones Unidas (1945), justifica un tipo de violencia, asegurando "el derecho inmanente de legítima defensa individual o colectiva, en caso de ataque armado contra un Miembro de las Naciones Unidas". Y esta violencia se podrá ejercer hasta que "el Consejo de Seguridad haya tomado las medidas necesarias para mantener la paz y la seguridad internacionales".

Desde sus orígenes, más allá de la legítima persecución de sangrientos atentados terroristas, tan injustificables como execrables, el término terrorista ha sido utilizado como arma retórica contra los contrarios políticos, en una "instrumentalización constante de la lucha antiterrorista" (Raflik, 2016, p. 2). Es patente que el concepto de terrorista se ha enarbolado a lo largo de la historia como parte de una máquina de demonización y deshumanización del contrario político (Policinski, 2021). No hay que olvidar que la dictadura argentina, por ejemplo, persiguió a las Madres de Plaza de Mayo como organización terrorista. El gobierno del Apartheid en Sudáfrica hizo lo mismo contra el Umkhonto we Sizwe (MK) de Mandela. También, en ocasiones, han sido los propios terroristas los que han sido utilizados en ocasiones por países terceros para asegurarse cuotas de reparto en la escena geopolítica. François Hollande, en el documental *Siria, el laboratorio ruso,* acusa sin dudar a Basar-el Asad, con la connivencia de Putin, de liberar a numerosos terroristas para desestabilizar la zona siria en conflicto y poder masacrar a toda la rebelión previa en cuanto terroristas y "seguir aplastando al pueblo sirio" (Bouvier, 2024, m, 25). De esta forma, cualquier opositor es tratado como un terrorista, como un enemigo absoluto, tan inhumano como deshumanizado. En todos estos casos, además de la persecución del opositor como mero terrorista, destila la antiquísima estrategia de fabricar identidades grupales, regionales o nacionales generando imágenes del mal, otredades inhumanas que devuelven especularmente la imagen de un nosotros indiviso (Clastres, 2004, pp. 76-77).

Esta problematicidad del concepto de terrorismo, junto con cierto desconocimiento de la historia, podría hacérnosla repetir por otros medios. En las encuestas llevadas a cabo en la franja anteriormente señalada (18-30 años), la mayoría de las personas ha oído hablar de terrorismo en los medios, en colegios, institutos y en familia, pero se detecta cierta ignorancia del pasado más reciente. Quizás también influye que, hoy día, España no es ya escenario de atentados terroristas. La mayor parte de la actividad terrorista mundial se ha desplazado hacia las zonas del Sahel, Asía y la tradicional Israel (*Institute for Economics* and Peace, 2024, pp. 7-9). España aparece, en dicho informe, en el puesto 55.

En el Gráfico 1 se muestran resultados de la pregunta relativa a qué personas conocen relacionadas con el terrorismo.

Gráfico 1. Conocimiento de personas relacionadas con el terrorismo.

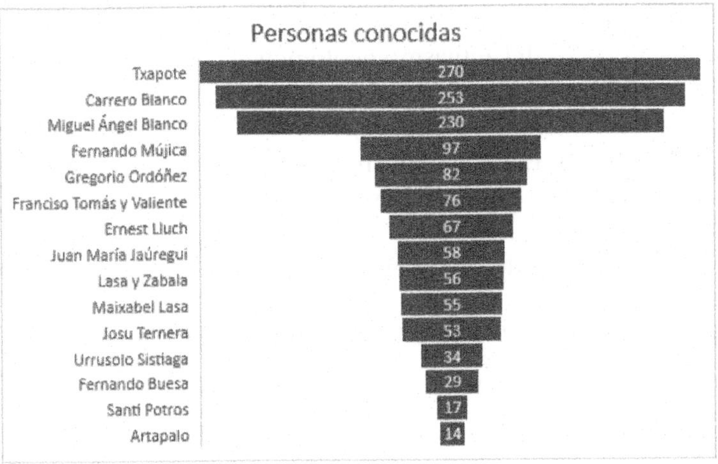

Personas conocidas

Txapote	270
Carrero Blanco	253
Miguel Ángel Blanco	230
Fernando Mújica	97
Gregorio Ordóñez	82
Franciso Tomás y Valiente	76
Ernest Lluch	67
Juan María Jaúregui	58
Lasa y Zabala	56
Maixabel Lasa	55
Josu Ternera	53
Urrusolo Sistiaga	34
Fernando Buesa	29
Santi Potros	17
Artapalo	14

Fuente: Creación propia. Madrid, 2024.

Destaca el resultado de la encuesta que son los personajes más mediáticos los que son conocidos, y que, aunque en las instituciones de enseñanza se pueda haber hablado de otros, no han dejado casi huella. Lo mismo pasa con los grupos terroristas conocidos (Gráfico 2).

Gráfico 2. Manifestaciones conocidas.

Fuente: creación propia. Madrid, 2024.

Tal y como hemos referido, la figura del terrorista ha funcionado desde siempre para perseguir al contrario político, como en el caso del activismo ecológico (Ecologistas en Acción, 2023). En las encuestas realizadas en el Proyecto J.A.T.I, se detecta, además, lo que podría ser el efecto de la deshumanización mediática del terrorista. Así, mientras que algunas personas sí están dispuestas a creer en la reinserción de otros delincuentes (Gráfico 3), no son tan "benévolas" con respecto a las personas que hayan cometido delitos relacionados con el terrorismo.

Gráfico 3: Opiniones sobre la reinserción.

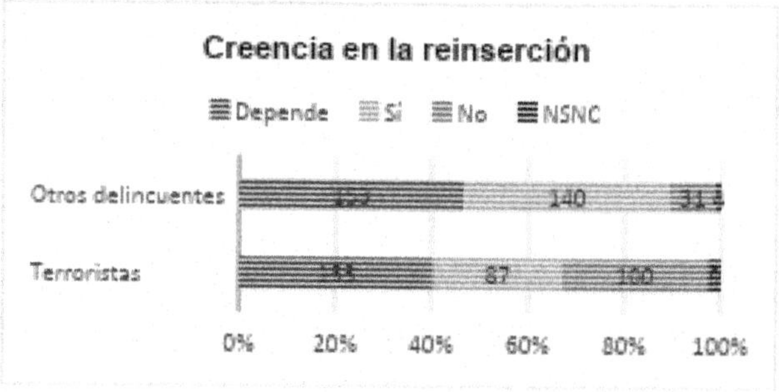

Fuente: creación propia. Madrid, 2024.

V. LA FIGURA DEL INTELECTUAL, LA VIOLENCIA Y EL TERRORISMO

Una de las consecuencias de la muerte de Dios, acontecida en el siglo XIX, pero cuyos estertores se oían desde la Ilustración, fue el surgimiento, a partir del siglo XVIII, de la figura del intelectual. Junto con la aparición de las ideas de "opinión pública" (Habermas, 1986, p. 124), de "nación" y de "cultura", que funcionan como elementos vertebradores de lo social (Bueno, 1996, p. 106), el "intelectual" pertenece a un proceso de secularización no finalizado. La convulsión política del siglo XIX quiso que pronto le saliera al intelectual un hermano gemelo tenebroso:

el terrorista. Y al igual que en muchas películas de terror, los hermanos intercambiarán a veces sus puestos, confundiendo los roles. Tanto uno como otro, intelectual y terrorista, se colocarán en el trono del dios moribundo. Así, se los podía ver desplegando una especie de omnisciencia general, erigiéndose en jueces de la humanidad o, en el peor de los casos, sentenciando a una parte de ella. Tal y como alertó Nietzsche, el "hombre" estaba asumiendo la posición del dios destronado (Deleuze, 1986, p. 211). No solo el artista total, encumbrado y endiosado, como lo fue Richard Wagner, que de joven parece haber coqueteado con Bakunin y con el encargo de explosivos (Torija, 2020), sino también el escritor, el filósofo y más tarde incluso el cineasta, asumieron la dirección del Espíritu, antes propiedad inmatriculada de la Iglesia. Transitar desde el Reino de la Gracia hasta el de la Cultura (Bueno, 1996, p. 117) implicó la conversión del antiguo predicador religioso en el intelectual. Ya sea como mediador entre el poder y las masas (Ortega y Gasset), o asumiendo el poder directamente (Lenin, Mao), o contrarrestando ese mismo poder (Camus, Foucault), el intelectual es una de las figuras claves sin la cual no se puede entender la Historia Contemporánea, pero tampoco la del terrorismo. Si bien es cierto que el antiguo predicador asumía ya alguna de esas funciones, como las de vocero del poder (Bellarmino), contrapoder (Lutero) o encarnación del poder (Papado), la aparición de este nuevo personaje histórico entraña cambios sustantivos desde la fe a la razón.

Desde que el intelectual aparece históricamente, comienza a asumir una serie de roles, que van desde la defensa de la justicia y de la integridad hasta posiciones integristas:

1. Denuncia de las injusticias sociales, anteponiendo la verdad y la justicia sobre cualquier otro valor.

2. Se puede presentar también como aquél que sabe captar el curso de la Historia. Así, de igual manera que el antiguo religioso era capaz de escuchar la voz de Dios o interpretar las escrituras para redirigir lo social, el intelectual es el que

puede *escuchar* la Voluntad de la Historia. De los últimos intelectuales, como por ejemplo de Houllebecq, se sigue hablando así todavía. Sin ningún aparato científico, como los de la sociología o la antropología…, son capaces, se dice, con sus "dotes proféticas [...] de captar las corrientes profundas de las sociedades occidentales" (Bassets, 2024b).

3. Además, puede influir en la Historia, adelantándola, como quien mueve las agujas de un reloj. El intelectual, por lo tanto, se ve a sí mismo como un químico que es capaz de generar reacciones dirigidas en el laboratorio de la Historia.
4. Propaga las diversas ideologías que habían ido surgiendo a lo largo del proceso de Modernidad: liberalismo, socialismo, comunismo, anarquismo…, dándole su propio barniz o versión.
5. En muchas ocasiones, instiga y justifica atentados terroristas o violencias extremas en contra del orden burgués.

Echar un vistazo desde el siglo XXI a todos esos personajes encumbrados provoca a veces cierto sonrojo. Sin negar su valía en bastantes aspectos (literarios, políticos, económicos, filosóficos, epistemológicos…), producen una especie vergüenza ajena respecto de temas hoy día superados. Por ejemplo, no se entiende que, en 1979, intelectuales, periodistas, psiquiatras, entre los que se encontraban Athusser, Simone de Beauvior, Sartre, Foucault, Deleuze y Derrida firmaran una petición al parlamento francés para la derogación de la ley que prohibía la relación entre adultos y menores de 15 años (Althusser et al, 2020). De igual modo, sorprende hoy día la facilidad de algunos intelectuales del siglo XX a la hora de justificar todo tipo de violencias, ya sea la del terrorismo de Estado o la propiciada por grupos terroristas de diversa índole.

No todos los escritores, por supuesto, alentaban y justificaban la violencia. Una larga lista encabezada por Hannah Arendt despreció cualquier utilización intelectual de la violencia. El caso más sonado es el que confrontó a Sartre con Camus, que en

EEUU tiene su paralelo en la pareja de predicadores Malcom X/ Luther King. Para Sartre, la cuestión de la violencia terrorista se legitimaba de forma apriorística en base a, según Mattei (2013), la "ley de la Historia que debía parir la justicia del futuro en la cama del dolor". Según Sartre, en el prólogo que le hizo a Franz Fanon en *Los condenados de la tierra*, "la locura homicida es el inconsciente colectivo de los colonizados" (Sartre, 1963, p. 10). Camus, desgarrado entre los atentados argelinos y la violenta historia de la colonización francesa, había decidido no alinearse del lado de cualquier tipo de violencia, lo que le valió el calificativo por parte de Sartre de "falso intelectual" (Todd, 1996, p. 756). Sartre, pero sobre todo aquellos que le *seguían*, creía que tenía una especie de visión total (la del intelectual) sobre la realidad (Bassets, 2024a). Sartre, por supuesto, intentaba fundamentar su teoría violenta en la famosa frase de Marx, según la cual "la violencia es la comadrona de toda sociedad vieja que lleva en sus entrañas una nueva" (Marx, 1999, p. 639). Para el autor de *El Capital*, no se podía hacer una tortilla sin romper los huevos, pero según Arendt, no habría en Marx ninguna glorificación de la violencia, tal y como sí la habría en Sartre (Arendt, 2005, p. 20).

Otro caso sonado fue el que enfrentó, 20 años después, a Michel Foucault con Gilles Deleuze, rompiendo incluso una amistad que parecía inquebrantable. A raíz de los atentados llevados a cabo en Alemania Occidental por la RAF y del caso Croissant, Foucault diría: "ya no nos vemos... desde Klaus Croissant. Yo no aceptaba ni el terrorismo ni la sangre ni tampoco estaba de acuerdo con Baader y su banda" (Eribon, 1992, p. 321). No podía ser de otro modo, pues la comprensión de la Historia en Foucault como sucesión de *epistemes* es radicalmente distinta a la que se deriva del materialismo histórico, que estaba a la base tanto de la filosofía de los estados marxistas-leninistas como de los grupos terroristas de izquierda.

Para que el dibujo no nos quede incompleto, conviene recordar también el terrorismo de extrema derecha, que también dejó un reguero de sangre en el siglo XX. Desde el supremacismo blanco en EEUU, pasando por la triple A en Argentina, nuestra triple A española, el NAR italiano y llegando al terrorismo satánico del Black Metal noruego..., por citar los más sobresalientes, encontramos una serie de grupos terroristas bastante sanguinarios también. Las diferencias con los de izquierdas, además de las ideológicas, consistían en la no necesidad de justificar la violencia intelectualmente. Es cierto que uno de los intelectuales más sonados del nazismo fue Heidegger, pero en principio el terrorismo de derechas necesita menos justificaciones teóricas y más emocionales, y por eso lo acerca más al *influencer.* El terrorista de derechas cercena la vida de alguien porque consideraba que ha usurpado un poder que no le corresponde por naturaleza (raza, género, clase, orientación sexual). Este terrorismo de derechas es precisamente el que está comenzando a resurgir en los últimos años, como en Utoya y Oslo (Cueto, 2021), junto con el ascenso de la extrema derecha en toda Europa (Díaz- Maroto, I, 2024, p. 14).

VI. ¿QUÉ ES ESO DEL MATERIALISMO HISTÓRICO? LA LLAMA QUE ENCENDÍA LA MECHA DE ETA Y DEL GRAPO

Junto con los cambios a los que hemos aludido en el proceso de secularización de lo social (se cambia la Gracia por la Cultura, el predicador por el intelectual, la fe por la razón, la voz de Dios por la de la Voluntad General), aparece una nueva disciplina denominada Filosofía de la Historia. Parece una asignatura inocente cuyas únicas víctimas sean los alumnos que no la superan, pero es la responsable "intelectual" de gran parte de la violencia y de muchas muertes del siglo XX. Con razón, Camus, en Los Almendros, escribía: "No creo tanto en la razón como para apuntarme al progreso ni a ninguna filosofía de la Historia" (1996, p. 38). Esta nueva materia, aunque es de origen volteriano, toma cuerpo en el curso que Hegel diera sobre Filosofía de la Historia en la Universidad de Berlín en 1822. Hegel es el primero que trata de descubrir el sentido subyacente de la Historia Universal, es decir, comprender una historia teleológica de progreso creciente hacia un final feliz en el que el Espíritu se realiza a sí mismo en un peculiar tránsito dialéctico no lineal (Hegel, 2010, p. 94). Esto quiere decir, sencillamente, que la Historia solo puede avanzar a trompicones y con contradicciones, luchas polarizadas y todo tipo de destrucciones: *voilà* el "trabajo de lo negativo". Por eso, ya en octubre de 1806, después de que el ejército francés masacrara al prusiano y entrara en Jena, Hegel celebraba la llegada de Napoleón, escribiendo a Niethammer: "He visto al Emperador –Alma del mundo- cabalgando por la ciudad para pasar revista a sus tropas. De hecho, es una prodigiosa sensación" (Duque, 2008, p. 73). Hegel, sin el menor atisbo de pena por sus compatriotas, celebraba y justificaba sus muertes saludando la esperada creación de un Estado moderno.

Los pensadores cristianos ya habían intentado, mucho antes que Hegel, asegurar la existencia (bondadosa) de Dios en un mundo plagado de dolor. Así, para justificar el mal, las guerras, las plagas, las tormentas devastadoras, etc., idearon una ciencia denominada teodicea, en la que en un difícil balance de activos y pasivos concluía en el mejor de los mundos posibles. Leibniz, por supuesto, fue el adalid más sobresaliente de esta ocurrencia. Venía a decir que lo que ahora denominamos sesgo de negatividad inclina la atención solo en las cosas malas sin contemplar el Bien total (Leibniz, 1900, p. 94). Pero el terremoto acontecido en Lisboa en 1755, en el que murieron cerca de 100.000 personas, imposibilitó cualquier intento de justificar tal desastre, abriendo las puertas completamente al ateísmo.

Contra todo pronóstico, o quizás porque ya se había olvidado el terremoto de 1755, Hegel vuelve a coger el mismo testigo optimista pero liberado de teología. Así, para Hegel, la Historia avanza segura en un proceso dialéctico de contradicciones y de muertes necesarias. Y será Engels apoyado en los textos de Marx, quien termine de afianzar la idea, liberada ahora de todo idealismo hegeliano. Fundar la Historia en el materialismo consistía en hacer una ciencia evolutiva con mayúsculas, un socialismo científico a la altura del darwinismo. Así, de igual manera que se necesitan reacciones químicas para pasar de un estado de la materia a otro (Engels utilizaba la analogía de la química para explicar la dialéctica), solo se puede pasar de un modo de producción a otro (del feudal al capitalista y de este al socialista) cuando se dan las condiciones necesarias, los catalizadores y los *detonantes* indispensables. Para Engels, Plejanov, Lenin, Stalin, y para Sartre, el conflicto, la lucha armada es, pues, tan inevitable como necesaria *en modo revolución.* De esta manera se justifica la violencia, pues no es responsabilidad de los individuos, sino en última instancia de la propia Ley de la Historia que exige sangre para pasar al siguiente nivel. Existe a veces una línea delgada entre el uso de una violencia *defensiva* (como medio para luchar contra una situación injusta en un presente) y el uso de otra violencia distinta, que podríamos denominar *programática* (como medio para llegar a un estado futuro sacrificando el presente y a los presentes). No prestar atención a esta distinción hizo decantarse a muchos intelectuales por el lado de la Historia y por el totalitarismo.

Este tipo de teleología sangrienta será adoptada por el socialismo no reformista o antiparlamentario como modo de conquista del poder y mantenimiento en él. Así, el revisionismo de Eduard Bernstein quedaría desplazado en la cuneta de la Historia durante muchas décadas. Como decía el asesino de Trotsky: "en política hay que ser revolucionario y no reformista" (Stalin, 1977, p. 7). La razón de ello es que, según el pensamiento dialéctico, la Historia no puede cambiar gradual ni mediante la armonía de los contrarios y necesita el acicate del intelectual para encender la mecha que da lugar al conflicto. Por ejemplo, Lenin, en "Por dónde empezar" (1981, p. 7) y Trotsky, en *Terrorismo y comunismo* (2025, p. 12), apelaran a la lucha violenta para dar paso a la Historia, criticando, eso sí, los modos del terrorismo. Marx, Lenin y Trotsky rechazaban el terrorismo individual, pues destruía, según ellos, la potencia de lo colectivo. El terrorismo revolucionario de izquierdas que aparece en los años 60-70 desoye la advertencia de Marx al respecto (Sánchez Cuenca, 2006, p. 74). ETA, que en sus comienzos estaba vinculada al PNV, fue decantándose poco a poco, a partir de la Segunda Asamblea hacia posiciones de izquierda. Y, en la sexta asamblea, las diferentes corrientes que había dentro del movimiento comenzarán a identificarse con el marxismo-leninismo en versión terrorista, dejando un reguero de victimizaciones durante las siguientes décadas. Los GRAPO, con un barniz maoísta, profesaban las mismas ideas e iguales resultados.

VII. EL FINAL DE LA HISTORIA: DEL INTELECTUAL AL *INFLUENCER*

La posmodernidad trajo una serie de excesos verbales y de relativismo, pero fue saludable el reconocimiento de que era imposible buscarle un sentido a la historia. El intelectual de izquierdas, por su parte, perdió gran parte de sus poderes proféticos, excepto el de la denuncia de las injusticias. Ya no trataba de justificar la violencia ni de transformar el mundo, sino de *comprenderlo.* El intelectual actual progresista, que surge precisamente escapando de los regímenes totalitarios, es más parecido a la figura de un Bauman o de un Kadaré, y no de Sartre. Además, dado que los intelectuales no pueden saltar sobre la sombra de su tiempo, se está dando actualmente una derechización del intelectual. Junto con el ascenso de la ultraderecha, los intelectuales conservadores adelantan hoy día por la derecha (Vicente, 2024), como es el caso de Duguin en Rusia (Galcerán, 2022).

Además, cuando las grandes teorías del siglo XX, como la de Habermas, de Baudrillard o de Girard intentaron hacerse cargo del nuevo terrorismo del siglo XXI, fracasaron estrepitosamente. La realidad siempre es más grande que el concepto, y ver a esos pensadores, en su vejez, intentar aplicar los suyos a los nuevos hechos producía cierta lástima. Habermas, por ejemplo, intentando hacer llegar el agua a su molino teórico de la acción comunicativa, llegó a decir para explicar el terrorismo que “La espiral de la violencia comienza por una espiral de la comunicación perturbada que, *via* la espiral de la desconfianza recíproca descontrolada, conduce a la ruptura de la comunicación" (Habermas, 2004, p. 17). Cuando un concepto se puede aplicar tanto a una relación de pareja rota como a un atentado terrorista, es necesario sospechar de él. Otro tanto hizo René Girard, Su teoría de la rivalidad mimética, que funcionaba muy bien para explicar conflictos sociales, persecuciones a chivos expiatorios y hasta para el nacimiento de la mitología, hacía aguas cuando se aplicaba a la nueva situación: "la mundialización –decía- hace triunfar el deseo mimético, fuente de rivalidad, de caos y de conflicto, y por lo tanto de violencia" (Girard, 2015). Estas tesis, además de no ser falsables o demostrables, palidecían cuando se las confrontaba a las imágenes de las Torres derrumbándose. Baudrillard, siguiendo con los despropósitos anteriores, llegó a decir que este nuevo terrorismo sobrepasaba cualquier religión o ideología, y que en realidad era el propio mundo el que luchaba contra la mundialización: "la cuarta guerra mundial -decía sin sonrojarse- está por todas partes. Asedia cualquier orden mundial, toda dominación hegemónica. Si el islam dominara el mundo, el terrorismo se levantaría contra el Islam, pues es el mundo mismo el que resiste a la mundialización" (Baudrillard, 2007).

Derrida, que había dicho cosas sensatas sobre el nuevo terrorismo, acabó haciendo juegos fáciles de palabras (la tierra, el terror) y hablando sobre los procesos autoinmunitarios de la sociedad y el terrorismo, utilizando una analogía médica poco creíble. Justificar el terrorismo siempre fue fácil, pero comprenderlo... Indudablemente, los atentados terroristas del 11M y los que vinieron después estaban relacionados con la globalización, y en eso no se equivocaron los antiguos intelectuales, pero erraron al intentar analizar un nuevo mundo con sus trajes del pasado. Ante un mundo que dejaba de ser global, pero con un terrorismo cada vez más internacional, las teorías globales fracasaban. Hacía ya tiempo que los intelectuales habían dejado de despertar la atención de las masas y de influirlas, como en el pasado. Con la entrada del mundo digital en escena, se ha ido produciendo un cortocircuito comunicativo entre el intelectual y la población. Además, el crecimiento exponencial del conocimiento en todas las disciplinas ha producido la especialización del saber, imposibilitando la figura del intelectual total. Ni siquiera un Umberto Eco podría leer todo lo que hoy día se publica en las disciplinas relevantes para la política y digerirlo en una teoría explicativa con visos de totalidad.

El final de la Historia, la quiebra de la globalización y el declive del intelectual ha traído consigo algo insospechado para la teoría marxista de la Historia. En vez de transitar desde las sociedades capitalistas a las comunistas, en vez de dar "el gran salto adelante", nos hemos empezado a adentrar en el neofeudalismo o tecnofeudalismo (Varoufakis, 2024, p. 28). Este peculiar salto hacia atrás implica, entre muchas cosas, que los predicadores vuelven a aparecer en escena, asumiendo de nuevo el papel de director de orquesta. Los nuevos "intelectuales" que alientan el terrorismo actual son por supuesto predicadores y clérigos islamistas (Hosseini, 2023) que ya no sueñan con el advenimiento de la Historia sino con el regreso al año cero, a los fundamentos inmaculados. En este fundamentalismo islamista, parecido al terrorismo anarquista (Avilés, 2012, p. 246), el terror es la vía necesaria para destruir un mundo, a su juicio, equivocado, degenerado e infiel. La misma postura encontramos en Estados hasta hace poco democráticos que luchan por la vuelta a los orígenes y a limpiezas étnicas y culturales.

Los intelectuales de antiguo cuño, por supuesto, siguen existiendo, aunque tienen que asumir "ropajes" de extravagancia para poder conectar con el público, convirtiéndose en filósofos pop. El esloveno Žižek es un claro ejemplo de ello. Mas el paso de lo analógico a lo digital ha abierto la senda a una nueva figura cuya proeza comunicativa a nivel emocional es indirectamente proporcional a su preparación académica: *incipit influencer.* Subido a la nueva tribuna digital, el *influencer* tiene un acceso más cercano y horizontal al público que el antiguo intelectual, que desde su pedestal emitía su saber. No es la fe o la razón el vehículo de las "ideas" del *influencer*, sino la *emoción*, que es, además, la que engrasa los mecanismos de todo populismo. Los jóvenes se sienten mucho más atraídos por estas nuevas figuras, no solo por esa cercanía generacional de aspecto no piramidal, sino porque constituyen modelos de ascenso económico vertiginoso. Cualquiera, sin la larga preparación que se demandaba en el pasado al intelectual, puede, en principio, desde la habitación de la casa de sus padres, y con un programa de inteligencia artificial, intentar la doble pirueta de transformarse en el nuevo predicador laico, denominado "creador de contenido". Además, junto con la aparición de esta figura, se está produciendo la influencerización de la política (Abrain, 2024) y del intelectual. El *influencer* es, pues, la entelequia (en sentido aristotélico) de toda política populista.

Sin negar la preparación específica de algún que otro *influencer* en algún tema, lo cierto es que se los ve aconsejar sobre medicina, gastronomía, estilismo, cuidado corporal y estético y, por supuesto, también de política, sin rodaje ni aprendizaje previo. Los mismos sesgos y estereotipos que alimentan la IA pueblan las afirmaciones de estas figuras. Así, nuestro mundo actual, se ve polarizado entre predicadores islamistas e *influencers*. Los primeros proponen una destrucción generalizada de occidente, promoviendo todo tipo de atentados. Los segundos, apoyando los autoritarismos actuales de gatillo fácil, alimentan masculinidades tóxicas, lgtbiq+fobias, terraplanismos, todo tipo de negacionismos y generalizaciones peligrosas y racistas sobre el islam, vinculando a toda la población musulmana con el terrorismo... El ascenso de las ultraderechas, de las ciberautocracias, la criminalización del diferente y las políticas identitarias constituyen los rasgos de la desglobalización neofeudal del momento. Se están cumpliendo las predicciones que Todorov hizo tras la ola de atentados que abrió el siglo XXI en dos: el miedo a los bárbaros nos puede convertir en bárbaros (Todorov, 2008, p. 20).

En esta situación polarizada a nivel mundial, en el análisis del Proyecto de Investigación "J.A.T.I", que hemos presentado al principio, se refleja la anomalía española respecto de la polarización y el ascenso de las ultraderechas en Europa. La mayor parte de las personas se manifiesta con contundencia rechazando el terrorismo desde una postura democrática (*n* = 77). Se reconoce que la violencia no tiene justificación, salvo en situaciones dictatoriales. Quizás la desaparición de la parte de la intelectualidad que los justificaba en el pasado tenga que ver con ello. Pero también hay posturas de repulsa (*n* = 38), de rechazo visceral, cargadas de emociones, insultos y e ideaciones de venganza como "que si los cojo yo en un cuarto los descuartizo a todos y se los doy de comer a los cerdos" o "todos muertos", "que les den", "caca", "hpd" e "hjdpts".

Además de estas dos posturas, el análisis ha detectado, por un lado, una "prudente" (*n* =29), en la que a falta de conocimiento sobre el tema se toma un distanciamiento que podría derivar en despolitización: "soy demasiado joven para recordarlo por mi cuenta y no a través de lo que me han contado", y por otro, una postura de "comprensión crítica" (*n* = 21): "creo que fue un grupo terrorista que utilizó medios ilegítimos e ilegales que no tienen cabida en un estado democrático de derecho para reivindicar unos derechos que considero legítimos". En el Gráfico 4 se explican estas posturas.

Gráfico 4: Posturas frente al terrorismo.

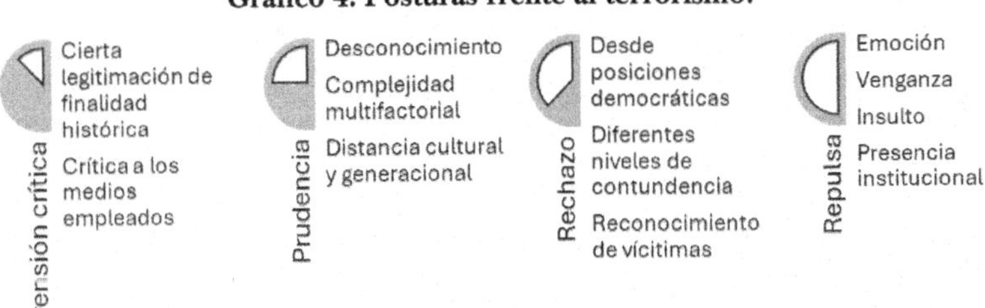

Fuente: creación propia. Madrid, 2024.

Se ha detectado también en la encuesta, junto con la falta de conocimiento de la historia reciente del terrorismo, cierta desafección política en los jóvenes, cuyo modelo social dominante, basado en el individualismo, la inmediatez y el consumo, los impulsa hacia posturas poco comprometidas social y políticamente. Ello podría derivar en un futuro, si se hace tendencia, en justificaciones de violencias y vandalismos. Según el experimento que Siev y Petty (2024) han realizado sobre 13.000 voluntarios, los sujetos despolitizados son tendentes a respaldar soluciones políticas extremas. Si a ello le sumamos el papel preponderante que en la actualidad tiene la *emoción*, más explosiva y ciega que la razón del intelectual, los augurios no son buenos.

VIII. CONCLUSIÓN

En la película *Brazil*, de Terry Gilliam, una escena (1985, m. 22) podría resumir nuestra indolencia actual: en un restaurante de lujo, mientras los presentes están disfrutando de sus platos, se produce una explosión seguida de llamaradas. Es sin duda un atentado terrorista. Se ve detrás de los comensales a los bomberos y al ejército en posición de defensa, armados. Mientras, los protagonistas siguen con su comida y con su conversación, indiferentes al ruido y a la furia. El camarero, para que puedan seguir disfrutando, coloca un biombo entre ellos y las ruinas. La despolitización actual, junto a un ascenso de "valores" de mercado basados en el puro egoísmo, nos podría llevar a representar esa distopía de la indiferencia ante el dolor propiciado por grupos terroristas y Estados aterradores.

Unida a nuestra capacidad natural para normalizar la muerte de las personas ajenas, algunos intelectuales utilizaron en el pasado el recurso de una teodicea laica. Dentro de un paradigma de pensamiento socialista, según el cual el *género humano* se colocaba por encima de los demás valores (patria, religión, tradición, mercado), la muerte solo podía ser justificada en el altar de la Historia: fue el largoplacismo que afectaba a cierta izquierda. No constituyó, por supuesto, la única manera de mirar hacia otro lado. La deshumanización de las políticas racistas hacia el diferente, y las del mercado hacia los desposeídos, funcionaron también como silenciador del arma colonial. Sumado a todo ello, el modelo neoliberal, cortoplacista, tiende a mercantilizar hasta las relaciones humanas, poniendo necesariamente un precio sobre nuestras cabezas. Y los que no entran dentro de nuestros cálculos de mercado aparecen desenfocados, borrados, deshumanizados, en suma.

El materialismo histórico del que hemos hablado creía ciegamente que solo las sociedades progresan por medio del conflicto y de la lucha dialéctica de contrarios. Algunos intelectuales, como Sartre, llevaron hasta el límite el *dictum* heracliteano de que la guerra es la madre de todas las cosas. Pasada esa tormenta intelectual, en la que la izquierda se ha parlamentizado, ha surgido una "dialéctica" irresoluble, si cabe más tenebrosa aún: la polarización social a diferentes niveles: nacional, étnica, religiosa, política, sexual, de género y hasta cultural. Y los nuevos *influencers* están atizando ese nuevo riesgo.

IX. REFERENCIAS

Abrain, G. (2024). Alvise, su primo chipiotra y la política de los bufones. *Retina.* https://retinatendencias.com/cultura-digital/alvise-su-primo-chipriota-y-la-politica-de-los-bufones/

Althusser et al. (2020). Lettre ouverte à la Comission de révision du code pénal pour la révision de certains textes régissant les rapports entre adultes et mineurs. *Archives François Dolto.* https://web.archive.org/web/20200125093636/http://www.dolto.fr/fd-code-penal-crp.html

Arendt, H. (2005). *Sobre la violencia.* Alianza.

Avilés, J. (2012). Terrorismo anarquista y terrorismo yihadí: un análisis comparativo. *Historia y política,* n° 27. 227-249.

Baudrillard, J. (6 de marzo de 2007). L'esprit du terrorisme. *Le Monde.* https://www.lemonde.fr/disparitions/article/2007/03/06/l-esprit-du-terrorisme-par-jean-baudrillard_879920_3382.html

Bassets, L. (21 de enero de 2024a). Ha muerto el intelectual francés, viva el intelectual francés. *El País.* https://elpais.com/cultura/2024-01-21/ha-muerto-el-intelectual-frances-viva-el-intelectual-frances.html

Bassets, L. (6 de julio de 2024b). Michel Houllebecq, escritor: *pueden pasar cosas desagradables en Francia. El País.* https://elpais.com/internacional/2024-07-06/michel-houellebecq-escritor-pueden-pasar-cosas-desagradables-en-francia.html

Bouvier, E. (Director). (2024). *Siria, el laboratorio ruso.* Arte TV. https://www.arte.tv/es/videos/108708-000-A/rusia-el-laboratorio-sirio/

Bueno, G. (1996). *El mito de la cultura.* Prensa Ibérica.

Camus, A. (1996). *El verano. Alianza Cien.*

Clastres, P. (2004). *Arqueología de la violencia.* Edhasa.

Cueto, J.C. (22 de julio de 2021). 10 años de los atentados en Utoya y Oslo: "Creo que nunca lo superaremos". *BBC News Mundo.* https://www.bbc.com/mundo/noticias-internacional-57916669

Díaz-Maroto, A. (2024). Una aproximación al terrorismo de extrema derecha en la actualidadetnicidad, nacionalismo, religión y redes sociales. *Guerra colonial.* Nº 15. https://guerracolonial.oa.urjc.es/index.php/gc/article/view/109

Deleuze, G. (1986). *Nietzsche y la filosofía.* Anagrama.

Derrida, J. (febrero de 2004). *Qu'est-ce que le terrorisme. Le monde diplomatique.* https://www.monde-diplomatique.fr/2004/02/DERRIDA/11005

Domínguez, C. (2002). El siglo de Sartre, de Bernard-Henry-Lévy. *Letras libres.* https://letraslibres.com/libros/el-siglo-de-sartre-de-bernard-henri-levy/

Ecologistas en Acción (25 de septiembre de 2023). *La Fiscalía General del Estado no volverá a incluir el término "ecologismo radical" en el apartado "Terrorismo".* https://www.ecologistasenaccion.org/300343/

Duque, F. (2008). Hegel: pensador de una era convulse, entre la revolución y la restauración. *Daimón.* Suplemento 2. 63-80.

Eribon, D. (1992). *Foucault.* Anagrama.

Galcerán, M. (17 de marzo de 2022). Los intelectuales de Putin: Alexander Dugin, lector de Heidegger. *El Salto.*

Gilliam, T. (Director). (1985). *Brazil.* Embassy International Pictures.

Girard, R. (11 de noviembre de 2015). René Girard: "Je serais curieux d'avoir votre âge…." *Contrepoints.* https://www.contrepoints.org/2015/11/11/228619-je-serais-curieux-davoir-votre-age-rene-girard

Habermas, J. (1986). *Historia y crítica de la opinión pública.* Gustavo Gili.

Habermas, J. (febrero de 2004). *Qu'est-ce que le terrorisme. Le monde diplomatique.* https://www.monde-diplomatique.fr/2004/02/HABERMAS/11007

Hegel, G (2010). *La fenomenología del espíritu.* Abada.

Hosseini, K. (3 de noviembre de 2023). Quién es Hassan Nasrallah, el clérigo que lidera el poderoso grupo islamista Hezbolá que amenaza a Israel desde Líbano. *BBC News.* https://www.bbc.com/mundo/articles/cg3emm00044o

Institute for Economics and Peaces (2024). *Global terrorism index 2024.* IEP.

Leibniz, G (1900). *Œuvres philosophiques de Leibniz. T. II.* Félix Alcan.

Lenin, V. I. (1981). *Obras completas.* Tomo 5. Progreso.

Marx, K. (1946). *El Capital.* Libro I. FCE.

Mattéi, J-F. (2012). Camus et Sartre: de l'apologie de la violence á l'apologie de l'amour, *Alternatives non-violentes.* nº 167. https://www.alternatives-non-violentes.org/Revue/Numeros/167_Albert_Camus_ou_le_refus_du_meurtre/Camus_Sartre_de_apologie_de_la_violence_a_apologie

Policinsky, E. (4 de marzo de 2020). *The power of words: the dangerous rhetoric of the "terrorist".* Humanitarian law and policy. https://blogs.icrc.org/law-and-policy/2020/03/04/power-words-dangerous-rhetoric-terrorist/

Raflik, J. (2016). Les expressions du terrorisme dans l'histoire contemporaine. *Cahiers franÇais,* 395. 2-7.

Sánchez, I. (2006). El terrorismo revolucionario. Mutación y selección política. *Revista de Estudios Políticos,* nº 132. 69-100.

Sartre, J-P. (1963). Prefacio. En Fanon, F. *Los condenados de la tierra.* FCE.

Siev, J. y Petty, R (2024). Ambivalent attitudes promote support for extreme political actions. *Sciences Advances,* Vol 10, nº 24. https://www.science.org/doi/10.1126/sciadv.adn2965

Stalin, J. (1977). *Sobre el materialismo dialéctico y el materialismo histórico.* https://archivo.juventudes.org/textos/Iosiv%20Stalin/Sobre%20el%20Materialismo%20Dialectico%20y%20el%20Materialismo%20Historico.pdf

Tamayo, E. (2019). Terrorista intelectual, violencia transnacional y anticomunismo en la Operación Cóndor. En Moreno, M. *Del siglo XIX al XXI. Tendencias y debates.* 1717-1727.Biblioteca virtual Miguel de Cervantes. https://rua.ua.es/dspace/bitstream/10045/96274/1/XIV-Congreso-Asociacion-Historia-Contemporanea_00-1717-1727.pdf

Todorov, T (2008). *La Peur des barbares.* Éditions Robert Laflont.

Todd, O. (1996). *Albert Camus. Une vie.* Gallimard.

Trotsky, L. (2020). *Terrorismo y comunismo.* Edicions Internacionals Sedov.

Varoufakis, J. (2024). *Tecnofeudalismo: el sigiloso sucesor del capitalismo.* Deusto.

Vicente, A. (6 julio de 2024). La ultraderecha literaria: los escritores e intelectuales franceses que dan oxígeno al Reagrupamiento Nacional. *El País.* https://elpais.com/internacional/2024-07-06/la-ultraderecha-literaria-los-escritores-e-intelectuales-franceses-que-dan-oxigeno-al-reagrupamiento-nacional.html

3.
GESTIÓN DE CONFLICTOS, CRISIS Y CATÁSTROFES EN EL ÁMBITO NACIONAL E INTERNACIONAL

La securitización *de las migraciones. México y Marruecos como paradigmas del control de fronteras con el Sur Global*

DRA. JULIETA ESPÍN OCAMPO
Profesora de Relaciones Internacionales
Universidad Complutense de Madrid
https://orcid.org/0000-0002-7799-6438

I. RESUMEN

El presente trabajo realiza un estudio comparativo sobre esta cuestión en dos regiones limítrofes entre el Norte desarrollado y el Sur Global. Para ello, en primer lugar se realiza un acercamiento teórico a la securitización, enmarcándola en la perspectiva constructivista de las Relaciones Internacionales. Se analizará cómo el fenómeno migratorio se ha securitizado en las últimas décadas para entonces abordar, por un lado, las políticas de Estados Unidos hacia México y por otro las emprendidas por la Unión Europea, en particular España, hacia Marruecos. La elección de México y Marruecos responde a que ambos países comparten características como países expulsores de migrantes, pero también como países de tránsito, con economías considerablemente dependientes de sus vecinos del norte y que, junto con ellos, comparten el reto de gestionar grandes flujos migratorios. Finalmente, se evalúa la posibilidad de abordar el tema migratorio desde una perspectiva diferente.

II. PALABRAS CLAVE

Marruecos, México, *securitización*, migración

III. INTRODUCCIÓN

La finalización de la Guerra Fría aceleró el proceso globalizador al romper la división bipolar que enfrentó al mundo e impulsó los procesos integradores, principalmente de tipo económico. Al mismo tiempo, fuerzas contrarias a estos procesos como el yihadismo, los movimientos nacionalistas, etc., se sumaron a nuevos retos que requerían esfuerzos globales para enfrentarlos, como el cambio climático, el combate al crimen organizado o la gestión de las migraciones. En las últimas décadas, los Estados desarrollados han apostado por estrategias securitizadoras para controlar las migraciones provenientes del Sur Global, transitando hacia la criminalización de los migrantes, pero sin resolver los factores nacionales y globales que generan el fenómeno migratorio.

Para abordar esta cuestión, este capítulo revisa los principales postulados de la teoría de la securitización para luego abordar dos ejemplos paradigmáticos de su aplicación en el control de las migraciones en las fronteras del Sur Global y el mundo desarrollado: por un lado, en las relaciones entre México y Estados Unidos, y por otro, entre Marruecos y España, y por extensión, la Unión Europea.

Para elaborar este trabajo se realizó una revisión del estado de la cuestión en fuentes académicas, prestando atención a la evolución histórica de las migraciones entre México y Estados Unidos y entre Marruecos y España y sus repercusiones políticas. Particularmente, se revisó la contribución de diversos autores al análisis de la política exterior estadounidense, española y europea respecto al fenómeno migratorio. Asimismo, desde una vertiente cualitativa, se consultaron fuentes académicas, oficiales y material bibliográfico menos especializado para evidenciar cómo las migraciones del Sur Global hacia el mundo desarrollado se han securitizado en las últimas décadas.

IV. DESARROLLO

La emergencia y proliferación de nuevos actores no estatales en un mundo que se adentraba en un nuevo orden, propició el cuestionamiento de las teorías clásicas -principalmente el liberalismo y el realismo político- que hasta entonces habían servido para explicar las dinámicas de la sociedad internacional.

El constructivismo, tal como lo desarrolla Alexander Wendt en su artículo *Anarchy is What States Make of It: The Social Construction of Power Politics* (1992), cuestionaba que los actores internacionales, principalmente los Estados, fueran meros títeres de los sistemas que habitaban, porque dichos actores crean y organizan dichos sistemas. Por tanto, dado que el -anárquico- entorno internacional no está objetivamente fijado ni es inamovible, los realistas se equivocaban al considerar que no hay alternativa a la sospecha mutua, el estatocentrismo o el dilema de seguridad; pero también los liberales se equivocaban al considerar el orden liberal la única salida a la anarquía internacional. Si la premisa del constructivismo es: "La anarquía es lo que los Estados hacen de ella" (es decir, cómo la interpretan), la forma en que los Estados definen su interés nacional dentro de esa anarquía no estaría dictada por el sistema internacional, sino que sería construida socialmente.

Derivado de lo anterior, los constructivistas se centrarían en dos cuestiones: la identidad y los acuerdos intersubjetivos. Respecto a la primera, los Estados definen sus intereses partiendo de la forma en que se ven a sí mismos, por lo que, para comprender sus intereses, se deben reconocer los atributos y valores que los Estados imaginan tener. La propia percepción incidirá en que se tenga de los demás Estados y actores internacionales, que puede ser más o menos armoniosa o antagónica. Con relación a los entendimientos intersubjetivos, los constructivistas se refieren a ideas sobre la realidad y el comportamiento internacional apropiado según el sistema de creencias y teorías aceptadas. Es decir, si los Estados aceptan las premisas liberales sobre diálogo y cooperación, el sistema internacional se encaminará en ese sentido; pero si los Estados aceptan la lógica realista sobre intereses en conflicto y rivalidad, actuarán en consecuencia, incrementando las situaciones de conflicto.

En consonancia con los planteamientos del constructivismo respecto al sistema internacional, la teoría de la *securitización* se basaría en una ampliación del concepto de seguridad, entendida hasta entonces casi exclusivamente en términos militares y de competencia exclusiva de los Estados, para incluir nuevas "amenazas" que proliferaron en un nuevo contexto internacional surgido al final de la Guerra Fría. Los nuevos desafíos incluían desde el yihadismo internacional y el crimen organizado, hasta la degradación del medio ambiente, el calentamiento global, el cambio climático y, por supuesto, los flujos migratorios. Para explicar este nuevo fenómeno, Barry Buzan y Ole Wæver (1997) desarrollaron esta teoría que plantea que los problemas de seguridad son construidos o creados a través de actos discursivos o *speech-acts.* Desde esta perspectiva, un asunto o fenómeno entendido habitualmente como una cuestión política ordinaria, a través de su securitización -entendido como un proceso intersubjetivo-pasa a ser considerado una amenaza para la seguridad nacional, y que por tanto, requiere un tratamiento extraordinario (Perelló, 2018; Verdes-Montenegro, 2015; Peoples y Vaughan-Williams, 2014).

El fenómeno de la securitización comienza cuando el "actor securitizador" -generalmente agentes del poder que puede incluir al gobierno, los medios de comunicación o parte de la élite- a través del acto discursivo, identifica un fenómeno como "amenaza". Como señala Verdes-Montenegro (2015, p. 116), a esta "amenaza" o problema de seguridad se le dota de carácter prioritario en la agenda política y en consecuencia, se considera admisible o justificado un tratamiento que puede incluir la vulneración de determinados procedimientos y garantías, asignando recursos económicos, políticos y jurídicos excepcionales para implementar medidas extraordinarias o de emergencia para atajar el problema. Es decir, estas medidas pueden incluir desde cambios legislativos y restricciones de libertades y derechos hasta operativos policiales y militares contra civiles -escuchas telefónicas o detenciones sin garantías, por ejemplo-. Para que el fenómeno securitizador se cumpla, es necesario que la "audiencia" reconozca el fenómeno señalado como una amenaza y apruebe las políticas emprendidas para afrontarlo (Verdes-Montenegro, 2015, p.117; Peoples y Vaughan-Williams, 2014, p. 95).

Cabe destacar que, si la securitización se construye socialmente y que tiene que ver con las percepciones en cada sociedad, entonces no todos los países securitizarán las mismas cuestiones o fenómenos o lo harán con la misma intensidad. Por ejemplo, en Europa se securitiza mucho más el tema del yihadismo que el narcotráfico, mientras en Estados Unidos este último también se considera de vital importancia.

4.1 Securitización y migración

Aunque la securitización de la cuestión migratoria se consolida a partir de los atentados de 11-S en Estados Unidos (Verdes-Montenegro, 2015; Perelló, 2018; Amado, Trillo y Paül, 2021), desde finales del siglo XX los países receptores comenzaron a endurecer sus políticas contra las migraciones. Por ejemplo, Perelló (2018, p. 290) señala que a mediados de los años ochenta, el Grupo de Trevi -Terrorismo, Radicalismo, Extremismo y Violencia Internacional-, creado la década anterior por la Comunidad Europea para contener a los grupos armados y coordinar la vigilancia policial comunitaria, comenzó a incluir en sus objetivos el freno de la inmigración, basada en el control de fronteras. Pocos años después, en 1994, Estados Unidos lanzó la Operación *Gatekeeper* con la que se fortaleció el muro que separaba los pasos fronterizos entre San Diego y Tijuana, así como el de El

Paso y Ciudad Juárez, utilizando alta tecnología para cortar los flujos de indocumentados mexicanos y centroamericanos por las rutas que finalizan en esas ciudades.

La consolidación de la securitización de la cuestión migratoria en Estados Unidos y Europa vino de la mano de la llamada Guerra Contra el Terror a partir de 2001, afectando, sobre todo, a los flujos migratorios provenientes del llamado Sur Global y que tienen como destino el mundo desarrollado. Como se ha indicado anteriormente, la securitización comienza con el *speech-act*, es decir, a través de la elección de un lenguaje que clasifica a los migrantes como un peligro o amenaza para el país receptor o como un flujo incontrolado que no es asumible para los países receptores. Para que este discurso funcione, el acto discursivo debe difundir tanto miedo hacia las culturas que difieren a la del Estado receptor, como generar confianza en las culturas cercanas al mismo Estado con el objetivo de que la población respalde las políticas que implementen los Estados para frenar o acabar con dicha inmigración. En este sentido, los migrantes pueden ser presentados como una amenaza a la identidad nacional, es decir, que hacen peligrar la forma de vida, la lengua, las tradiciones, etc. de la sociedad de acogida, y no necesariamente como amenazas directas a las instituciones estatales o a la estabilidad política (Peoples y Vaughan-Williams, 2014), aunque es común que los actores securitizadores presenten la inmigración como amenazas a la economía de la sociedad receptora, y en los casos específicos de esta investigación, vincularla con el narcotráfico en la frontera México-Estados Unidos, o con el yihadismo en el caso España-Marruecos.

En este sentido, resulta pertinente mencionar el estudio de Amado, Trillo y Paül (2021), respecto al tratamiento de la migración en los contextos fronterizos de México-Estados Unidos y las ciudades autónomas españolas de Ceuta y Melilla que hacen frontera con Marruecos en tres periódicos españoles (El País, El Mundo y La Vanguardia) entre 2015 y 2020. Sus resultados apuntan a tres estrategias discursivas en el tratamiento del fenómeno en ambos casos: la generalización del migrante que anula la diversidad inherente a este colectivo; la vinculación del migrante con la criminalidad y la creación de una percepción de alarmismo utilizando términos como "oleadas", avalanchas", "inmigración masiva" o "presión migratoria".

Una vez lanzado el mensaje, el siguiente paso consiste en que la población asuma el discurso lanzado por el actor securitizador sobre la migración, percibiéndolo, por ejemplo, como generadora de violencia e inseguridad, que obliga a aumentar el gasto público, por lo que se preocupa y percibe al "otro", es decir, al migrante, con temor. El miedo permitirá concluir la política securitizadora del gobierno. La última fase será entonces cuando el actor securitizador implemente medidas extraordinarias contra los migrantes apoyadas por la población del Estado receptor, por ejemplo, militarizando las fronteras, creando muros o estableciendo concertinas en las mismas, estableciendo centros de detención sin las mínimas garantías de ley, o declarando el estado de excepción. El despliegue de estas medidas controvertidas y excepcionales sirve para aplacar la inquietud que los propios poderes públicos alientan con su discurso del miedo, aunque su eficacia sea cuestionable (Perelló, 2018, p.296). Un ejemplo de ello fue la llamada crisis de refugiados en el Mediterráneo de 2015, cuando aproximadamente un millón de refugiados e inmigrantes llegaron a las costas europeas y unas 3.550 personas perdieron la vida, ahogadas, debido a la falta de ayuda, aunque la mayoría de ellos, un 75%, huía de los conflictos en Siria, Afganistán e Irak (ACNUR, 2015). El discurso securitizador describía a estos refugiados como incapaces de adaptarse debido a su religión -mayoritariamente musulmanes- o incluso que entre ellos se colaban yihadistas, terroristas o delincuentes sexuales.

Pocos años después, en 2021, Estonia, Lituania y Polonia establecieron el estado de excepción para expulsar a los migrantes y refugiados de sus territorios y que, tal como denuncia Amnistía Internacional (2021 y 2022) ha supuesto violaciones a los derechos humanos como detenciones secretas o torturas, abusos, devoluciones sumarias o violentas, el endurecimiento en la tramitación de solicitudes de asilo, alegando la instrumentalización de las migraciones por parte de la vecina Bielorrusia. A su vez, a la otra orilla del Atlántico, el presidente Trump, ya desde su campaña y durante su mandato mantuvo un discurso antinmigración, vinculando al inmigrante con la seguridad nacional, proponiendo diversas medidas, desde la construcción de un muro más alto y seguro a lo largo de la frontera con México y militarizar la frontera con el objeto de detener tanto la inmigración ilegal de mexicanos y centroamericanos como del tráfico de drogas (Washington Post, 2019); prohibir temporalmente la entrada de extranjeros provenientes de ciertos países musulmanes o incluso echar a refugiados sirios ya establecidos en territorio estadounidense (Basset, 2017).

4.2 Securitización de la migración del Sur Global: México y Marruecos

El discurso securitizador se ha afianzado en los últimos años a ambos lados del Atlántico, especialmente respecto a la migración proveniente del Sur Global. En este sentido, países de tránsito, especialmente aquellos fronterizos entre dicho Sur Global y el mundo más rico, tales como Turquía, México o Marruecos han asumido el papel de guardianes de fronteras de Estados Unidos y Europa. Como indica Morales-Cardiel (2016, pp. 352-353), estos países siguen las directrices del mundo rico, que ha optado por endurecer sus políticas migratorias en detrimento de los derechos humanos de los migrantes. México y Marruecos han sido tradicionalmente países expulsores de migrantes, pero con creciente preponderancia como países de tránsito debido a su posición geoestratégica como fronteras entre el Norte y el Sur Global.

Ambos países mantienen relaciones asimétricas con sus respectivos vecinos del Norte en términos económicos y de poder. En el ámbito económico, las diferencias son en algunos casos, abismales[1]; no obstante, en ambos casos, existen acuerdos comerciales desde hace décadas: por un lado, el Tratado de Libre Comercio de América del Norte (TLCAN) entre México, Estados Unidos y Canadá que entró en vigor en 1994 y que se transformaría en el llamado Tratado entre México, Estados Unidos y Canadá (T-MEC) a partir de 2018; por el otro, el Acuerdo Euromediterráneo de Asociación entre la UE y Marruecos de 2000.

Respecto al intercambio comercial, la asimetría ahonda la dependencia económica del Sur respecto al Norte. Según datos del Banco Mundial correspondientes al periodo 2017-2021, Estados Unidos es, con abrumadora diferencia, el principal socio de México, mientras que para Estados Unidos, México es su segundo socio comercial. En el caso de Marruecos, España es su principal socio comercial, seguido por Francia. Finalmente, aunque el porcentaje de las exportaciones españolas que van a Marruecos puede parecer relativamente bajo, Marruecos es el principal socio comercial de España en África (World Bank, s.f.)[2].

---

1 En 2022, el PIB de Marruecos fue de 130,91 mil millones de dólares -3.442 dólares per cápita- y un desempleo oficial del 9,8 %, frente a 1,42 billones de dólares (29.674 dólares per cápita) y un desempleo estimado del 12,1% de España. Por su parte, en el mismo periodo el PIB de México fue de 1,47 billones de dólares -11.496 dólares per cápita- y un desempleo oficial del 2,8% frente a los 25,44 billones de dólares de PIB -76.329 dólares per cápita- y un desempleo del 3,6% en Estados Unidos (Banco Mundial, s.f.).

2 Estados Unidos es el destino del 78% de las exportaciones mexicanas, mientras el 43% de las importaciones que realiza México provienen de ese país. Por su parte, México es el destino del 15,77% de las exportaciones y el 13% de las importaciones estadounidenses. En el caso de Marruecos y España, alrededor del 21,5% de las exportaciones marroquíes tienen como destino España, mientras el 15,7% del total de las importaciones marroquíes provienen de España. Aunque el porcentaje de las exportaciones españolas a Marruecos es de alrededor del 3%, en comparación, sólo alrededor del 4,47% de las exportaciones españolas se destinan a toda América Latina y el Caribe (World Bank, s.f.).

En 2022, se registraban 10,6 millones de mexicanos residiendo en Estados Unidos, aproximadamente un 22% de la población total de inmigrantes del país. Si se suma a los ciudadanos estadounidenses de origen mexicano, la población total -nativos e inmigrantes- supone unos 37,4 millones de personas, poco más del 11% de la población estadounidense (Cervantes y Jiménez, 2023).

Con alrededor de tres mil kilómetros de frontera común, la migración de mexicanos a Estados Unidos desde la segunda guerra mundial fue relativamente estable y ordenada, organizada a través del Programa Bracero (1942) y el Convenio Laboral Migrante de 1951 que duraría hasta mediados de los sesenta. A partir de la década de 1980, la migración se dispararía alentada por la necesidad estadounidense de mano de obra barata y las recurrentes crisis económicas en México. A partir de entonces, Estados Unidos comenzó a endurecer sus políticas migratorias, presionando a su país vecino a ejercer un mayor control de la movilidad tanto de sus nacionales como de los migrantes de terceros países -sobre todo centroamericanos- que atravesaban el territorio mexicano. En consecuencia, en 1993 México puso en marcha de la Operación Sellamiento y la creación del Instituto Nacional de Migración (INM) para controlar el flujo de indocumentados centroamericanos, a la vez que Estados Unidos, al año siguiente, lanzaba la Operación Guardián (*operation gatekeeper*) que supuso la militarización y la construcción de un muro fronterizo entre los estados de California y Baja California al tiempo que se invertía en equipos de vigilancia de alta tecnología. Además, el número de agentes de las patrullas fronterizas pasó de 2.900 en 1980 a 4.000 en 1994, para alcanzar los 9.000 agentes en el año 2000 (Shirk, 2012, p.138). Como consecuencia, los migrantes comenzaron a abrir nuevas rutas, más peligrosas, para alcanzar los Estados Unidos y a arriesgarse al ponerse en manos de traficantes de personas (Morales-Cardiel, 2016, pp. 355-356).

Al inicio del presente siglo, se intentó abordar el tema migratorio en la agenda política de ambos países que incluyera la regularización de indocumentados mexicanos en Estados

Unidos, un programa de trabajadores temporales, fortalecer la seguridad fronteriza y luchas contra el tráfico de personas, o impulsar programas de desarrollo regional, pero los atentados terroristas del 11-S provocaron la imposición de la visión securitizadora de las migraciones (la patrulla fronteriza alcanzó los 20.000 agentes) y no hubo avances significativos al respecto.

En el caso de migrantes marroquíes, el Instituto Nacional de Estadística registraba 883.243 residiendo en España en el año 2022, siendo la comunidad más grande de extranjeros, seguida por rumanos, colombianos y británicos. Desde su independencia en 1956, el gobierno marroquí impulsó la emigración de sus nacionales en determinadas regiones tanto por razones económicas como políticas -especialmente en las regiones de mayor inestabilidad para el régimen- con destino especialmente en Francia, Holanda, Italia, Alemania, y en menor medida, España (Morales-Cardel, 2016, p. 360). A partir de 1974, con el despegue económico de algunas regiones españolas que coincidió con el cierre de fronteras a la inmigración laboral de algunos países europeos tras la crisis económica de 1973 (López, 2004, p.213), el número de trabajadores inmigrantes comenzó a crecer, especialmente en el sector agrícola. Desde 1998, la población marroquí en España se ha multiplicado casi por nueve, pasando de casi cien mil a finales del siglo pasado a casi 900 mil.

No obstante, la tasa de migración neta en ambos países del Sur Global, es decir, la diferencia entre el número de personas que ingresan y salen de un país anualmente por cada 1.000 personas, ha disminuido en las primeras dos décadas del siglo XXI. Así pues, Marruecos pasa de una tasa de 4,24 de migrantes por cada mil habitantes a 1,80 en el 2020. México, aunque tendría algunos repuntes, pasa del 5,19 migrantes por cada 1000 habitantes a 1,88 en 2020 (Index Mundi, s.f.) Pero si la migración de ciudadanos mexicanos a Estados Unidos y de ciudadanos marroquíes a España -y resto de Europa- ha disminuido, en los últimos años ambos países han visto crecer substancialmente el número de ciudadanos de terceros países que cruzan sus territorios nacionales para alcanzar el Norte desarrollado.

4.3. De países expulsores a países de tránsito

El flujo de migrantes procedentes de terceros países que transitan por territorio mexicano ha crecido exponencialmente en los últimos años, sobre todo, los procedentes del llamado Triángulo del Norte centroamericano: Guatemala, Honduras y El Salvador. En estos países, los principales factores socioeconómicos de expulsión son la pobreza, la violencia y la inseguridad, lo que explica que además de involucrar a varones en edad de trabajar, cada vez sean más familias enteras, menores y no acompañados quienes decidan emigrar (Espín, 2021, p.160). Diferentes fuentes dan cuenta del aumento de este flujo. Entre 2008 y 2011 se calcula que unos 135 mil migrantes indocumentados atravesaron anualmente México, pero conforme las condiciones de vida en sus países de origen, el número de migrantes creció hasta alcanzar los 395 mil en 2014 (Colegio de la Frontera Norte, 2019, p. 33). El flujo disminuyó en los años siguientes a unas 200 mil personas (Ximénez de Sandoval, 2018). Tras el parón de 2020 debido al COVID-19, el INM registró 309.692 individuos en situación migratoria irregular en 2021 y 444.439 en 2022 (Organización Mundial de las Migraciones, 2023).

La Organización Mundial de las Migraciones (OIM) incide en un cambio de las dinámicas migratorias en este país, dado el incremento sin precedentes de migrantes procedentes de Venezuela, Cuba, Nicaragua, Colombia, Ecuador, Haití, o incluso desde países de África, Asia, y Europa, incluyendo Rusia y Ucrania. La estrategia que el gobierno emplea pasa por la expulsión de la mayoría de los migrantes irregulares detenidos no sólo en su frontera norte con Estados Unidos, sino también en el cruce entre México y Guatemala y en la llamada "frontera vertical", es decir, los múltiples puntos de control apostados a lo largo de las diferentes rutas migratorias que discurren por el territorio (Torre y Mariscal, 2020). El maltrato y la violación de sus derechos humanos por parte de agentes públicos y mafias ha sido una constante en el tránsito de estos migrantes por territorio mexicano, que ha sido denunciado insistentemente por los gobiernos de los países expulsores, la Comisión Nacional de Derechos Humanos de México, múltiples ONG nacionales e internacionales y organismos internacionales dentro del sistema de Naciones Unidas. Sus demandas han tenido poco impacto en el gobierno mexicano, y la propia OIM, califica al territorio mexicano como una de las rutas migratorias más peligrosas del mundo (Laczko, Singleton, y Black, 2017).

En el caso de Marruecos, la migración subsahariana es un factor relevante en este cambio de paradigma. Las migraciones de africanos a Europa se han realizado durante décadas a través de tres vías principales que atraviesan el desierto del Sahara: la ruta desde el Cuerno de África hasta Libia por el este; la ruta desde África occidental hasta Libia por el centro, y la ruta desde el África Occidental hasta Marruecos (Cebrián y Charef, 2012, p.76). Desde ahí, las Islas Canarias, la zona del Estrecho y los enclaves españoles de Ceuta y Melilla se convierten en el último tramo de su camino al viejo continente. Desde mediados de la década de 1990, Marruecos ha vivido el incremento en el flujo de migrantes subsaharianos, aunque en una escala menor que la de centroamericanos que transitaban por México (de Hass y Vezzoli, 2013, p.1053).

Aunque hay evidencias de que la presión migratoria a través del territorio marroquí iba en aumento desde el inicio de este siglo, como el asalto a las cercas de Ceuta y Melilla en 2005, o la llegada masiva de embarcaciones de inmigrantes "sin papeles" a las Islas Canarias en 2006-2007 (Cebrián y Charef, 2012, p.73), ésta se dispara a partir de la llamada crisis migratoria de 2015, que provocó el cierre de las fronteras italianas. La inestabilidad política en el norte de África, especialmente debido a la crisis libia, ha llevado a muchos migrantes a transitar hacia Europa a través de Marruecos. Ahí, las mafias pueden cobrar hasta tres mil euros para cruzar el estrecho de Gibraltar y llevarlos a España o ayudarles a moverse dentro de las ciudades españolas. Según estimaciones de la OIM (s.f.), en 2020 había alrededor de 103 mil migrantes internacionales en suelo marroquí, incluyendo migrantes regulares e irregulares, refugiados y solicitantes de asilo.

La respuesta del Norte Global, es decir, Estados Unidos y la Unión Europea, en particular España, al reto del incremento de la inmigración irregular, ha sido imponer directrices sobre medidas de vigilancia y control de personas a sus vecinos del sur. Estos países colaboran en el control fronterizo y en la gestión de la migración con el objetivo de evitar que los ciudadanos subsaharianos y centroamericanos lleguen a las fronteras europeas y estadounidenses. Pero esta externalización del control de fronteras, es decir, el traslado de la gestión de las políticas migratorias y de asilo hacia terceros estados, no ha dado los resultados esperados y ha levantado suspicacias y quejas por parte de organizaciones pro-derechos humanos debido a los abusos y violaciones a los derechos de los migrantes irregulares por parte de autoridades y grupos delictivos en Marruecos y México. En ambos casos, los esfuerzos y recursos se emplean mayoritariamente bajo la lógica de la seguridad nacional y el discurso securitario -vallas más altas, tecnologías de vigilancia, incremento en el número de agentes, etc.- y mucho menos en combatir las causas de la emigración, como conflictos regionales o nacionales, pobreza, cambio climático, desastres naturales, etc.

Tal como se ha indicado con anterioridad, las relaciones entre México y Estados Unidos respecto a su frontera común han sido abordadas desde hace décadas desde una perspectiva de seguridad nacional, en ocasiones reforzado con el discurso securitizador, que se ha exacerbado en los últimos años. Por ejemplo, a principios de 1995 una crisis económica sin precedentes en México movilizó al gobierno de Bill Clinton para buscar "rescatar" al gobierno mexicano con una línea de crédito de 20 mil millones de dólares, tras la estrepitosa devaluación del peso y la consecuente pérdida de reservas que impedirían a México hacer frente a sus obligaciones financieras internacionales. Sus argumentos para convencer al Congreso y público estadounidense se basaban en la seguridad nacional. Como el propio Clinton confesara en sus memorias, no apoyar al gobierno del país vecino habría supuesto un incremento del 30 por ciento en el flujo de la inmigración mexicana indocumentada, es decir, medio millón de personas más cada año (Redacción Proceso, 2004). Como se ha indicado, los atentados del 11-S reforzarían la securitización del tema migratorio. En 2006, se despliega la Guardia Nacional estadounidense para apoyar la labor de la ya agrandada Patrulla Fronteriza en el control migratorio, militarizando así la frontera entre ambos países.

Conforme se elevaba el número de centroamericanos que emprendían la ruta mexicana para alcanzar los Estados Unidos, Washington incrementó sus presiones al gobierno de México. En 2017, se celebró la llamada Conferencia para la Prosperidad y Seguridad en Centroamérica, con Guatemala, El Salvador y Honduras y auspiciada por Estados Unidos y México. En ella la emigración se entendía como como un problema de seguridad nacional para la potencia americana, aunque se reconocían como los factores claros de expulsión a la pobreza, al narcotráfico y al crimen organizado internacional. Por tanto, se debía promover el desarrollo económico, la inversión extranjera, el comercio e integración económica, etc., en estos países centroamericanos, pero enfatizando también la seguridad a través de la cooperación militar, liderada por EEUU (Clouser, 2018).

En ese mismo año, Donald Trump, ya en campaña, utilizaría a la migración y la seguridad de su frontera sur como temas centrales de su discurso y proyecto político. La aparición de las llamadas caravanas de migrantes en octubre de 2018, reforzó la visión securitizadora del gobierno estadounidense y la administración Trump aprovechó la renegociación del Tratado de Libre Comercio entre EEUU, Canadá y México para vincularla o supeditarla al control del flujo de migrantes por parte de México, ya no en la frontera común, sino incluso en la frontera entre México y Guatemala. De hecho, el gobierno mexicano desplegó a la Guardia Nacional, una policía militarizada de reciente creación para combatir el narcotráfico, en dicha frontera para evitar la formación de nuevas caravanas (Espín, 2021, pp. 170-171). Aunque el acuerdo de libre comercio terminaría por renovarse,

Trump amenazaría en repetidas ocasiones elevar los aranceles a los productos mexicanos si su vecino del sur no cooperaba para disminuir la entrada de centroamericanos a Estados Unidos.

Finalmente, a finales de 2018 -y en consonancia con el acuerdo de 2017-, los gobiernos de ambos países anunciaban un nuevo acuerdo para afrontar el reto migratorio. Para combatir los factores de expulsión, Washington prometía 5.800 millones de dólares para planes de desarrollo en Centroamérica, a la vez que aumentaba la inversión pública y privada en México vía el Programa de Corporación de Inversión Privada en el extranjero por un monto de 4.800 millones de dólares (González, 2018). Un mes después, Estados Unidos anunciaba su Protocolo de Protección al Migrante (PPM), mejor conocido como programa "Permanecer en México (*Remain in Mexico*), por el que aquellos ciudadanos de terceros países que solicitaran el asilo en Estados Unidos a través de la frontera con México serían devueltos a territorio mexicano hasta que su petición de asilo fuera resuelta -proceso que puede tomar semanas o meses-.

Este programa, que requería la cooperación del gobierno mexicano para su implementación, fue ampliamente criticado por defensores de derechos humanos. Aunque el gobierno mexicano ofrecería miles de visados humanitarios entre estos migrantes, organizaciones como Human Rights Watch (2020) denunciaban un saldo negativo entre los migrantes, que se hacinaban desamparados en el lado mexicano a la -larga- espera de la resolución de sus casos, dado que había agravado las violaciones a sus derechos humanos y su vulnerabilidad ante las mafias y cárteles que los explotaban y secuestraban. En agosto de 2022, Washington anunció que no inscribiría a nuevas personas en el PPM, a la vez que las personas ya inscritas serían desafiliadas (OIM, 2023). Otra estrategia de la política migratoria iniciada por Trump como consecuencia de la pandemia de Covid-19 y que ha sido respaldada por la administración Biden conocida como "Título 42", restringe el derecho internacional a solicitar asilo en la frontera entre ambas naciones y cuya consecuencia es la expulsión en tres años de 2,8 millones de migrantes que son devueltos al sur de la frontera (Morales-Cardiel, 2023).

Marruecos coopera con España en el control de la migración, especialmente de terceros países, desde finales del siglo XX. En 1992 se establece un Acuerdo de Readmisión de extranjeros entre ambos países que era sólo aplicable a individuos provenientes de terceros países. Al año siguiente, España reforzará sus enclaves en territorio africano levantando enormes vallas en las ciudades autónomas de Ceuta y Melilla. En los años siguientes España implementará el Sistema Integrado de Vigilancia Exterior (SIVE). Sistema de radar para la detección de movimientos, identificación e interceptación de embarcaciones que se dirigen hacia las costas españolas. Pese a ello, el número de cruces se incrementa, especialmente en 2005, lo que genera mayor militarización y control, aumento en el número de devoluciones -entre ellas, las devoluciones "en caliente" que son consideradas violaciones al derecho europeo e internacional- y que muchos migrantes opten por la ruta canaria para llegar a Europa. Al año siguiente se producen más de 40.000 llegadas por mar, conocida como la Crisis de los Cayucos. La respuesta española será extender el SIVE y las operaciones del Frontex, -la Agencia europea de control de fronteras que coordina los cuerpos policiales de los países miembros de la UE y coopera con los países de tránsito como Marruecos- a aguas canarias.

Prácticamente desde la creación del Frontex en 2004, Marruecos ha cooperado con España en el control de fronteras gracias también al Memorando de Entendimiento para el Patrullaje Marítimo Conjunto, entre la Guardia Civil española y la Gendarmería Real marroquí firmado ese mismo año. Posteriores acuerdos y reuniones ministeriales de alto nivel han reforzado la cooperación en el control restrictivo de fronteras, como el Acuerdo en materia de Cooperación Policial Transfronteriza de 2012. En estas últimas décadas, España y Europa responden a los episodios de asaltos a la valla o llegada masiva de embarcaciones– en ocasiones gracias a la connivencia de las fuerzas de seguridad marroquíes- otorgando mayores recursos monetarios y técnicos a Marruecos, sin importar demasiado las violaciones a los derechos de los subsaharianos por parte de las fuerzas policiacas y de seguridad marroquíes, ampliamente documentadas.

Desde 2015, diversas ONGs marroquíes e internacionales denunciaban el cambio en la política migratoria marroquí de país de tránsito a zona de "bloqueo" que, con el objeto de impedir la llegada de ciudadanos de terceros países al sur de Europa, realizaba detenciones arbitrarias y colectivas. Todo ello a cambio de los fondos europeos derivados de la externalización de fronteras (Santiago de, 2015). Así pues, el paquete europeo de ayuda a Marruecos para la gestión migratoria que pasó de 346 millones (2014-2020) a 500 millones (2021-2027), es decir, un incremento del 50% En particular, prevé un apoyo en la gestión de fronteras, la cooperación policial reforzada (incluidas las investigaciones conjuntas), concienciación sobre los peligros de la migración irregular (*La UE aumenta los fondos de gestión migratoria en Marruecos con 500 millones,* 2022).

La Comisión Española de Ayuda al Refugiado (2020) recalca la falta de referencias expresas al respecto de los derechos humanos de las personas readmitidas en Marruecos, sobre todo porque este país no garantiza el principio de no devolución consagrado en la Convención de Ginebra de 1951 y que establece que una persona refugiada no debe ser expulsada o devuelta a un país donde se enfrenta a graves amenazas a su vida o su libertad. En la misma tónica, el Pacto Europeo para la Migración y el Asilo, modificado en 2016 como respuesta a la crisis migratoria del mediterráneo ha sido criticado por la visión securitaria que ofrece de las migraciones, proponiendo mayores controles y restricciones a quienes pretenden llegar al viejo continente desde terceros países fuera de la UE.

4.4 ¿De países de tránsito a países receptores?

Como se observa en ambos casos de frontera entre el Norte y el Sur Global, los países de tránsito constituyen un desafío importante de la movilidad y de las políticas migratorias, porque el "tránsito" del migrante, en estos casos centroamericano y subsahariano, que debía ser temporal y limitado, se convierte en muchas ocasiones en largo y semipermanente a consecuencia de las políticas restrictivas de los países de destino (Morales-Cardiel, 2016, p. 353). De hecho, ante la imposibilidad de cruzar esa última frontera que se vuelve impermeable, algunos deciden quedarse, generando un nuevo fenómeno migratorio en los que ahora eran considerados países expulsores y de tránsito. México y Marruecos se vuelven en países de destino, pese a carecer de la seguridad física, jurídica y económica que brindan los países desarrollados a sus residentes.

México también se está convirtiendo cada vez más en un país de destino de personas migrantes internacionales. Entre 2000 y 2020, la población inmigrante aumentó en un 123% (OIM, 2023). Pero es sobre todo el número de refugiados el que se ha disparado: en 2013 solo hubo 1.296 solicitantes, que se multiplicó en 2018 con las primeras caravanas de migrantes y llegó a 29.700 solicitantes. Ante el práctico cierre de fronteras y las nuevas políticas restrictivas, a partir de 2019 se dispararon a 70 mil solicitudes. En 2021, México ocupaba ya el tercer país con más solicitudes de asilo, después de Estados Unidos y Alemania, con 130 mil peticiones de 110 países de origen (*En aumento, el número de solicitudes de refugio en México,* 12 marzo 2023). En 2023, el número se incrementó a más de 140,000 personas (Organización para las Naciones Unidas, 2024).

Del otro lado del Atlántico, muchos migrantes subsaharianos, sea por desconocimiento, ausencia de información, o ante la imposibilidad de dar marcha atrás, se encuentran bloqueados durante meses e incluso años en Marruecos. En 2014, a la vez que el país incrementaba su colaboración en la externalización del control fronterizo europeo, comenzó un proceso de regularización de inmigrantes indocumentados, el primero de este tipo en un país africano (Casquero, 2014). Entre 2014 y 2017, unas 50.000 personas, sobre todo subsaharianas y sirias pudieron acogerse a este proceso y consiguieron permisos de residencia (Migration for

Development, s.f.). Al igual que en México, el número de refugiados y solicitantes de asilo se ha incrementado en los últimos años.

En 2020 aumentó un 30% respecto al año anterior con más de 13.500 solicitudes, de las cuales, el 55% se correspondían a ciudadanos sirios y el 25% de subsaharianos (ACNUR, 2021). Para abril de 2022, el número de refugiados y solicitantes de asilo en el reino alauita era de 19.000 (Voluntarios ONU, 2022). Cabe destacar que en 2016, el país introdujo nuevos cambios que permiten a los refugiados establecer sus propias cooperativas y conseguir medios de vida sostenibles, lo que les permitía paliar condiciones laborales precarias y la falta de contratos, que afectaba en 2021 a más de la mitad de los asalariados (Oficina Económica y Comercial de España en Rabat, 2022).

V. CONCLUSIONES

En un mundo globalizado que promueve la libre circulación de bienes, pero no de personas, la gestión internacional de las migraciones sigue siendo una asignatura pendiente. El Norte Global se repliega en sí mismo aplicando un enfoque securitizador del fenómeno migratorio que no termina por disuadir a quienes escapan de la violencia o la pobreza desde el Sur Global, pero que endurece las de por sí condiciones de vulnerabilidad que padecen en su tránsito al obviar la protección de los derechos humanos de la persona migrante, enfatizando una política mayoritariamente basada en la seguridad nacional. El migrante es, primordialmente, una amenaza más.

Las consecuencias del endurecimiento de las políticas migratorias y la externalización del control de fronteras a países como Marruecos y México están afectando sus paradigmas migratorios. Aunque su propia migración había disminuido en el presente siglo, su papel como países de tránsito comenzó a incrementarse a la vez que sus vecinos del norte ejercían mayor presión para impedir la llegada de ciudadanos de terceros países a su frontera común. En pocos años, ambos países están sufriendo una nueva y rápida transformación de su patrón migratorio. Ante la imposibilidad de alcanzar el mundo rico, muchos migrantes -laborales, refugiados y solicitantes de asilo- terminan por resignarse y asentarse de manera legal en el lado pobre de la frontera. Las repercusiones a mediano y largo plazo de este nuevo fenómeno están por estudiarse, pero dadas las condiciones de pobreza, falta de recursos y garantías legales que padecen tanto Marruecos como México, las expectativas no parecen halagüeñas.

Si las migraciones constituyen un reto global, las soluciones deben contar con la participación de todos los implicados. La gestión debe armonizar el ejercicio de la soberanía nacional en el control de fronteras con la efectiva protección de los derechos humanos de los migrantes. Sin salidas simples, se debe buscar alternativas al enfoque securitario. Un primer paso puede ser mirar hacia la frontera oriental del viejo continente: En los dos primeros años de la guerra en Ucrania, Europa acogió a casi siete millones de refugiados, sin percibirlos como posible amenaza y brindándoles protección de acuerdo a los principios de la Unión Europea y los Derechos Humanos.

VI. REFERENCIAS

Agencia de la ONU para los Refugiados (2021). *Marruecos: país de tránsito y de destino de refugiados* https://bit.ly/3VGOV8P

Agencia de la ONU para los Refugiados (8 dic 2015). *2015: El año de la crisis de refugiados en Europa.* Recuperado el 14 de junio 2024 de https://www.acnur.org/noticias/stories/2015-el-ano-de-la-crisis-de-refugiados-en-europa

Amado, A., Trillo, J.M. y Paül, V. (2021), El tratamiento de la migración en los contextos fronterizos de Estados Unidos-México y Ceuta y Melilla por la prensa española. *Treballs de la Societat Catalana de Geografía,* 91-92, 9-32 DOI:10.2436/20.3002.01.209

Amnistía Internacional (29 septiembre 2021). *Poland / Belarus Border: A Protection Crisis.* Research. https://bit.ly/4cF6oFs

Amnistía Internacional (12 octubre 2022). *Letonia: Personas refugiadas y migrantes, sometidas a detención arbitraria y tortura y obligadas a retornar "voluntariamente" a sus países.* https://bit.ly/3VZJ4gj

Banco Mundial (s.f.). *Grupo Banco Mundial Datos.* Recuperado el 24 de junio 2024 de https://datos.bancomundial.org/

Banco Mundial (s.f.) *World Bank World Integrated Trade Solution* Recuperado el 24 de junio de 2024 de https://wits.worldbank.org/Default.aspx

Basset, M. (27 abril, 2017). Trump veta la entrada de refugiados e inmigrantes de varios países musulmanes. *El País,* https://elpais.com/internacional/2017/01/27/estados_unidos/1485551816_434347.html#

Buzan, B., Waever, O., & Wilde, J. (1997). *Security: A New Framework for Analysis.* Lynne Rienner Publishers

Casquero, J. (26 de febrero de 2014). Marruecos estrena regularización de inmigrantes y tensa el estrecho. *El País,* 5.

Cebrián, J. y Charef, M. (2012). La inmigración irregular española procedente de Marruecos. *Borders/Fronteras 2.* 73-97 Instituto Trans-Fronterizo (San Diego) y Fundación Ciudadanía y Valores. https://catcher.sandiego.edu/items/peacestudies/2%20Fronteras%20Report.pdf

Cervantes, J. y Jiménez, D. (2023). Debilidad del flujo migratorio mexicano hacia Estados Unidos. *Foro de Remesas de América Latina y el Caribe del CEMLA.* https://www.cemla.org/foroderemesas/notas/2023-10-notas-de-remesas.pdf

Clouser, R. (2018). "Security, Development, and Fear in Guatemala: Enduring Ties and Lasting Consequences", *Geographical Review,* 109(1), 382-398. https://doi.org/10.1111/gere.12331

Colegio de la Frontera Norte (2019). *La caravana de migrantes centroamericanos en Tijuana 2018-2019 (Segunda etapa),* https://bit.ly/3W3uzs1

Comisión Española de Ayuda al Refugiado (2021). *Externalización de Fronteras España-Marruecos.* Recuperado el 16 junio 2024 de https://bit.ly/3xxLCsL

Comisión Española de Ayuda al Refugiado (2020). *¿En qué consiste la externalización de fronteras?* Recuperado el 16 junio 2024 de https://www.cear.es/externalizacion-de-fronteras/

En aumento, el número de solicitudes de refugio en México (12 marzo, 2023). *Boletín UNAM-DGCS-178* https://bit.ly/4eAKo0x

Espín, J. (2021). Las caravanas de migrantes en las relaciones entre México y Estados Unidos. Revista *UNISCI / UNISCI Journal,* 55, 159-180, http://dx.doi.org/10.31439/UNISCI-110

González, D. (19 dic 2018). "Estados Unidos y México anuncian acuerdo millonario para intentar frenar la migración ilegal", *France 24,* https://www.france24.com/es/20181219-estados-unidos-mexico-acuerdo-migracion

Haas, H., & Vezzoli, S. (2013). Migration and Development on the South–North Frontier: A Comparison of the Mexico–US and Morocco–EU cases. *Journal of Ethnic and Migration Studies,* 39, 1041-1065. https://doi.org/10.1080/1369183X.2013.778019

Human Rights Watch (2020). *EE. UU. debe investigar el programa "Permanecer en México". Seguridad Nacional devuelve a sabiendas a solicitantes de asilo a contextos de peligro* https://bit.ly/3L1uVc3

Oficina Económica y Comercial de España en Rabat (2022). *Guía de país. Marruecos.* ICEX España Exportación e Inversiones https://bit.ly/4cGZ8t4

Index Mundi (s.f.) *Cuadro de datos históricos Anuales (Marruecos). Tasa de migración neta.* Recuperado el 24 junio de 2024 de https://www.indexmundi.com/g/g.aspx?v=27&c=mo&l=es

Instituto Nacional de Estadística (s.f). *Población extranjera por Nacionalidad, provincias, Sexo y Año.* Recuperado el 25 de junio de 2024 de https://www.ine.es/jaxi/Tabla.htm?path=/t20/e245/p08/l0/&file=03005.px&L=0

Laczko, F., Singleton, A. y Black, J. (Eds.) (2017). Fatal Journeys Volume 3 Part I, Improving Data on Missing Migrants, *Organización Mundial de las Migraciones* https://publications.iom.int/system/files/pdf/fatal_journeys_volume_3_part_1.pdf

La UE aumenta los fondos de gestión migratoria en Marruecos con 500 millones. (17 ago 2022). *Público.* https://bit.ly/3zm1MpE

López, B. (2004) La evolución de la inmigración marroquí en España (1991-2003), en López, B. y Berriane, M., (Dirs.) *Atlas de la migración marroquí en España,* 213-221. UAM y Secretaría de Estado de Inmigración y Emigración.

Migration for Development (s.f.). *Marruecos. El Aporte de la Migración al Desarrollo Sostenible* Recuperado el 26 junio 2023 de https://migration4development.org/es/sobre/nuestros%20programas/marruecos

Morales-Cardiel, J. (2023). El control restrictivo de la frontera México-EUA con pretexto de la migración irregular. Síntoma de un capitalismo en crisis. *Seguridad, Ciencia & Defensa,* 9(9), 53–68. https://doi.org/10.59794/rscd.2023.v9i9.113

Morales-Cardiel, J. (2016). La inmigración indocumentada por países de tránsito, nuevo paradigma de los sistemas migratorios: el caso de México y Marruecos. *Perspectiva Geográfica,* 21(2), 345-372. DOI: 10.19053/01233769.5857

Organización Mundial de las Migraciones (2023). *Perfil migratorio de México. Informe anual 2022.* https://bit.ly/4cGZmAq

Organización Mundial de las Migraciones (s.f.). *Morocco* Recuperado el 26 de junio de 2024 de https://mena.iom.int/morocco

Organización para las Naciones Unidas (15 abril 2024). *México, entre los cinco países con más solicitudes de asilo en 2023.* Noticias ONU. Recuperado el 7 junio 2024 de https://bit.ly/45FbDTD

Peoples, C., & Vaughan-Williams, N. (2014). *Critical Security Studies: An Introduction* (2nd ed.). Routledge. https://doi.org/10.4324/9780203764237

Perelló, M.I. (2018). Aproximación teórica al concepto de securitización de la política migratoria. Século XXI, *Revista de Ciências Sociais. Dossiê Migrações, Fronteiras, Deslocamentos e Mobilidades* 266-311 https://doi.org/10.5902/2236672535674

Peoples, C. y Vaughan-Williams N. (2014). *Critical Security Studies. An Introduction.* Routledge DOI: https://doi.org/10.4324/9780203764237

Redacción Proceso (23 de junio de 2004). "Buena inversión", el rescate de México en el 95: Clinton. *Revista Proceso.* https://bit.ly/3xCjp3W

Santiago, P. de (26 dic 2015). Marruecos, de país de tránsito a zona de "bloqueo" de migrantes *El Faro de Melilla.* https://elfarodemelilla.es/marruecos-de-pais-de-transito-a-zona-de-bloqueo-de-migrantes/

Shirk, D. A. (2012). Seguridad en 2 zonas fronterizas: España Marruecos Gibraltar y Estados Unidos México *Borders/Fronteras 2.* 31-139 Instituto Trans-Fronterizo (San Diego) y Fundación Ciudadanía y Valores. https://catcher.sandiego.edu/items/peacestudies/2%20Fronteras%20Report.pdf

Torre, E. y Mariscal, M. (2020). "Batallando con fronteras: estrategias migratorias en tránsito de participantes en caravanas". *Estudios Fronterizos,* 21, 1-21 https://doi.org/10.21670/ref.2005047

Verdes-Montenegro, F. J. (2015). Securitización: agendas de investigación abiertas para el estudio de la seguridad. *Relaciones Internacionales,* (29), 111–131. https://doi.org/10.15366/relacionesinternacionales2015.29.006

Voluntarios ONU (17 junio 2022). *Velar por la protección de refugiados y solicitantes de asilo en Marruecos.* https://www.unv.org/es/Success-stories/velar-por-la-proteccion-de-los-refugiados-y-solicitantes-de-asilo-en-marruecos

Washington Post. (9 enero 2019). Trump's full address to the nation on border security [Vídeo]. YouTube. Recuperado el 14 de junio, 2024 de: https://www.youtube.com/watch?v= MsEj4Ymy2g

Wendt, A. (1992). Anarchy is What States Make of It: The Social Construction of Power Politics. *International Organization* 46(2), 391-425. DOI: https://doi.org/10.1017/S0020818300027764

Ximénez, P. (21 diciembre 2018). Estados Unidos y México cambian radicalmente las normas para pedir asilo en la frontera, *El País,* https://elpais.com/in,ternacional/2018/12/20/actualidad/1545321990_944580.h

Colonialismo y diplomacia: la posición de España y Francia ante la «crisis del Trono» marroquí de 1953

DR. JOSÉ CARLOS ARÁNGUEZ ARÁNGUEZ
Profesor de Relaciones Internacionales
Universidad Europea de Madrid
https://orcid.org/0000-0002-1175-5471

I. RESUMEN

Desde el establecimiento del Protectorado hispano-francés sobre Marruecos en 1912, la política exterior de ambas potencias protectoras sobre el país alauí, en la práctica, había supuesto la implementación de una política colonial de control y dominio del territorio, de la administración y de su sociedad. En el caso francés, la influencia ejercida sobre el sultán Mohammed V desde su ascensión al trono en 1927 había permitido a los sucesivos Residentes Generales introducir sus reformas en su zona de protectorado sin excesivas dificultades, conteniendo incluso la injerencia del elemento nacionalista tras su eclosión con motivo de la promulgación del *dahir bereber* del 16 de mayo de 1930.

Sin embargo, acontecimientos de trascendencia internacional, como la capitulación de Francia el 22 de junio de 1940 en el contexto de la II Guerra Mundial (1939-1945) y el inicio del proceso descolonizador afroasiático tras el fin de la contienda mundial, precipitaron que la dominación colonial que Francia ejercía hasta entonces en el mundo se fuera disipando paulatinamente. En el caso de Marruecos, esta pérdida de influencia se vio potenciada con motivo del encuentro entre el presidente americano F.D. Roosevelt y el sultán Mohammed V en el contexto de la celebración de la Conferencia de Casablanca en enero de 1943 y la constitución del partido *Istiqlal* por el nacionalismo marroquí, impulsando de manera decidida la consecución de la independencia.

En consecuencia, para 1953 la relación entre la administración protectora gala y el Sultán se tornó insostenible, más aún cuando la "cuestión marroquí" impulsada por el nacionalismo tomó impulso en la ONU. Ante esta coyuntura, en la que la otrora habilidad diplomática de Francia para hacer cumplir su voluntad en sus territorios de ultramar ahora se desvelaba como una reminiscencia, la Residencia General francesa, haciendo alarde de una demostración de fuerza, procedió a deponer al sultán Mohammed V y deportarlo a Córcega junto al resto de la familia real, reemplazándolo en el trono por el colaboracionista Mohammed Ben Arafa. Para justificar su decisión, la potencia gala emprendió una campaña propagandística tratando de convencer a la opinión pública internacional de que el sultán Mohammed V había colaborado con los nazis durante la II Guerra Mundial. Esta actuación, que desembocó en lo que se ha dado a conocer como la "crisis del Trono", también trajo aparejada una crisis diplomática con España por no haber concertado esta posición tan trascendental para la estabilidad del protectorado, lo que conllevó que ésta siguiera reconociendo a Mohammed V como legítimo Sultán hasta su regreso en noviembre de 1955.

II. PALABRAS CLAVE

Colonialismo, diplomacia, nacionalismo marroquí, Protectorado hispano-francés de Marruecos, relaciones internacionales.

III. INTRODUCCIÓN

En la historia de las relaciones internacionales, el colonialismo y la diplomacia están intrínsicamente ligadas. Mientras que el colonialismo implica necesariamente dominación, la diplomacia sirve como herramienta para negociar y consolidar el control del territorio colonizado. Como resultado, estas prácticas influyeron significativamente en la configuración del sistema internacional contemporáneo, afectando las dinámicas de poder y las relaciones entre los Estados, así como entre los territorios colonizados y sus respectivas metrópolis.

En el caso del Protectorado hispano-francés sobre Marruecos, el desembarco angloamericano en noviembre de 1942 -en el marco de la *Operación Torch*- y la posterior celebración de la Conferencia de Casablanca en enero de 1943 -alumbrando el encuentro entre el presidente Franklin D. Roosevelt y el sultán Mohammed V- alentaron los anhelos del nacionalismo marroquí de impulsar la emancipación del país alauí. En respuesta a este deseo, el 10 de diciembre de 1943, Ahmed Balafrej constituyó en Rabat el *Hizb al-Istiqlal* -Partido de la Independencia- (Rézette, 1955).

A partir de entonces, las medidas coercitivas adoptadas por España y Francia en sus respectivas zonas de Protectorado paulatinamente fueron debilitando la influencia del movimiento nacionalista sobre la opinión pública marroquí. En la zona norte, los denominados "sucesos de Tetuán" del 8 de febrero de 1948 sirvieron de pretexto al general José Enrique Varela, en su condición de Alto Comisario desde marzo de 1945, para implementar una política personalista de represión contra el nacionalismo. Esta política promovió la desarticulación del Partido Reformista Nacional (PRN) y la prohibición expresa a su líder, Abdeljalak Torres, de retornar a Tetuán, condenándolo al ostracismo en la ciudad internacional de Tánger tras su visita a Abd el-Krim en Port Said en mayo de 1947 (Velasco, 2012b).

En cuanto a la zona sur, el general Alphonse Juin, al frente de la Residencia General francesa desde mayo de 1947, llegó a la conclusión de que, para contrarrestar la injerencia del nacionalismo, especialmente la del *Istiqlal*, era imprescindible limitar las actuaciones del sultán Mohammed V debido a su flagrante connivencia con este movimiento (Ibn Azzuz, 1990, pp. 85-86). Entre las últimas medidas adoptadas por la administración protectora gala para alcanzar esta meta, la más efectiva resultó ser la de granjearse las simpatías de Thami el-Glaoui, *bajá* de Marraquech, por su condición de abanderado de los *bajás* y *caídes* más influyentes de la zona sultaniana, que tampoco aprobaban las relaciones entre el Sultán y los nacionalistas (Bennouna, 1951, p. 82)

Ante esta coyuntura, tanto la noticia del repentino fallecimiento del general Varela el 24 de marzo de 1951 como la confirmación de que el general Juin abandonaría próximamente Rabat para ocupar el cargo de Comandante en Jefe de las Fuerzas Terrestres de la OTAN en Europa supuso un verdadero revulsivo para las aspiraciones del nacionalismo marroquí. En consecuencia, a partir de la primavera de 1951, los nacionalistas se esforzaron por entablar relaciones cordiales con la Alta Comisaría, tratando de conseguir que el nuevo alto comisario, el general Rafael García-Valiño, mostrase una actitud más tolerante que su predecesor hacia este movimiento y permitiese el retorno de Torres a Tetuán.

Con respecto a la zona sur, las esperanzas del *Istiqlal* y del Sultán de poder restablecer las más que deterioradas relaciones con la Residencia General francesa tras la marcha del general Juin se vieron rápidamente truncadas como consecuencia de la designación, a finales de septiembre de 1951, del general Augustin Guillaume como su sucesor. Esta circunstancia motivó que, a partir del otoño, el *Istiqlal* promoviera con mayor intensidad la "cuestión de Marruecos" en la Organización de las Naciones Unidas (ONU) y que las relaciones entre el Palacio y la Residencia General terminaran por quebrarse definitivamente, lo que desembocó en una etapa conocida como la "crisis del Trono", preludio a la independencia de Marruecos.

IV. LA RIVALIDAD ENTRE EL RESIDENTE GENERAL GUILLAUME Y EL SULTÁN MOHAMMED V: EL CAMINO HACIA LA "CRISIS DEL TRONO"

La posición adoptada por Mohammed V en su discurso del 18 de noviembre de 1951, con motivo de la celebración de la festividad del Trono, en la que volvió a reafirmar públicamente su compromiso de entablar negociaciones con Francia para garantizar el acceso del país alauí a su plena soberanía, hizo comprender al nuevo residente general francés, Guillaume, que el Sultán seguía estando muy ligado a los postulados del nacionalismo (Julien, 1978, p. 248). Esta circunstancia se agravó, al mismo tiempo, por la creciente influencia del nacionalismo marroquí en la esfera internacional, especialmente la del *Istiqlal*, al haber conseguido promover, a través de la Liga Árabe, la "cuestión de Marruecos" en la ONU a finales de 1951. No obstante, el aplazamiento de su discusión en la Asamblea General hasta el otoño siguiente otorgaba a la administración protectora gala un escaso margen de tiempo para tratar de reconducir la situación en su zona de Protectorado (Aránguez, 2019).

En consecuencia, la actitud del nacionalismo y la actividad del Sultán, tanto dentro como fuera del Protectorado, además de otros factores desestabilizadores, supusieron una grave amenaza para que Guillaume pudiera lograr sus objetivos. Una circunstancia agravada con motivo de la inauguración, a comienzos de 1952, por el *Istiqlal* de una Oficina de Información en Washington, bajo la dirección de Medhi Bennaboud, con el objetivo de denunciar las políticas de represión acometidas por la administración gala en Marruecos *(Archives Diplomatiques du Ministère des Affaires Étrangères* -ADMAE-, Dossier AP3-30). Todo ello en el contexto del desgaste reputacional internacional sufrido por Francia como potencia colonial con motivo del transcurso de la Guerra de Indochina iniciada en 1946 contra los nacionalistas del *Viet Minh* liderados por Ho Chi Minh (Aránguez, 2017).

En cuanto al interior del Protectorado, el problema radicaba en que el giro en la política arabista del franquismo, permitiendo el alto comisario García-Valiño el retorno de Torres a Tetuán en febrero de 1952, iba a contribuir a que la zona jalifiana, junto a Tánger, se convirtiese en un bastión del nacionalismo desde donde este movimiento podría dirigir impunemente sus ataques contra Francia. Además, cabía tener presente el alineamiento del Sultán, así como el de algunos miembros de la familia real, como era el caso del príncipe Hassan, con los postulados del nacionalismo (Archivo General de la Administración -AGA-, Caja M-2953).

Con respecto al sultán Mohammed V, en su último discurso del Trono había dejado patente que seguía alineado con las tesis del nacionalismo, conminando a Francia a buscar una solución, en base al memorándum presentado al Gobierno de la República en otoño de 1950, que permitiese a Marruecos recobrar su plena soberanía. A partir de entonces, la tensión entre la Residencia General francesa y el Palacio fue *in crescendo.* En febrero de 1952, las protestas de Mohammed V y del príncipe heredero por las pretensiones de Francia de incorporar a Marruecos a la Unión Francesa y por las negociaciones llevadas a cabo con Estados Unidos para el establecimiento de bases militares en la zona sultaniana sin la autorización del Palacio y contraviniendo lo estipulado en el Tratado de Fez de 1912, así como la negativa del soberano a estudiar cualquier propuesta de reforma presentada por la Residencia General francesa que no condujese a la independencia de Marruecos, terminaron precipitando que el general Guillaume advirtiese sin ambages a Mohammed V con deponerlo si no desistía en su actitud y se alejaba del nacionalismo (ADMAE, Dossier AP3-30).

A pesar de las advertencias del Residente General, el 14 de marzo de 1952 Mohammed V le hizo entrega de un memorándum dirigido al Presidente de la República francesa (Ibn Azzuz, 1990, pp. 107-108) (Julien, 1978, pp. 249-250). Ante esta circunstancia sobrevenida, el general Guillaume advirtió al *Quai d'Orsay* sobre la amenaza que suponía para la permanencia de Francia en Marruecos la apertura de negociaciones con el Sultán, identificado como el símbolo del nacionalismo: "*dans ces conditions, j'estime que nous ne devons-nous engager qu'avec une extrême prudence dans la discussion ouverte par l'initiative du Sultan. Le mémorandum du 14 mars dernier, malgré toute l'habileté de sa rédaction n'est rien d'autre que le bilan des revendications présentées par les nationalistes marocains devant l'ONU*" (ADMAE, Dossier AP3-30).

En este memorándum, cuyo contenido era similar al presentado en octubre de 1950, el Sultán abogaba por la constitución de un gobierno marroquí provisional para la apertura de negociaciones con el Gobierno de la República francesa que permitiese discutir un nuevo acuerdo franco-marroquí como solución al "*problème marocain*", además de exigir la derogación del estado de sitio y la concesión de libertades públicas y privadas para los marroquíes, abogando en especial por la libertad sindical (ADMAE, Dossier AP3-30) (Bernard, 1968, pp. 100-101) (Wolf, 1994, p. 225). Sin embargo, como indican Julien (1978) e Ibn Azzuz (1990), el residente general Guillaume maniobró sibilinamente en París explotando este documento ante el presidente de la República, Vincent Auriol, como justificante de que Mohammed V era el abanderado del nacionalismo y, por consiguiente, una amenaza para la permanencia de Francia tanto en Marruecos como en el resto de los territorios en la región norteafricana:

> *Les précautions prises depuis quelques mois par le Sultan pour éviter d'être accusé de collusion avec l'Istiqlal auront été vaines. Si le militant moyen a pu être surpris à l'annonce du mémorandum, il est notoire que, depuis le jour même où il était remis à la Résidence, le Comité Central de l'Istiqlal était de nouveau reçu au Palais. D'autre part, et en dépit du protocole de 25 Février 1951, le Sultan ne s'est jamais réellement séparé de son entourage extrémiste [...]. S'il subsistait quelques doutes quant à l'influence exercée par les nationalistes sur l'action politique du Souverain, la teneur même du mémorandum les dissiperait car ce texte est, en dernière analyse, le résumé d'une brochure éditée par l'Istiqlal pour sa propagande lors de la dernière session de l'ONU* (ADMAE, Dossier AP3-30).

Al tiempo que Guillaume maduraba la posibilidad de deponer al Sultán, evaluando el impacto de esta actuación tanto en Marruecos como en el concierto internacional con el Gobierno francés y con el *Quai d'Orsay*, el presidente Auriol recibía en audiencia a el-Glaoui, *bajá* de Marrakech, y a Abdelhai el-Kittani -uno de los notables más influyentes de la zona francesa e importante ulema en Qarawiyin-, exponiéndole este último su voluntad de deponer al Sultán. Sin embargo, desde la Presidencia de la República se optó por actuar con cautela, descartando por el momento recurrir a esta medida (Julien, 1978, pp. 250-254).

En consecuencia, durante las siguientes semanas, la diplomacia francesa centró sus esfuerzos en hallar una solución a la inestabilidad crónica instalada en su zona de Protectorado y a la ruptura total del entendimiento entre la Residencia General francesa y el Palacio (ADMAE, Dossier AP3-30). En realidad, el problema radicaba en que Mohammed V se negaba a ser el "sultán títere" que hacía 25 años los franceses habían colocado en el trono, cuando aún era un adolescente, en la confianza de que no sería ningún obstáculo para implementar una labor de administración directa sobre Marruecos (El Alami, 1981, pp. 51-52). Por todo ello, la respuesta desde la Presidencia de la República -a través del residente general Guillaume- al memorándum presentado por el Sultán se vio postergada durante más de seis meses, hasta el 17 de septiembre.

Además, la resolución adoptada el 28 de agosto por el Tribunal Internacional de Justicia de La Haya en el contencioso franco-norteamericano sobre los derechos de EEUU a establecer relaciones comerciales con Marruecos sin contar con el beneplácito de los franceses, pues los americanos no habían reconocido el Tratado de Fez de 1912 y seguían defendiendo la vigencia del Acta de Algeciras de 1906, implícitamente suponía confirmar la soberanía de Marruecos. Una circunstancia que tanto el Palacio como los nacionalistas podrían esgrimir a su favor para avanzar en sus aspiraciones de independencia e integridad territorial del país alauí (Velasco, 2012a, pp. 143-144). Por otra parte, el triunfo del golpe militar del 23 de julio en Egipto, con la connivencia de nacionalistas y socialistas, también había sido percibido por Francia como una seria amenaza para su permanencia en la región norteafricana.

Ante esta coyuntura, en su contestación del 17 de septiembre de 1952, el Gobierno de la República francesa persistió en su enroque de negarse a acceder a entablar negociaciones que pudieran facilitar, a corto plazo, el acceso de Marruecos a la independencia. No obstante, Francia se mostraba dispuesta a explorar la posibilidad de avanzar hacia la "*interdépendance franco-marocaine*" -siempre en el marco del Tratado de Fez de 1912- si el Sultán accedía a rubricar todos los *dahires* con reformas que hasta el momento había bloqueado. Como era evidente, la interdependencia franco-marroquí era un eufemismo por el cual Marruecos seguiría *sine die* bajo la administración gala (Bernard, 1968, pp. 103-108). La réplica de Mohammed V a la respuesta enviada por el Gobierno galo no se hizo esperar, y el 8 de octubre de 1952 se emitió un comunicado oficial desde el Palacio (ADMAE, Dossier AP3-30).

En el texto, el Sultán se remontaba al memorándum entregado a Auriol en octubre de 1950, recordándole el rechazo de los marroquíes a acometer reformas cosméticas que contribuyesen a afianzar el régimen de Protectorado sobre Marruecos. Al igual que entonces, Mohammed V denunciaba que, en su contestación del pasado 17 de septiembre, el Gobierno francés había hecho caso omiso a sus peticiones presentadas en el memorándum del 14 de marzo último sobre el establecimiento de un gobierno marroquí provisional y la concesión de ciertas libertades esenciales, como las libertades sindicales, que contribuyesen a limpiar la atmósfera de inestabilidad que se respiraba en la zona. Por todo ello, la conclusión a la que llegaba el soberano era que Francia tenía la determinación de mantener el marco del Tratado de Fez de 1912, mostrándose únicamente dispuesta a introducir reformas en el ámbito de la sanidad, la educación y la judicatura (ADMAE, Dossier AP3-30).

4.1 Cuando la diplomacia falla. La "crisis del Trono" en el punto de no retorno

En este clima de tensión, y cuando más necesario se le presentaba al general Guillaume revertir esta situación adversa en su zona de Protectorado, especialmente tras conocerse el 15 de octubre la inclusión en el orden del día de la "cuestión de Marruecos" para su debate a finales de año en la VII Asamblea General de la ONU en Nueva York, se producía la celebración de la Festividad del Trono. En su discurso del 18 de noviembre de 1952, con motivo del 25 aniversario de su ascensión al trono, Mohammed V -haciendo especial alusión a su condición de líder temporal y espiritual- se mostró especialmente crítico con Francia y con su actuación sobre Marruecos durante los últimos años (ADMAE, Dossier AP3-30). Apelando reiteradamente al vínculo forjado con su pueblo, abogó públicamente por una educación moderna -haciendo especial alusión a las mujeres- compatible con las tradiciones islámicas, poniendo de ejemplo a sus hijos el príncipe Hassan y a la princesa Lalla Aisha; por el desarrollo de la economía, potenciando el comercio, la industria, la agricultura y la modernización de sus infraestructuras; y por las libertades civiles, el derecho a la sindicalización y la igualdad de los individuos ante la ley. Para conseguir estos propósitos, el Sultán advertía que: "*nous tenons à réaliser les aspirations légitimes du Peuple Marocain, afin de permettre au pays de gérer lui-même ses propres affaires et d'exercer pleinement sa souveraineté*" (ADMAE, Dossier AP3-30).

Con respecto al régimen de Protectorado, Mohammed V expuso someramente las negociaciones entabladas con Francia desde su visita a París por invitación del general Charles de Gaulle en junio de 1945, solicitando desde entonces al Gobierno de la República: "*le changement du régime du Protectorat et l'établissement des rapports franco-marocains sur les bases d'un nouvel accord qui garantirait au Maroc sa Souveraineté et à la France ses intérêts*" (ADMAE, Dossier AP3-30). Sin embargo, se quejaba amargamente de que el espíritu del Gobierno francés siempre había sido mantener el régimen de Protectorado instaurado con el Tratado de Fez de 1912, obstaculizando cualquier negociación que pudiera poner fin a este sistema obsoleto para la modernización de Marruecos:

> *Si le Protectorat, depuis son établissement, a donné des résultats tangibles sur le plan économique, il ne s'est pas adapté, sur le plan social et politique, à l'esprit des temps nouveaux et à l'évolution du peuple marocain. Et pour illustrer ce déséquilibre, Nous avons fait, lors d'une audience solennelle que Nous avions accordée en 1944 à une personnalité française officielle, la comparaison suivant : Si l'on compare le Traité de 1912 à un vêtement fait pour un enfant, l'on s'aperçoit que celui-ci a grandi, que son corps s'est développé sans que le vêtement ait subi aucun changement* (ADMAE, Dossier AP3-30).

Como resultado de este enroque, Mohammed V constató que las relaciones franco-marroquíes habían entrado en una fase crítica. No obstante, reconocía seguir albergando la esperanza de que Francia reconsiderase su postura y accediese a emprender negociaciones que condujesen a Marruecos a recobrar su plena soberanía sobre la base de una monarquía constitucional, concluyendo su intervención con la siguiente petición:

> *Nous prions le Seigneur d'assurer nos pas, de nous aider à atteindre nos objectifs, de resserrer les liens entre nos frères musulmans où qu'ils se trouvent, d'assister les États arabes et musulmans dans leur entreprises et de les aider à réaliser leurs aspirations afin qu'ils puissent coopérer avec les autres Nations libres au triomphe des principes de justice et de démocratie, sous l'égide de la Charte de l'Organisation des Nations Unis, cette organisation qui veille à la consolidation de la paix dans le monde et à la sauvegarde de la liberté et de la justice entre les nations, pour que tous les peuples, rassurés quant à leurs droits, puissent contribuer au bonheur de l'humanité* (ADMAE, Dossier AP3-30).

A pesar de que el contenido del discurso no albergaba ninguna novedad para la Residencia General francesa, su dureza contra Francia causó un gran impacto tanto dentro como fuera del Protectorado en un momento en el que la "cuestión de Marruecos" volvía a debatirse en la ONU. En este sentido, tanto Guillaume como otros diplomáticos advirtieron inmediatamente al *Quai d'Orsay* de la gran repercusión que las declaraciones de Mohammed V habían tenido en las ondas y en la prensa internacional (ADMAE, Dossier AP3-30). Una circunstancia que se asemejaba a la acontecida en abril de 1947 con motivo del trascendental discurso pronunciado durante su viaje a la ciudad internacional de Tánger (Archivo del General Varela -AGV-, Carpeta 131-1).

Aprovechando la agitación desatada en la zona sultaniana con motivo del discurso pronunciado por el Sultán, y al calor de la celebración de la festividad del *Mulud* el 30 de noviembre y del debate de la "cuestión de Marruecos" en la ONU, a comienzos de diciembre la Residencia General francesa también tuvo que hacer frente a un recrudecimiento de la actividad del *Istiqlal* (ADMAE, Dossier AP3-30). Una situación que se vio agravada con un nuevo enfrentamiento entre la Residencia General gala y el Palacio a cuenta de la aprobación por el Sultán de unos *dahires* para el próximo año y que éste se negaba a rubrica hasta que la ONU no se hubiera pronunciado sobre el "*problème marocain*" (AGA, Caja 2967).

En este orden de cosas, el asesinato el 5 de diciembre de 1952 del líder sindicalista Ferhat Hached -muy ligado al partido nacionalista *Neo-Destour* de Burguiba- en el Protectorado francés de Túnez -supuestamente a manos de organizaciones contraterroristas formadas por colonos franceses- fue aprovechado por el *Istiqlal* y por el Partido Comunista de Marruecos (PCM) para organizar una gran protesta contra Francia el día 8 en Casablanca. Sin embargo, la actitud exacerbada de los manifestantes y la actuación represiva de las fuerzas del orden dejaron un balance de varios centenares de muertos, heridos y detenidos (Bernard, 1968, pp. 108-122) (Julien, 1978, pp. 257-258) (Spillmann, 1967, pp. 159-161) (Velasco, 2012a, pp. 145-146). Un pretexto que la Residencia General francesa, con el apoyo de los *bajás* y *caídes* abanderados por el-Glaoui, no dudó en aprovechar para prohibir simultáneamente la actividad del *Istiqlal* y del PCM, acusando al elemento nacionalista de connivencia con el comunismo, lo que permitió al general Guillaume promover su desarticulación al ordenar el encarcelamiento y deportación de una buena nómina de sus militantes (Ibn Azzuz, 1990, pp. 115-117) (Julien, 1978, pp. 258-259) (Wolf, 1994, p. 256). De este modo, se consiguió privar al Sultán del apoyo del nacionalismo, quedando el camino expedito -a la espera de la resolución de la "cuestión de Marruecos" en la ONU- para la puesta en práctica del proyecto que la Residencia General y los notables marroquíes acaudillados por el *bajá* de Marraquech venían madurando durante los últimos años como solución a la inestabilidad socio-política por la que atravesaba el Protectorado a consecuencia de la actividad del nacionalismo: el destronamiento del sultán Mohammed V (Bernard, 1968, p.122).

En este contexto, cabe tener presente que los incidentes de Casablanca se produjeron apenas una semana antes de que el 16 de diciembre se procediese al debate de la "cuestión de Marruecos" -inscrita en el orden del día con el número 65- en la VII Asamblea General de la ONU en Nueva York (United Nations, 1953). Por otra parte, las maniobras del partido nacionalista tunecino *Neo-Destour* habían logrado que la "cuestión tunecina" -inscrita con el número 60- también fuera a debatirse durante este periodo de sesiones (United Nations, 1953). Tras un encendido debate, finalmente el día 17 se adoptó la enmienda propuesta por Pakistán, que expresaba "que las partes interesadas en el problema de Marruecos prosiguiesen sin demora las negociaciones con miras a permitir que los marroquíes se gobernasen por sí mismos, de acuerdo con los principios de la Carta de las Naciones Unidas" (Ybarra, 1998, p. 112). Sin embargo, las presiones de Francia sobre los delegados occidentales consiguieron que el 20 de diciembre se aprobase una decisión que modificaba la adoptada el día anterior, por lo que se proclamaba la confianza en Francia para resolver directamente sus problemas en Túnez y Marruecos, aunque seguía reconociéndose la competencia de la ONU para seguir debatiendo ambas cuestiones (Ybarra, 1998, pp. 113-116).

Tras estos sucesos de finales de diciembre de 1952, el único líder nacionalista destacado que a partir de entonces permaneció en territorio del protectorado fue Torres. En cuanto al resto de dirigentes, Allal al-Fassi se instaló en El Cairo, operando cerca de la Liga Árabe; Thami Ouazzani se refugió en Ceuta, aunque realizaba frecuentes viajes a Ginebra; Mekki Naciri se trasladó a EEUU, tratando de impulsar la "cuestión de Marruecos" en la ONU; y otros como Ahmed Balafrej y Abderrahim Bouabid se instalaron en París, tratando de influir entre la opinión pública francesa -especialmente entre los sectores de la sociedad anticolonialista- para que apoyasen sus aspiraciones (Wolf, 1994, p. 285).

4.2 El colofón de la "crisis del trono": el destronamiento del sultán Mohammed V el 20 de agosto de 1953

La trascendencia de los cruentos sucesos de Casablanca, unidos al beligerante discurso contra Francia pronunciado por el Sultán el 18 de noviembre durante la celebración de la Festividad del Trono, precipitó que la Residencia General francesa comenzase a articular una campaña propagandística de desprestigio dirigida a presentar a Mohammed V -por su probada connivencia con los nacionalistas y los comunistas- como el responsable de la inestabilidad en Marruecos (ABC, 9/1/1953, pp. 11-12) (Madariaga, 2013, p. 401) (Velasco, 2012a, p. 146). En este contexto, las reiteradas presiones hacia la Residencia General francesa por parte del *bajá* de Marraquech y de los colonos franceses -que llegarían a constituir un grupo de actuación armada, *Présence Française*- para que, desmantelado el *Istiqlal* y el PCM, se procediese a la deposición del Sultán, precipitó que a comienzos de 1953 el residente general Guillaume determinase poner en práctica el plan concebido por sus predecesores el diplomático Gabriel Puaux (1943-1946) y el general Juin (1947-1951) (Pennell, 2009, p. 241). En este orden de cosas, la constitución del nuevo gabinete de René Mayer, precipitando el relevo al frente del *Quai d'Orsay* de Robert Schuman por Georges Bidault el 9 de enero y la designación de Léon Marchal como director de *Afrique-Levant*, favoreció que Guillaume contase con el respaldo necesario en la metrópoli para emprender esta maniobra (Bernard, 1968, pp. 123-131) (Julien, 1978, pp. 262-265).

Durante el invierno y la primavera de 1953, la crisis entre la Residencia General francesa y el Palacio se agudizó ante la negativa del Sultán a refrendar los proyectos de *dahires* presentados por la administración protectora y a condenar públicamente al nacionalismo (AGA, Caja 2966). A pesar de que la Residencia General, los colonos franceses y los notables marroquíes abanderados por el-Glaoui compartían la máxima de que la solución para resolver la situación de inestabilidad socio-política por la que atravesaba Marruecos pasaba por deponer a Mohammed V, sin embargo, no tenían claro cómo debía llevarse a efecto esta maniobra y menos aún cuál sería el momento más propicio para ello. En principio, todas las partes estaban de acuerdo en que Mohammed V debía ser depuesto; que el príncipe Hassan no podía ser su sucesor; que se debía mantener el Tratado de Protectorado de 1912 y la aplicación de las reformas que Mohammed V se negaba a refrendar; que el Residente General debía ser investido con amplios poderes; y que la prohibición del *Istiqlal* y del PCM debía ser permanente (Julien, 1978, pp. 263-264).

A finales de marzo de 1953, Jacques de Blesson -en ausencia de Guillaume y como máxima autoridad al frente de la Residencia General francesa- telegrafiaba al *Quai d'Orsay* informando de que recientemente los *caídes* y *bajás* más influyentes de la zona se habían reunido con el-Glaoui y habían rubricado una moción con fecha de 20 de marzo en la que acusaban al Sultán de haber incumplido sus deberes religiosos influido por los partidos extremistas -en clara alusión al *Istiqlal* y al PCM-, por lo que era preciso deponerlo (ADMAE, Dossier AP3 30). En realidad, esta moción -suscrita por 287 *bajás* y *caídes*, según la información recogida por Julien (1978, pp. 281-282)- suponía el pretexto que Francia esperaba poder esgrimir frente a la opinión pública local e internacional, especialmente en la ONU y ante la Liga Árabe, para justificar que su intervención en la deposición del sultán Mohammed V en realidad atendía a las demandas de la mayoría de los notables marroquíes de la zona sultaniana en representación de la sociedad:

> *Nous soussignés, Caïds des différents régions du Maroc ainsi que les membres Marocains de leurs circonscriptions d'adhérents au mouvement d'opposition et de réforme présidé par Son Excellence le Pacha Sidi el Haj Thami Mezouari* [Thami el-Glaoui], *avons l'honneur de présenter ce qui suit à M. le Résident Général de la Nation Française au Maroc :*
> *Etant donné que le Sultan Sidi Mohammed Ben Youssef s'est écarté de toutes les obligations religieuses et prescriptions islamiques, placés sous sa sauvegarde, qui lui incombent vis-à-vis du peuple marocain ;*
> *Qu'il est hostile à tous les agents d'Autorité du Maroc ;*
> *Qu'il suit une voie contraire aux principes religieux par son appartenance aux partis extrémistes non reconnus dont il fait répandre les doctrines dans le pays, ce qui l'amène à diriger le Maroc sur le chemin de l'abime ;*
> *Pour ces raisons :*
> *Nous, principaux notables, chefs temporels et sommités de la religion islamique au Maroc :*
> *Demandons au Résident Général et à la Nation française d'écarter le Sultan du pouvoir, de le détrôner, et de nommer celui à qui en revient le droit.* (ADMAE, Dossier AP3-30).

A partir de entonces, los preparativos para la deposición del Sultán se precipitaron. Desde El Cairo, Allal al-Fassi trató de denunciar -con escaso éxito- la situación que se estaba entretejiendo en la zona francesa de Marruecos contra el Sultán, tratando de dirigirse al Presidente de la República francesa para que pusiera fin a este cambalache (ADMAE, Dossier AP3-30). Del mismo modo, a comienzos de junio, el gran visir Mohammed el-Mokri emitió un comunicado oficial desde el Palacio Imperial denunciando la moción promulgada por los 287 *bajás* y *caídes* contra el Sultán (ADMAE, Dossier AP3-30). Tan sólo algunos notables de la zona francesa, entre ellos los *bajás* y *caídes* de Rabat, Casablanca, Fez, Meknes, Salé y Sefrú, así como el Cuerpo de Ulemas de Marruecos, mostraron públicamente su adhesión a Mohammed V (ADMAE, Dossier AP3-30).

Con respecto a la creciente influencia de el-Glaoui entre sus partidarios, ésta quedó constatada cuando el 30 de julio, tras regresar de una gira por Francia y Reino Unido, fue recibido en

Casablanca por más de 2000 personas, la mayoría notables marroquíes procedentes de todas las regiones de la zona sultaniana. Una recepción que transcurrió con total normalidad, sin haberse registrado actos violentos por parte de los asistentes, a pesar de los intentos de movilización contrarios a este acto promovidos por algunos elementos residuales del *Istiqlal* (ADMAE, Dossier AP3-30) (Bernard, 1968, p. 152). Al día siguiente, el-Glaoui hizo llegar a la Residencia General francesa una nueva declaración en la que -con fecha de 2 de julio- los notables marroquíes que la rubricaban -5 jefes de Cofradías y 330 *bajás* y *caídes*- le reconocían como líder del movimiento de oposición al Sultán. Además, se le concedían plenos poderes de decisión en el plano político y a el-Kittani en lo relativo a los asuntos religiosos. Una vez más, los notables de la zona sultaniana declaraban su oposición a los movimientos extremistas, al *Istiqlal* en particular, y reclamaban que Francia procediese a dar satisfacción a sus aspiraciones como garante de la paz y la seguridad en Marruecos (ADMAE, Dossier AP3-30) (Julien, 1978, pp. 291-292).

Ante el cariz que estaban tomando los acontecimientos, el 4 de agosto, el titular del *Quai d'Orsay* telegrafiaba a De Blesson para que le tuviese totalmente informado del desarrollo de la campaña emprendida contra el Sultán por parte de los notables marroquíes. Desde París, el nuevo Gobierno de la República -Joseph Laniel había reemplazado a René Mayer como presidente del Consejo de Ministros el 28 de junio- había comenzado a sopesar la posibilidad de que la polarización de los *bajás* y *caídes* de la zona a favor y en contra del Sultán y de los nacionalistas podría otorgarle a Francia un papel de arbitraje determinante para tratar de restablecer su autoridad sobre Marruecos. En este sentido, Bidault llamaba a la prudencia, pues si se dejaban llevar por iniciativas que posteriormente se desvelasen imprudentes -en clara alusión al movimiento abanderado por el *bajá* de Marraquech- podría comprometer seriamente la permanencia del país galo en Marruecos (ADMAE, Dossier AP3-30).

En atención a las demandas del ministro Bidault, durante las siguientes jornadas, De Blesson advirtió al *Quai d'Orsay* que la influencia de el-Glaoui entre los notables de la zona cada vez era mayor, a la par que la situación del Sultán -como consecuencia de la debilidad del *Istiqlal* y la falta de apoyos entre la élite marroquí- cada vez estaba más comprometida (ADMAE, Dossier AP3-30). Reveladora era la entrevista concedida el 9 de agosto conjuntamente por el-Glaoui y el-Kittani al corresponsal Philipp Deane del prestigioso periódico londinense *The Observer* (ADMAE, Dossier AP3-30). Con ocasión de una manifestación masiva organizada por los detractores del Sultán en Ajdir, ambos líderes justificaban, a las preguntas del periodista, el proceso por el cual el destronamiento de Mohammed V sería legítimo y conforme a derecho.

En este contexto, el 13 de agosto el residente general Guillaume, tras permanecer algunas semanas en París, se entrevistó con Mohammed V en su palacio de Rabat. Durante la reunión, el general Guillaume le expuso dos proyectos de *dahíres* para la introducción de reformas estructurales en la zona y una declaración conjunta que había sido preparada por el Gobierno de la República francesa, obligándole a rubricarlos ese mismo día. Según el telegrama remitido por Guillaume al *Quai d'Orsay* dando cuenta de este episodio, si bien Mohammed V había accedido finalmente a firmar los documentos, sin embargo, habría declarado que "*c'est un ultimatum; je cède à la force*" (ADMAE, Dossier AP3-30).

Desde París, Bidault dirigió a Guillaume sendos telegramas felicitándole por haber conseguido que el Sultán rubricase la declaración conjunta, lo que garantizaría que Francia recobrase las riendas de la situación y pudiera volver a instaurar una etapa de distensión en Marruecos. No obstante, el titular de exteriores advertía que, por un lado, había que tratar de contrarrestar el alcance que pudiera tener el argumento empleado por Mohammed V de que había sido forzado a rubricar esta declaración y, por otro lado, contener las maniobras de el-Glaoui y sus partidarios contra el Sultán, ya que las consecuencias de una insurrección podrían ser incalculables para Francia si terminaban sumiendo a la zona en una profunda anarquía (ADMAE, Dossier AP3-30) (Julien, 1978, pp. 299-2301) (Spillmann, 1967, pp. 165-166).

Sin embargo, estas instrucciones habrían llegado demasiado tarde, ya que en la misma tarde del 13 de agosto los partidarios de el-Glaoui, con la connivencia de la Residencia General francesa, habían procedido a rodear el Palacio Imperial y proclamado que ya no reconocían como sultán a Mohammed V, mientras que la policía ocupaba los puntos estratégicos de Rabat al tiempo que emplazaban armas automáticas. Del mismo modo, se había procedido a detener a todas aquellas personas que se manifestaban a favor del Sultán y del nacionalismo (ADMAE, Dossier AP3-30) (AGA, Caja 2968). En este contexto de inestabilidad socio-política, el 16 de agosto se sucedieron graves incidentes entre los partidarios y detractores de Mohammed V en Marraquech, Casablanca, Oujda, Meknes y Berkane, saldándose con un elevado número de víctimas y con cuantiosos daños materiales (ADMAE, Dossier AP3-30).

Mientras tanto, en la zona española, la actividad del nacionalismo -en particular la del PRN bajo las directrices de Torres- contra las maniobras de los franceses y de los notables marroquíes acaudillados por el *bajá* de Marraquech en la zona sur, no había dejado de exacerbarse en apoyo de sus correligionarios y del Sultán desde los incidentes de Casablanca del pasado diciembre (AGA, Caja M-2953) (Ibn Azzuz, 1990, pp. 121-167) (Wolf, 1994, pp. 267-283). En previsión del cariz que estaban tomando los acontecimientos, cabe advertir que el 4 de marzo de 1953 el alto comisario García-Valiño había determinado situar al frente de la Delegación de Asuntos Indígenas (DAI) al comandante Tomás García Figueras, personalidad de probada experiencia en asuntos relacionados con el nacionalismo, quien hasta el momento se ocupaba de la Delegación de Educación y Cultura en la Alta Comisaría (Boletín Oficial de la Zona de Protectorado Español en Marruecos -BOZPEM-, 10, de 6 de marzo de 1953, pp. 287-288).

Con respecto a la inflamación de la "crisis del Trono" desde comienzos de año -según la documentación conservada en el

AGA (Caja 2968), en julio la Alta Comisaría tenía la certeza de que el destronamiento del Sultán sería inminente por su negativa a desautorizar al nacionalismo y a firmar los decretos presentados por la administración protectora gala-, el 17 de agosto García Figueras distribuía entre los interventores territoriales de la zona jalifiana las siguientes instrucciones:

> Ante el momento crucial por el que actualmente atraviesa la Zona francesa, nuestra orientación política es la siguiente: considerar nuestra Zona independiente de la francesa, sin aceptar nada de lo allí decidido ni permitir nada que signifique combatirlo. Nosotros hemos de seguir una neutralidad absolutamente indiferente, considerando lo que sucede en aquella Zona como si no nos afectara.
> Hay que contrarrestar hábil e inteligentemente, apoyándose en las personalidades más destacadas y en nuestros viejos amigos, el intento político nacionalista de no celebrar la próxima pascua del *Aid el-Sghir* [la celebración del fin del Ramadán] como duelo y protesta contra Francia. Por el contrario, cada Territorialidad, con sus medios propios, debe fomentar la alegría y el esplendor en los actos de dicha festividad basándose en la magnífica situación de nuestro Protectorado, el viaje feliz que realizan nuestros peregrinos a La Meca y la exaltación de nuestra obra fraternal. Los actos oficiales que se celebren deben, asimismo, tener la mayor resonancia y solemnidad (AGA, Caja 2965).

Finalmente, el 20 de agosto por la mañana, el residente general Guillaume telegrafió a París poniendo en conocimiento del Gobierno de la República que, si Francia quería conservar el control de su acción en Marruecos, era indispensable actuar con la mayor celeridad posible (ADMAE, Dossier AP3-30). Ante los últimos acontecimientos, la Residencia General francesa consideraba que deponer al Sultán se presentaba como la única solución al "*problème marocain*" por el cual podría evitarse el derramamiento de sangre ya que, si se optaba por mantener a Mohammed V en el trono, el apaciguamiento a estas alturas ya no sería posible ante la determinación de los notables acaudillados por el-Glaoui de destronarlo (Bernard, 1968, pp. 160-161) (Wolf, 1994, p. 225) (Julien, 1978, pp. 303-306) (Spillmann, 1967, pp. 166-169). En este orden de cosas, cabe tener presente que unos días antes, los partidarios de el-Glaoui y el-Kittani habían realizado la *baiá* -juramento de lealtad- a Mohammed Ben Arafa, a quien además habían nombrado *Imán*, despojando así a Mohammed V de la jefatura espiritual de Marruecos (Ibn Azzuz, 1990, pp. 159-160).

En este contexto, y ante la negativa de Mohammed V a la propuesta presentada a última hora desde la Residencia General francesa de abdicar en favor de su segundo hijo, el príncipe Abdallah, bajo la regencia de el-Glaoui, finalmente Guillaume procedió en la tarde del 20 de agosto a su deposición (ADMAE, Dossier AP3-30). Según la información recogida por la Alta Comisaría sobre este episodio, Mohammed V había solicitado al general Guillaume que el cónsul general de los Estados Unidos en Marruecos, Joseph Charles Satterthwaite, estuviese presente para garantizar su integridad y la de su familia (AGA, Caja 2752).

Sin oponer resistencia, Mohammed V y sus dos hijos varones fueron evacuados del Palacio y trasladados en un avión militar desde el aeródromo de Rabat hasta Córcega, a donde también fue conducida unos días después el resto de su familia (Bernard, 1968, p. 161) (Ibn Azzuz, 1990, pp. 167-170) (Julien, 1978, pp. 306-310). A pesar de que desde París se había trasladado la necesidad de evitar que Ben Arafa, el candidato de los partidarios de el-Glaoui, fuese entronizado como nuevo sultán, la Residencia General francesa no había sido capaz de encontrar otro miembro de la dinastía alauí que reuniese los apoyos suficientes antes de la celebración del *Aid el-Kebir* -la festividad del Sacrificio-. No obstante, el nuevo Sultán, tío de Mohammed V y de avanzada edad, tampoco sería del desagrado de Francia, ya que se esperaba que fuese totalmente maleable, sirviendo así a sus intereses para afianzar su autoridad en Marruecos y permitir la introducción de reformas estructurales sin oposición (ADMAE, Dossier AP3-30). Finalmente, el Consejo de Ministros galo autorizó a última hora del día 20 de agosto poner en marcha el procedimiento tradicional por el que el nuevo Sultán debía ser entronizado.

En consecuencia, el 21 de agosto de 1953, el Gran Visir declaró vacante el trono y, acto seguido, proclamó como sultán de Marruecos al anciano Ben Arafa -apodado por sus detractores como el "Sultán de los Franceses"-, siendo consagrado en el cargo por los Ulemas y los notables de la zona francesa (ABC, 21/8/1953, p. 7) (Bernard, 1968, p. 162) (Ibn Azzuz, 1990, p. 177) (Julien, 1978, pp. 310-311) (Spillmann, 1967, p. 169). Como resultado de esta actuación, y hasta el retorno de Mohammed V al trono de Marruecos en noviembre de 1955, en la zona francesa se desató una oleada de violencia y actuaciones terroristas lideradas por algunas facciones del nacionalismo marroquí, exigiendo el retorno al trono de su legítimo Sultán (Azcona & Aránguez, 2023).

4.3 Mohammed V, ¡colaboracionista de los nazis durante la II Guerra Mundial!

Tan pronto como se hizo público el destronamiento del sultán Mohammed V, la imagen de Francia en Marruecos y en el concierto internacional se degradó drásticamente debido a su participación en este *affaire*. La exacerbación de las protestas del bloque de países afroasiáticos con representación en la ONU y el agravamiento de la inestabilidad social en su zona de Protectorado precipitaron que, a partir de finales de agosto de 1953, la diplomacia francesa tuviese que emprender una campaña internacional para justificar su participación durante la "crisis del Trono", en la que, con la intervención del general Guillaume y la aquiescencia del Gobierno de la República, se había terminado deponiendo a Mohammed V y entronizando a Ben Arafa.

Ante esta coyuntura, Francia, en su condición de potencia protectora, trató de justificar su actuación aduciendo que únicamente se había limitado a cumplir con las aspiraciones de la mayoría de los notables de la zona, representados por el-Glaoui y el-Kittani, como solución al enquistado "*problème marocain*". En este sentido, la connivencia del Sultán con los nacionalistas y su obstinación a sancionar los proyectos de reformas presentados por la Residencia General francesa para la modernización de la zona no habría dejado otra alternativa que proceder a su deposición (ABC, 21/8/1953, p. 7) (Madariaga, 2013, pp. 404-405). Sin embargo, este pretexto rápidamente dejó entrever sus debilidades, ya que en ocasiones anteriores se habían producido situaciones similares -como la de febrero de 1951- y nunca se había procedido a deponer al Sultán, aunque se le hubiese advertido con esta posibilidad (Bennouna, 1951, p. 84) (Julien, 1972, p. 325). Puesto que el relato facilitado por la diplomacia gala no aplacó las protestas de los marroquíes, de los nacionalistas, de los países árabes y tampoco las de España, finalmente desde París se optó por emprender una campaña internacional de desprestigio contra el depuesto Mohammed V. En este orden de cosas, entre las acusaciones divulgadas para justificar su deposición se encontraba la de que durante la II Guerra Mundial había sido un colaborador activo de los nazis en la zona francesa del Protectorado (Julien, 1978, pp. 331-332).

Para refrendar esta acusación, durante el otoño de 1953 se filtraron a la prensa metropolitana y a la del Protectorado francés de Marruecos algunos telegramas incautados por la delegación francesa del *Comité Quadripartite d'Études et de Renseignements* durante la primavera de 1947 del Ministerio de Asuntos Exteriores alemán (ADMAE, Dossier AP3-30). Entre los cinco telegramas dirigidos a la *Wilhelmstraße* por Kurt Rieth, el cónsul general de Alemania en Tánger, en los que se hacía referencia a informaciones facilitadas por los nacionalistas y por el Sultán, el más ilustrativo resultaba ser el remitido con fecha de 6 de enero de 1943 (ADMAE, Dossier AP3-30). Puesto que al comienzo del mismo se especificaba que la información trasladada por el Sultán a los alemanes se había hecho a través de un intermediario -*Haj Bellal*, identificado por la Residencia General francesa como Blal Ben Salem Rougui- y que el receptor del mensaje verbal había sido Hans-Wilhelm Kruger, el vicecónsul de Alemania en Tánger, en julio de 1947 se había conseguido de éste una nota de autentificación y una declaración jurada en la que certificaba que su contenido era fidedigno (ADMAE, Dossier AP3-30).

Según el documento, Mohammed V se dirigía al *Führer* en términos cordiales, deseándole la pronta victoria del ejército alemán en la contienda mundial, al tiempo que se mostraba consternado por el desembarco angloamericano -*Operación Torch*- del 8 de noviembre de 1942. Entre la información facilitada por el Sultán a los alemanes, era especialmente relevante la referida a las conversaciones mantenidas con el presidente Roosevelt y a la división existente en Marruecos entre los partidarios del general De Gaulle, del almirante Darlan y del mariscal Pétain, así como aquella en relación con el estado de los aeródromos, los puertos de desembarco, los arsenales de guerra o los hospitales de campaña. En resumen, Mohammed V trasladaba al *Führer* que: "*Je suis complètement dispose á vous aider dans toutes les circonstances. Vous pouvez être certain de ma collaboration totale et sincère au jour des évènements. Je propose aussi d'attaquer les ponts et les voies de communication marocaines par lesquelles les Américains ravitaillent les troupes en Algérie*" (ADMAE, Dossier AP3-30).

A pesar de que en su declaración Kruger había manifestado serias dudas de que, en realidad, Mohammed V hubiera sido partícipe de la información facilitada en su nombre por *Haj Bellal* al consulado alemán en Tánger, periódicos como *La Vigie Marocaine* del 10 de octubre de 1953, *Le Petit Marocain* del 16 de octubre, *L'Echo du Maroc* del 29 de octubre o *Le France Soir* del 30 de octubre, entre otros, se hicieron eco, bajo titulares sensacionalistas, de esta noticia (ADMAE, Dossier AP3-30). Sin embargo, diplomáticos como Alexandre Parodi, Secretario General en el *Quai d'Orsay*, llamaron la atención sobre esta campaña propagandística de desprestigio contra el depuesto sultán Mohammed V, ya que en realidad los documentos no probaban su implicación directa en la información facilitada a los alemanes, sino la de alguien que decía trasladar un mensaje en su nombre (ADMAE, Dossier AP3-30). Fue precisamente este hecho el que precipitó que la campaña promovida por Francia contra Mohammed V para justificar su destronamiento, lejos de alcanzar los objetivos propuestos, consiguiese volverse en su contra, exacerbando aún más las protestas y las actividades de los nacionalistas y la de los países árabes, especialmente la de aquellos con representación en la ONU.

No obstante, durante 1954, una Comisión francesa trabajó en tratar de esclarecer el valor probatorio de estos documentos en los que Mohammed V aparecía como un colaborador activo de los nazis, aunque fuese a través de un intermediario (ADMAE, Dossier AP3-30). En este orden de cosas, cabe señalar que las conclusiones a las que llegó Christian Fouchet, el ministro encargado de los asuntos marroquíes y tunecinos en el Gobierno de Pierre Mendès-France, en su intervención ante la Asamblea Nacional el 27 de agosto de 1954, fueron que no podía probarse que Mohammed V hubiese estado detrás de las dudosas informaciones transmitidas por *Haj Bellal* al consulado alemán en Tánger (ADMAE, Dossier AP3-30).

V. CONCLUSIONES

Durante el Protectorado hispano-francés sobre Marruecos (1912-1956), la "crisis del Trono" y la deposición de Mohammed V en 1953 fueron eventos cruciales que evidenciaron las limitaciones del poder colonial y la determinación del nacionalismo marroquí por alcanzar la emancipación. Dentro del proceso descolonizador afroasiático impulsado tras la II Guerra Mundial, la independencia de Marruecos, alcanzada finalmente en 1956, estuvo marcada por la compleja interacción entre el colonialismo y la diplomacia ejercidos por las potencias protectoras.

El análisis de la "crisis del Trono" marroquí revela cómo el colonialismo y la diplomacia al servicio de los intereses de las potencias protectoras -en especial de Francia- se entrelazaron para moldear las dinámicas de poder y las relaciones internacionales en estos años centrales del S.XX. Además, el "*problème marocain*" impulsado por los países árabes con representación en la ONU creó un escenario adverso para prolongar la permanencia de las potencias protectoras en el país alauí.

En cuanto a la estrategia seguida por España y Francia para contener el nacionalismo y su impulso por la independencia, ambas potencias protectoras siguieron guiones diferentes. En la zona norte, la represión del nacionalismo durante la etapa del alto comisario Varela (1945-1951) debilitó considerablemente al PRN, manteniendo a su líder Torres en el exilio en Tánger hasta 1952. En la zona sur, durante la etapa del residente general Juin (1947-1951), aunque se intentó limitar las acciones del *Istiqlal*, la política represiva no dio los frutos deseados, encontrando en el sultán Mohammed V un férreo aliado. Como resultado, la muerte del alto comisario Varela y la partida del residente general Juin en 1951 revitalizaron el movimiento nacionalista.

Con la llegada del general Guillaume al frente de la Residencia General francesa, la creciente influencia del nacionalismo marroquí en la ONU y la apertura de una Oficina de Información en Washington por el *Istiqlal* complicaron aún más la situación para Francia. En este contexto, la posición del sultán Mohammed V, reafirmando su compromiso con el nacionalismo y la independencia, llevó a Guillaume a considerar su deposición, encontrando en el *bajá* de Marraquech Thami el-Glaoui un influyente aliado entre la élite local del protectorado francés.

El colofón a la "crisis del Trono" llegó en agosto de 1953 con el destronamiento del sultán Mohammed V tras una serie de maniobras políticas orquestadas por Francia y la presión de notables marroquíes acaudillados por el-Glaoui, situando en el trono al anciano Ben Arafa como una suerte de sultán títere. La deposición de Mohammed V desató una ola de violencia y terrorismo en la zona francesa del Protectorado, que se extendió hasta 1955, exacerbando las tensiones y las protestas internacionales. La campaña internacional de desprestigio contra Mohammed V, acusándolo de colaboracionismo con los nazis, fracasó en justificar su deposición y sólo aumentó la presión sobre Francia.

VI. REFERENCIAS

ABC (periódico ed. Madrid), 09/1/1953

ABC (periódico ed. Madrid), 21/8/1953

Alta Comisaria de España en Marruecos. (1953, 6 de marzo). *Ordenanza nombrando para el cargo de Delegado de Asuntos Indígenas de la Alta Comisaría de España en Marruecos al Excmo. Sr. D. Tomás García Figueras.* Boletín Oficial de la Zona de Protectorado Español en Marruecos nº 10 (BOZPEM), pp. 287-288.

Aránguez, J.C. (2017). El factor nacionalista en el proceso descolonizador afroasiático de mediados del siglo XX. En C. Ferrer & J. Sans (coords.), *Fronteras contemporáneas: identidades, pueblos, mujeres y poder. Actas del V Encuentro de Jóvenes Investigadores en Historia Contemporánea. Vol. 2* (pp. 19-31). Edita Departament d'Història Moderna i Contemporània de la Universitat Autònoma de Barcelona.

Aránguez, J.C. (2019). *España y Francia frente al desafío del nacionalismo en el Protectorado de Marruecos (1930-1956): tensiones internacionales y conflictos internos* [tesis de doctorado no publicada, Universidad Complutense de Madrid (UCM)]

Archives Diplomatiques du Ministère des Affaires Étrangères (ADMAE). *Dossier AP3-30: Affaires Marocaines et Tunisiennes. Maroc (1944-1955).*

Archivo del General Varela (AGV). Excmo. Ayuntamiento de Cádiz.

Archivo General de la Administración (AGA). Fondo: *Alta Comisaría de España en Marruecos.*

Azcona, J.M. & Aránguez, J.C. (2023). The Decolonization of the Spanish-French Protectorate of Morocco (1953-1956): between Terrorism and International Negotiation". In M. Madueño & A. Guerrero (eds.), *Examining Colonial Wars and Their Impact on Contemporary Military History* (pp. 165-187). IGI Global. https://doi.org/10.4018/978-1-6684-7040-4

Bennouna, M. A. (1951). *Our Morocco. The True Story of a Just Cause.* Morocco.

Bernard, S. (1968). *The Franco-Moroccan Conflict 1943-1956.* Yale University Press.

El Alami, M. (1981). *Mohammed V: Histoire de l'Indépendance du Maroc.* A.P.I.

Ibn Azzuz, M. & Ibn Azzuz, F. (1990). *Mohammad V frente al Protectorado.* Arabian Al Hilal.

Julien, Ch-A. (1972). *L'Afrique du Nord en marche. Nationalismes musulmans et souveraineté française.* Ed. Julliard.

Julien, Ch-A. (1978). *Le Maroc face aux impérialismes: 1415-1956.* Éditions J.A.

Madariaga, M. R. (2013). *Marruecos, ese gran desconocido. Breve historia del protectorado español.* Alianza Editorial.

Pennell, C.R. (2009). *Breve historia de Marruecos.* Alianza Editorial.

Rézette, R. (1955). *Les partis politiques marocains.* Ed. Armand Colin.

Spillmann, G. (1967). *Du protectorat à l'indépendance: Maroc (1912-1955).* Ed. Plon.

United Nations (1953). *Index to Proceeding of General Assembly. Seventh Session 14 October to 21 December 1952 and 24 February to 23 April 1953.* United Nations Publications. https://www.un.org/sites/un2.un.org/files/2021/03/a7_0_0.pdf

Velasco, R. (2012a). España ante la «crisis del Trono» alauí: ¿una política de oportunidades perdidas?. En L. Martínez, M. Fernández & D. Bravo (coords.), *La presencia española en África: del "fecho de Allende" a la crisis de Perejil* (pp. 131-162). Asociación Veritas.

Velasco, R. (2012b). *Nacionalismo y colonialismo en Marruecos (1945-1951): el general Varela y los sucesos de Tetuán.* Alfar.

Wolf, J. (1994). *Maroc, la vérité sur le protectorat franco-espagnol: l'épopée d'Abd el Khaleq Torres.* Ed. Ballànd.

Ybarra, M. C. (1998). *España y la descolonización del Magreb. Rivalidad hispano-francesa en Marruecos (1951-1961).* UNED.

4.
ELEMENTOS PERMANENTES Y RECONFIGURADORES DEL SISTEMA INTERNACIONAL

Las élites y la definición del espacio de seguridad: los casos de Estados Unidos y Rusia

DR. RAFAEL CALDUCH CERVERA
Catedrático en DIP y Relaciones Internacionales
Universidad Camilo José Cela
https://orcid.org/0000-0002-7550-986X

DR. RAFAEL CALDUCH TORRES
Profesor de Relaciones Internacionales
Universidad Europea de Madrid
https://orcid.org/0000-0002-6694-128X

I. RESUMEN

Uno de los aspectos de la teoría de las Relaciones Internacionales más controvertido es el relativo al papel de los grupos sociales en la configuración de las relaciones exteriores de las grandes potencias. El peso del realismo político, concediendo la máxima importancia al estadista, y el estructuralismo marxista, atribuyendo a la clase social el protagonismo determinante de la estructura política internacional, contribuyeron decisivamente a relegar el estudio de las elites como actores intervinientes en la acción exterior de las grandes potencias.

El presente estudio aborda el papel de las elites de Estados Unidos y Rusia en la definición de los espacios de seguridad de ambas potencias en una etapa de transición en la Sociedad Internacional en el que el fin de la bipolaridad con disuasión nuclear y el impacto de la globalización están modificando las estructuras de poder a escala mundial y estableciendo una nueva concepción de la seguridad, tanto a escala nacional como mundial. Mientras en el caso de Estados Unidos, los cambios políticos y sociales están obligando a las sucesivas administraciones presidenciales a cambiar las prioridades de su agenda estratégica desde la relación transatlántica al escenario indo-pacífico, en el caso de Rusia, el trauma provocado por la desaparición de la Unión Soviética no sólo significó un cambio irreversible de sus espacios nacional y de seguridad, sino que también abrió la oportunidad para un cambio en las elites que habían controlado el poder estatal desde la Revolución bolchevique.

II. PALABRAS CLAVE

Elite, Seguridad, Relaciones Internacionales, Estados Unidos, Rusia.

III. EL ESTUDIO DE LAS ÉLITES: EL ESLABÓN PERDIDO EN LA TEORÍA DE LAS RELACIONES INTERNACIONALES

Cuando se analiza la política exterior de las grandes potencias, la mayoría de los estudios suelen situarse en alguna de las tres principales corrientes doctrinales que han dominado esta parcela de la disciplina de las Relaciones Internacionales: a) los trabajos que describen y analizan la intervención de los actores individuales (líderes; dirigentes políticos); b) los que consideran las interacciones entre los actores institucionales (partidos políticos; poderes del estado; organizaciones internacionales) y c) los que abordan la decisiva intervención de los actores sociales más o menos organizados (grupos sindicales; grupos de presión; medios de comunicación; clases sociales; opiniones públicas) y que Renouvin denominó "las fuerzas profundas" de la Historia.

Además, y en buena medida por la influencia del realismo clásico norteamericano, la mayoría de estos estudios se basan, explícita o implícitamente, en el axioma de la elección racional a la hora de explicar las actuaciones de las grandes potencias en la política internacional a pesar de que existen numerosas y reiteradas evidencias, aportadas por diplomáticos e historiadores, de que buena parte de las decisiones de la política exterior de los Estados responden a creencias, valores o ideologías de dudoso fundamento racional y arraigadas raíces emocionales.

Sin embargo, cabe cuestionarse si los actores individuales llegan a ocupar las más altas instituciones de los países y ejercen su poder merced a sus cualidades y capacidades personales o gracias al apoyo de alguna colectividad social a la que pertenecen, representan y cuyos intereses defienden. De ser este el caso ¿Cuál es la naturaleza, composición, funciones y competencias ejercidas por tales colectividades sociales?

Tanto en la Sociología como en la Ciencia Política el estudio de las colectividades sociales y su participación política, económica y cultural estuvo dominado por el debate entre dos grandes corrientes teóricas: la corriente marxista y la corriente elitista.

La primera desarrolló el concepto de clase social a partir de la combinación de unas condiciones socioeconómicas "objetivas" y de una conciencia de clase. De acuerdo con la coincidencia de ambas condiciones se podían diferenciar dos clases sociales: la burguesía y el proletariado. El inevitable conflicto de clases constituía el marco estructural que determinaba la evolución histórica del capitalismo hacia las nuevas etapas de la dictadura del proletariado y el comunismo final.

Esta concepción marxista impregnó todo el desarrollo teórico y programático de los partidos socialdemócratas y comunistas y, lo que es más importante, de las políticas exteriores de la URSS y el resto de las "democracias populares". (Calduch Cervera, R.1981).

Por su parte, la corriente elitista abordó la cuestión de la intervención de los grupos sociales desarrollando el concepto de *elite* para diferenciarlo de las masas o mayorías sociales y formulando diversas teorías sobre su existencia, composición y actuaciones desde las primeras obras de Mosca y Pareto hasta las aportaciones más recientes de Higley y Moore o Putnam. (Calduch Torres, 2019, pp 104-107)

Probablemente la principal aportación teórica en la ciencia de las Relaciones Internacionales asociada a la corriente elitista haya sido la que ha estudiado el papel de los grupos de presión y las organizaciones no gubernamentales como actores colectivos influyentes en la configuración de las decisiones estatales y sus relaciones internacionales. Autores como Meynaud, Duroselle, Merle y Truyol abordaron desde finales de la década de los '50 la importancia de esta categoría de actores transnacionales. (Duroselle, J.B. 1992; Merle, M. 1959; Meynaud, J. 1961 y Truyol, A. 1974)

Atendiendo a esta contradictoria evolución teórica sobre la participación de los grupos sociales en la política, en general, y la política exterior de las grandes potencias, en particular, no resulta extraño que su estudio en el ámbito de la disciplina de las Relaciones Internacionales haya quedado relegado frente al de otros actores como el Estado o las Organizaciones Intergubernamentales, provocando un vacío doctrinal que urge superar con los correspondientes estudios de casos y la formulación de nuevas propuestas teóricas acordes a las conclusiones que se alcancen.

El presente estudio tiene como objetivo analizar y comparar el papel de las elites en la política exterior de Estados Unidos y de Rusia durante las últimas décadas, destacando la concepción del espacio de seguridad de ambas potencias como parte decisiva en la definición de sus relaciones exteriores.

IV. LA CONFIGURACIÓN DE LA ELITE DE ESTADOS UNIDOS Y EL ESPACIO DE SEGURIDAD NACIONAL DESDE LA ADMINISTRACIÓN OBAMA

Para poder dimensionar la verdadera importancia de la confrontación que se ha producido entre Rusia y Occidente, debemos entender que ya como planteábamos en trabajos anteriores (Calduch Torres, R. 2023, pp. 178-181) desde 1991 hasta 2007, Rusia desarrolló una aproximación mayormente reactiva a la escena internacional y "perdió la capacidad de influir decisivamente sobre una serie de territorios que, habiendo pertenecido bien al espacio de seguridad o bien al espacio de ocupación soviético, son esenciales para su supervivencia como estado independiente" (Calduch Torres, R. 2023, p. 185), entre otras cosas debido a dos procesos que mermaron claramente las capacidades rusas de interacción internacional: la contracción de su economía durante el largo peregrinaje del comunismo soviético al capitalismo de estado y el proceso de transición entre sus elites.

Mientras esto sucedía, Occidente desarrolló una estrategia de ocupación del vacío creado por la contracción postsoviética de Moscú, que tuvo un carácter multidimensional, pues afectó no sólo a la dimensión estratégica, a la geopolítica o a la percepción que sobre el mundo tenían las elites; sino que también modificó de manera definitiva las interdependencias establecidas por la estructura económica mundial, a través del impulso final al proceso de globalización, del que, si bien durante este periodo fue el principal beneficiario, no fue el único, pues también abrió la puerta a otros actores que estaban transformándose simultáneamente, por poner un ejemplo, Brasil, China o India. Así mismo, en este proceso de redefinición de roles, se vieron afectados tanto la OTAN, como los propios Estados Unidos y, por extensión el espacio de seguridad nacional de estos últimos.

Dicho proceso se caracterizó por dos efectos diferenciados, como son el cuestionamiento cada vez más abierto del liderazgo internacional estadounidense y el papel que la OTAN debía articular con respecto a la seguridad de aquel país. Estos efectos, además, interaccionaban con los problemas de la política interna estadounidense que, en la última década, no han dejado de agudizarse y que aparecen íntimamente ligados a un proceso de polarización política derivado, a nuestro entender, de la influencia del proceso de transición entre sistemas internacionales y también de dos procesos de sustitución en el núcleo de la élite estadounidense que afectan a los más importantes de los cinco grupos-elite identificados (Calduch Torres, R. 2016, p.91), el económico-social y el político- administrativo y legal. En el primero de estos se está produciendo el relevo del complejo militar-industrial por el militar-tecnológico[1], mientras que en el ámbito político-administrativo nos enfrentamos a una renovación orgánica en los niveles más altos de la élite[2]. Estos procesos están diluyendo la aproximación tradicional a la seguridad de Estados Unidos, que derivan del periodo de la Guerra Fría.

2007 fue el año en el que, por primera vez, Vladimir Putin abandona de cara a Occidente la actitud reactiva que había estado

---

1 Según la lista Fortune 500, que incluye las quinientas principales empresas estadounidenses con unos activos combinados de más de 18 billones de dólares y 31 millones de empleados en 2024, de las 10 más grandes, 3 son tecnológicas (Amazon, Apple y Alphabet) y sólo una, Exxon Mobil (petróleo) se corresponde con actividades tradicionales del complejo militar-industrial, siendo las otras seis, empresas de servicios (particularmente de salud, 4). Salvo dos casos, Saundar Pinchai CEO de Alphabet (Google) y Warren Buffet, CEO de Berkshire Hattaway, nacidos en 1972 y 1930 respectivamente, el resto son todos nacidos en la década de 1960.

2 De los siete miembros del segundo gabinete presidencial confirmados por el Senado a la fecha de la redacción de este capítulo, sin incluir al presidente, dos nacieron después de la década de los '70s, Pete Hesgeth, Secretario de Defensa y Lee Zaldin, Administrador de la Agencia de Protección Ambiental. De los otros cinco, 3 nacieron en la década de 1970 y otros dos, John Ratcliffe, Director de la CIA y Scott, Bessent, Secretario del Tesoro en la de los '60. El presidente nació en 1946.

manteniendo y que había permitido que la Federación Rusa recuperase el terreno perdido a nivel económico y de seguridad[3] y así lo expresa en un marco de importancia capital como es la Conferencia de Seguridad de Múnich (Munich Conference on Security Policy, [MCSP], 2007) cuando plantea en su *speech* que la seguridad no es un elemento bidimensional relacionado exclusivamente con las capacidades militares o la estabilidad política, sino que requiere de un enfoque multidisciplinar que incluya indefectiblemente, la estabilidad de la economía mundial, la lucha contra la pobreza, la seguridad económica y lo que él denomina, un diálogo entre civilizaciones, que no es otra cosa que una revisión de la estructura de dominio de Estados Unidos de la que la OTAN es otro instrumento más y que afecta a su espacio de seguridad nacional.

Es más, llega a decir abiertamente que *"one state and, of course, first and foremost the United States, has overstepped its national borders in every way. This is visible in the economic, political, cultural and educational policies it imposes on other nations"*, o que *"the use of force can only be considered legitimate if the decision is sanctioned by the UN. And we do not need to substitute NATO or the EU for the UN."* (MCSP, 2007, pp. 2-3)

Ante esta tesitura qué podemos esperar de la parte estadounidense.

4.1 La configuración tradicional de la elite estadounidense y su proyección en el espacio de seguridad.

Como hemos ya abordado recurrentemente (Calduch Torres, R. 2016, pp. 112-122 y 2023, pp.181-188), la estructuración de las élites obliga a una proyección que divide en tres categorías los

---

3 En el primer caso, como podemos apreciar en la Tabla 2, fue un proceso que se inició en 1999 y culminó en 2013, pese a los efectos de la crisis subprime de 2008, que tardaron tres años en superarse. En el segundo, como podemos apreciar en la Tabla 3, será un proceso que iniciándose en el año 2000 se extenderá durante 14 años ininterrumpidamente.

espacios sobre los que un actor internacional estatal actúa: el espacio de ocupación, el espacio de seguridad y el espacio de interés.

También hemos indicado ya que, los procesos de transformación estatal y del sistema internacional (Calduch Torres, R. 2016, p. 116 y p. 122) alteran esta estructuración contrayendo o expandiendo estos espacios en función de la ampliación o constricción de las capacidades disponibles de dicho actor estatal, que se derivan de las acciones desarrolladas por sus élites para enfrentarse a dichos cambios, en tanto que éstas dirigen las sociedades en las que habitan.

Aplicado al caso estadounidense, la configuración de su élite ha permitido el establecimiento de unas pautas en política exterior que se pueden trasladar tanto a la proyección espacial, como a la conceptualización estratégica. Desde el punto de vista espacial, podemos afirmar que la conquista del espacio de ocupación se completa tras la guerra con México de 1848 (Calduch Torres, R: 2016, p. 114) y que los espacios de seguridad e interés no han parado de extenderse desde entonces. Desde el punto de vista conceptual, podemos afirmar que la política exterior estadounidense se mueve entre dos coordenadas, el pragmatismo y el intervencionismo, ya sea éste último regional, como durante la mayor parte del S. XIX, o global, como durante la mayor parte del S. XX.

Para ello, la elite estadounidense ha construido dos estructuras entrelazadas; por un lado, desde el punto de vista conceptual, las principales consideraciones relacionadas con su seguridad nacional se expresan a través de planteamientos doctrinarios estratégicos, que se van recogiendo en eso que llamamos (Calduch Torres, R. 2016, p. 125) doctrinas estratégicas. Éstas, desde 1986 están reguladas y se publican con una cierta regularidad[4] y en ellas podemos

---

4 En la actualidad, a expensas de que la nueva Administración Trump elabore una, nos encontramos bajo el paraguas de la *National Security Strategy* de Joe Biden de octubre de 2022, que sustituyó a la *Interim National Security Strategic Guidance* de marzo de 2021 elaborada por la misma Administración.

encontrar claramente identificadas las áreas geográficas y los actores estatales que cada administración estadounidense prioriza. Por el otro, ha creado una red mundial de bases militares que sustentan su dominio militar internacional, dinamizan las capacidades y operatividad de sus Fuerzas Armadas y determinan la ubicación de los principales *hubs* logísticos y armamentísticos, que sostienen sus intereses geopolíticos globales. Todo ello mantenido a través de un gasto militar que entre 1991 y 2023, se ha multiplicado exponencialmente en más de 600.000 millones de USD (SIPRI, 2025)[5].

A raíz de esta configuración, podemos entender claramente que, desde el punto de vista espacial, a partir del inicio de la Guerra Fría, el espacio de seguridad estadounidense ha sido colindante del espacio de seguridad de Moscú, hasta que, comenzando en 1991, el primero se ha sobrepuesto al segundo pese a su contracción[6]. También, podremos ver que el principal, aunque no único vehículo[7] de esta sobreposición ha sido el proceso de ampliación de la OTAN, que ha ido consolidando la relación entre la seguridad nacional estadounidense y el escenario europeo con el tiempo.

---

5 Pasando de casi 300.000 millones de USD en 1991 a casi 920.000 millones de USD en 2023.

6 Originalmente el Estrecho de Bering y el "Telón de Acero"; actualmente, la Europa escandinava y báltica en torno a Kaliningrado y la Península de Kola y los países de Europa oriental, en particular Polonia, pero también Eslovaquia, Hungría y Rumanía, limítrofes con Bielorrusia o Ucrania; todos ellos miembros de la OTAN y de la UE.

7 También tenemos que tener en cuenta los acuerdos bilaterales establecidos por las diferentes Administraciones estadounidenses para el despliegue de bases e instalaciones relacionadas con la seguridad estadounidense como el proyecto que conocemos coloquialmente como "escudo antimisiles", por poner un ejemplo.

4.2 Los cambios introducidos en el tránsito entre las Administraciones Bush Jr. (2001-2009) y Obama (2009-2017)

Así nos encontramos que durante el proceso de reorganización, refuerzo y revisión llevado a cabo por la Federación rusa entre 1999 y 2014, los Estados Unidos habían implementado una estrategia que les conducía claramente hacia el choque, en particular por la contraposición de los objetivos que estructuraban conceptualmente la definición de los espacios anteriormente descritos y, por extensión, la relación con otros actores sitos en dichos espacios (doctrinas estratégicas) con la realidad del despliegue mundial de sus fuerzas e infraestructuras militares.

Esta contraposición se sustenta conceptualmente por dos doctrinas estratégicas, la que comúnmente conocemos como *War on Terror* (2002 y revisada en 2006) correspondiente a las dos Administraciones Bush Jr. (2001-2009) y la *Comprehensive Engagement* (2010, revisada en 2015) de las dos Administraciones Obama (2009-2017). Ambas utilizaron y redefinieron los elementos sustantivos de la estrategia de *Engagement & Enlargement* (1994, revisada anualmente hasta 2000) desarrollada por Bill Clinton (1993-2001), que había dominado el mundo postsoviético a partir de 1993.

Tanto la aproximación de Bush Jr., como la de Obama, pese a sus diferencias, coinciden en una percepción errónea de la relación con y las necesidades de, la Federación rusa, una incomprensión clara de los cambios internos acaecidos bajo la tutela de Putin y una subestimación de la importancia de dichos procesos y de sus efectos para el escenario de transición entre sistemas internacionales actual.

En el primer caso, Estados Unidos está en guerra, en una guerra en defensa de la libertad y que se compara, recurrentemente, con la Guerra Fría (President of the USA [POTUS], 2002, pp. 3 y 5-7), lo que dice mucho de la percepción bipolar que impera en Washington después de los intentos de imposición hegemónica o unipolares derivados de la última revisión de la estrategia de *Engagment & Enlargement* (POTUS, 2000); pero que en realidad no puede ser una guerra, pues el contrincante es el terrorismo internacional, particularmente el de corte islámico.

Este estado de guerra condiciona la percepción general de Washington, hasta el punto de que se estima posible la cooperación estratégica con Rusia a través de la OTAN, pese a la clara oscilación de su condición como socio o adversario estratégico, en función del miembro de la Alianza al que se le consulte[8]; mientras se analiza con preocupación el proceso de consolidación democrática interno, obviando en todo momento las dinámicas de renovación de las elites económicas y políticas del país que indican ya, claramente, que no se ha producido una verdadera transición entre las elites postsoviéticas y las nuevas elites nacionales rusas. No sólo, cuando menos de un año después de la redefinición de 2006 (marzo), Putin dé su discurso en Munich, cualquier perspectiva de aproximación debería haberse visto revisada y reajustada teniendo en cuenta no sólo el cambio de paradigma de actuación internacional rusa, de reactivo a proactivo, sino también la nula posibilidad de consolidación democrática y el riesgo evidente de involución en esta dimensión, que el proceso de ascenso y consolidación política de Putin ha dejado entrever.

Obama en 2010 es capaz de reconocer el primero de estos escenarios, pues recordemos que en 2008 (agosto) ya se han desarrollado las acciones contra Georgia como respuesta a lo planteado en la conferencia de Bucarest de abril, en donde claramente se apuesta por la posibilidad de extender la OTAN a Georgia y Ucrania, (hasta el punto de que Alemania y Francia, tienen que actuar conjuntamente para evitar su acceso al *Member-*

8 Particularmente a raíz de la incorporación paulatina de antiguos estados de la órbita soviética, como Hungría, Polonia y Rep. Checa en 1999 y Bulgaria, Eslovaquia, Eslovenia, Estonia, Letonia, Lituania y Rumanía en 2004, que hicieron a la Alianza, de nuevo vecina de Moscú.

ship Action Plan Programme); y en 2009 la Administración Obama ya ha redefinido otro instrumento destacado de la expansión de su espacio de seguridad nacional: el escudo antimisiles (Calduch Torres, R. 2024, p. 172). El resultado es de todos conocido, la satelización de Bielorrusia se hace cada vez más patente y en 2014 se produce la anexión de Crimea en el contexto de la guerra civil que emerge tras la disolución de los acuerdos políticos entre las elites ucranianas a raíz del Euromaidán y la huida de Víktor Yanukovich en 2013.

¿Cómo es posible entonces que, a las advertencias y acciones rusas en contra de una extensión de la operatividad y sobre todo de la membresía de la Alianza, (que no está del todo bien vista en Europa), pueda contraponerse el mantenimiento del tanteo para la colaboración y la cooperación de carácter general con Rusia por parte de Washington, cuando ya es evidente que el país se ha convertido en un polo emergente y revisionista de poder internacional?

Solamente podemos dar una respuesta: desde el punto de vista estadounidense la percepción de su elite política, en relación con su espacio de seguridad, se seguía manteniendo distorsionada. Esto fue debido a una serie de factores entre los que destacamos el proceso de transformación del sistema internacional, que obliga a una superposición de roles en los actores estatales que choca con la actuación tradicional estadounidense, basada en la contraposición bilateral con el actor dominante de cada sistema; los problemas derivados de la redefinición de las funciones OTAN y de su expansión; y la contraposición de las necesidades geopolíticas, con las realidades de interdependencia económica, que confieren a la Federación rusa un carácter de actor sistémico y socio necesario en múltiples dimensiones (nuclear, seguridad regional, cambio climático, transportes, seguridad alimentaria, materias primas críticas, etc) que debería obligar a redefinir las acciones que se puedan percibir como amenazas directas a su seguridad y que ha tardado décadas en permear al *stablishment* de Washington.

4.3 Proyecciones posteriores: Primera Administración Trump (2017-2021) y Administración Biden (2021-2025).

Tanto la nueva administración Trump (2017-2021), como la subsiguiente Administración Biden (2021-2025) no van a ayudar a reconducir la situación. Pese a que su diagnóstico es mucho más acertado que el de sus predecesores, creemos que, en parte debido a sus contradicciones estratégicas internas, serán incapaces de presentar líneas claras de acción sobre Rusia más allá de aquellas derivadas del contexto de cada momento.

Tanto *A New National Security Strategy for a New Era*, publicada en febrero de 2017,como *The competition for what come next* de Octubre de 2022, reflejan un mayor pragmatismo en su análisis de la realidad internacional, con algunos elementos comunes, como: a) el reconocimiento de encontrarse en un proceso de cambio del sistema internacional que supone una ruptura con las etapas anteriores; b) la importancia de China y Rusia como catalizadores de este proceso de revisión internacional; c) la multidimensionalidad de los retos que ambas potencias presentan; d) la diferencia entre el reto que supone China (mucho más general y de mayor alcance) y el que supone Rusia (más concreto); e) la preeminencia de la región Indo-Pacífica como epítome de esta rivalidad; f) la necesidad de cooperación con ambos actores en algunas cuestiones y g) la necesidad de que la respuesta a Rusia se lleve a cabo desde una perspectiva multilateral que incluya a los socios europeos de la UE y la OTAN.

Pese a estas similitudes, las diferencias entre ambas aproximaciones son notables, tanto a la hora de describir el escenario internacional, como a la hora de precisar el reto impuesto por la Federación rusa; pero también es cierto que el contexto es claramente diferente, pues en febrero de 2022 se producirá la invasión de Ucrania por Rusia.

Tanto la Administración Trump, como la Administración Biden, son conscientes de estar inmersas en un cambio de paradigma internacional, pero cada una lo interpreta de manera diferente. En el primer caso, el cambio es percibido como un intento de menoscabar el dominio ejercido por los Estados Unidos y se articula en contra de sus intereses y su seguridad nacional. Dicho cambio se debe a la acción combinada de tres elementos fundamentales, por un lado una complacencia estratégica (POTUS, 2017, p. 27) basada en la extensión (*enlargement)* de una visión liberal-democrática, que transformaría la competición en cooperación; todo ello sustentado en un dominio militar aparentemente garantizado, la extensión global de la democracia y el compromiso (*engagement)* en la integración de determinados actores a través de la economía capitalista (POTUS,2017, p. 3); por otro el dinamismo revisionista de China y Rusia, unido a la existencia de "*rogue countries*", en particular Corea del Norte e Irán; y destinado a erosionar el poder, la influencia y los intereses estadounidenses y por extensión su seguridad y prosperidad (POTUS, 2017, p. 2); y, finalmente, la percepción generalizada de que los Estados Unidos pierden capacidades, control, oportunidades y soberanía al abordar el proceso de cambio desde una aproximación binaria y maximalista (guerra/paz), cuando en realidad se trata de un entorno de constante competición (POTUS, 2017, p. 28). Este planteamiento es un cuestionamiento de las bases de la doctrina estratégica estadounidense desde 1994.

Para Biden, sin embargo, el cambio es el resultado de la transición entre sistemas internacionales producto del fin del sistema de la Post Guerra Fría y se concreta en una competición estratégica por determinar los rasgos del sistema emergente. La esencia de esta competición no será otra que la oposición entre sistemas democráticos y autoritarios; y potencias dominantes y revisionistas (POTUS, 2022, pp. 6-7).

Tanto China, como Rusia son para ambas administraciones los actores clave en dicho cambio, y ambas coinciden en que China representa la verdadera amenaza, pues se le presupone una estrategia global y a largo plazo; mientras que Rusia es percibida como una amenaza más concreta, circunscrita a algunas dimensiones y que opera solo sobre determinados ámbitos geográficos. Creemos que es aquí, en una deficiente interpretación del rol sistémico de la Federación rusa, en donde se encuentra la explicación de la desviación entre la percepción y la realidad de las acciones de respuesta al reto que supone Rusia.

En el caso de la Administración Trump, el error se sustenta en una contradicción que se encuentra en que se parte de la base de que China y Rusia "*aspire to project power worldwide, but they interact most with their neighbors*" (POTUS 2017, p. 45) mientras que el objetivo principal de Rusia es restaurar su estatus de gran potencia y establecer esferas de influencia en sus fronteras (POTUS, 2017, p. 23).

Si interrelacionamos ambos postulados, de ellos se desprende una interpretación errónea de la relación sino-rusa; pues mientras entiende que existe cierto grado de asociación y coordinación entre ambos actores sistémicos, obvia que, con más de 3.600 kms de frontera común, cuyos límites finales no fueron claramente definidos hasta el 21 de julio de 2008, en un acuerdo que se sumaba a los 1990 y 2004; y operando solapadamente en cuatro regiones (Asia Central, Mongolia, la Península de Corea y el Mar del Japón), cuanto mayor sean los intentos rusos por asegurar sus fronteras, mayor será la erosión de los intereses chinos y viceversa. Trump infravalora también la instrumentalización de la dependencia económica global de Rusia, focaliza la amenaza de la Federación, principalmente en la región europea y por extensión articula una respuesta en la que se involucran la UE y la OTAN, desatendiendo la influencia de Moscú en el África subsahariana, Oriente Medio y Asia Central, (por ejemplo en Afganistán, Mali, Siria o Turquía), así como sus aspiraciones en el Ártico.

En el caso de Biden, la diferente percepción creemos que se achaca tanto al efecto de la guerra de Ucrania, que ha dejado al descubierto las limitaciones de las capacidades operativas rusas (POTUS, 2022, p. 9) como a la estimación de que el país no tiene ni las características, ni la voluntad, que sí se le reconocen a China, de "*reshape the international order and, increasingly, the economic, diplomatic, military, and technological power to do it*" (POTUS, 2022, p. 23), restringiendo el verdadero impacto de la amenaza rusa a Europa e introduciendo a la UE y a la OTAN, como instrumentos principales de contención.

Todo esto nos lleva, en ambos casos, a una estrategia de acción contra Rusia que intenta constreñir sus capacidades militares, desarticular su amenaza nuclear y oponerse a sus capacidades de desestabilización política, desinformación e instrumentalización del entorno virtual, que en Biden es explícita (POTUS, 2022, pp. 25-27) y en Trump implícita (POTUS, 2017, pp. 8, 14 y 25); mientras se pretende cooperar y colaborar con la Federación, cuando sea necesario.

Sin embargo, ninguna de las estrategias aborda alguno de los principales retos que la realidad rusa impone:

- La necesidad de tener unas fronteras seguras que imponen una limitación de la influencia de los principales actores tanto al Este (China), como al Oeste (UE y OTAN) en los territorios limítrofes, esto es Kaliningrado, península de Kola, Mar Báltico, Bielorrusia, Ucrania, Cáucaso, Asia Central, Mongolia, península de Corea y Mar del Japón.
- La correlación entre percepción de inseguridad y amenaza de conflicto nuclear, que es sustantiva de cara al mantenimiento de la disuasión.
- El papel que, como potencia revisionista, desarrolla Rusia en determinadas regiones fundamentales para la seguridad occidental en su conjunto (Oriente Medio, Sahel, Asia Central, Ártico).
- La interconexión y la interdependencia que la globalización impone con respecto a un actor tan fundamental como Rusia, tanto para Occidente (Estados Unidos, UE, Latinoamérica), como para China y el Sur Global (África, India, etc...) en un entorno de multipolaridad.

- La explotación de las diferencias estratégicas entre China y Rusia y su estatus de competidores naturales, ni la compensación de las diferencias entre Europa y Estados Unidos.

Al no hacerlo generan una distorsión que permite mantener la ficción de que el teatro de confrontación europeo es estructuralmente menos relevante que el Indo-Pacífico y que puede desarrollarse la actuación estadounidense a través de la acción de los socios europeos de la UE y la OTAN, como si éstos mantuvieran una unidad de visión estratégica con Washington que, en realidad, no es exactamente así.

V. LA RENOVACIÓN DE LA ELITE EN RUSIA Y SU IMPACTO EN LA CONCEPCIÓN DEL ESPACIO DE SEGURIDAD NACIONAL POST-SOVIÉTICO

5.1 La evolución de la elite en Rusia

El caso de la desintegración de la Unión Soviética y la emergencia de las nuevas repúblicas independientes, con la Federación de Rusia al frente, constituye un inestimable caso de investigación para analizar los procesos de adaptación o transformación de las elites a los cambios políticos estructurales como el que hemos señalado.

Aunque nos vamos a centrar en el caso de los cambios acaecidos en las elites de la federación de Rusia, lo cierto es que semejantes estudios podrían realizarse con relación a las elites del resto de las nuevas repúblicas independientes.

Para nuestro análisis del cambio en las elites rusas tomaremos como referencia el modelo formulado por Calduch Torres en su Tesis y en el que se utilizan tres variables explicativas: el proceso de cambio; el motor de cambio y el *tempo* de cambio, con los correspondientes modelos según las combinaciones de estas variables. (Calduch Torres, R. 2016, p. 75)

Si tomamos como antecedente inmediato el período soviético, podemos establecer tres grandes cambios en la composición de su elite y en las funciones desempeñadas. El período de 1917 a 1937 que se corresponde a la etapa de la Revolución bolchevique, la posterior guerra civil y la lucha por el control y liderazgo del partido comunista soviético. Una segunda fase entre 1937 y 1956 coincidiendo con el liderazgo de Stalin, la Segunda Guerra Mundial y los inicios de la "Guerra Fría" y un tercer período que se extiende entre 1956 y 1991 y que incluye la desestalinización, la gestión de la bipolaridad con disuasión nuclear y la crisis final de la URSS.

Es evidente que en la primera etapa se produjo un cambio entre la antigua elite zarista y la nueva elite bolchevique, mediante un proceso ruptura a corto plazo de acuerdo con los criterios que definen el cambio de elite por revolución. Durante esta primera etapa, al frente de la elite comunista emergente aparecen los dirigentes políticos bolcheviques que ya habían intentado llevar a cabo un proceso revolucionario en 1905 como era el caso de Lenin; Stalin o Trotsky, junto con otros líderes que representaban las diferentes tendencias ideológicas y sociales revolucionarias como Zinoviev; Kamenev; Bujarin o Piatakov. (Carr, E.H. 2014)

Durante este período se fue progresivamente generando el núcleo de la elite comunista soviética gestionada y controlada por los dirigentes políticos bolcheviques, pero en la que también participaron antiguos oficiales zaristas que se incorporaron al Ejército Rojo creado por Trotsky durante la guerra civil. Surge así, desde el origen de la nueva elite soviética, un entramado entre el núcleo dirigente, creado y nutrido por los miembros políticos más destacados del bolchevismo, y una periferia de la elite procedente de las Fuerzas Armadas y la NKVD, de una parte, y las autoridades políticas regionales y locales, de otra.

Este embrión de la elite bolchevique, sufrió un colapso iniciado con las "purgas" desencadenadas por Stalin a partir de 1934 que descabezaron a la cúpula del Partido Comunista Soviético y del Ejército Rojo, seguido del impacto provocado por la Segunda Guerra Mundial y concluyendo con las nuevas purgas de los años 1948 a 1953 a raíz del conflicto soviético-yugoslavo[9].

No obstante, al amparo de la Segunda Guerra Mundial se fue gestando un nuevo núcleo de la elite soviética, tanto en el seno del Partido Comunista como de las Fuerzas Armadas, que tras su consolidación a la muerte de Stalin llevarían a cabo el proceso de desestalinización realizado en el XX° Congreso del PCUS. Ejemplos representativos de este nuevo núcleo de la elite soviética fueron Nikita Kruschov, entre los dirigentes políticos, y el mariscal Gueorgui Zhúkov entre los mandos militares. (Kruscev, N.S. 1970; pp. 343-376)

Con ello se inicia el desarrollo de la elite soviética que asumirá la dirección de la URSS convirtiéndola en una superpotencia nuclear con proyección ideológica, política y militar a escala mundial. Por ello en la periferia de esta elite aparecerá un colectivo que resultó decisivo para la gestión del Partido y el Estado, los *aparatchik* es decir los *operadores* o gestores administrativos encargados de la dirección técnica de la Administración estatal y de la economía soviética que era de propiedad estatal y planificación centralizada.

De este modo, la organización de la elite soviética estaba compuesta por un núcleo de dirigentes políticos, militares y de los servicios de seguridad, que tenían el dominio del PCUS y el Estado, denominado *nomenklatura*,[10] junto con una periferia

---

9 Según los datos recopilados por Getty y Naumov (1999; 588) entre 1937 y 1938 se produjeron 1.575.259 detenciones, 1.344.923 condenas y 681.692 ejecuciones.

10 Originariamente el término *nomenklatura* denominaba el sistema de reclutamiento de todos aquellos cargos de las instituciones y empresas estatales, medios de comunicación o actividades artísticas cuyo nombramiento debía ser aprobado por el Comité Central del Partido Comunista de la Unión Soviética (PCUS). Por extensión, este término acabó utilizándose para denominar a los miembros dirigentes de la elite soviética.

vertebrada a partir de los poderes regionales y locales así como los *aparatchik* que controlaban y gestionaban la Administración civil federal, el sistema de planificación económica y las grandes empresas de la industria, especialmente las de defensa y de energía del país, además de los Koljoses y Sovjoses agrícolas.

Desde la Revolución de 1917, de los diversos grupos que integraban la elite soviética el formado por los mandos político-ideológicos constituía el grupo dominante en el núcleo elitista del país, controlando la mayoría de los puestos en el Comité Central, el Politburó y la Secretaría General del PCUS, mientras que la alta oficialidad militar y de los servicios de seguridad, así como los altos cargos de la Administración civil y los mandos medios del PCUS constituían la periferia de la elite.

La principal institución de reclutamiento y promoción de los miembros de la elite soviética era el PCUS, complementado por las Fuerzas Armadas, los servicios de seguridad e inteligencia del Estado y, finalmente, las redes clientelares de autoridades locales y cuadros de aparatchiks. El Partido tenía a su vez un proceso de reclutamiento de jóvenes para la formación y `promoción de su elite a través de las juventudes comunistas, con ello garantizaba su continuidad intergeneracional facilitando, al mismo tiempo, la movilidad entre los miembros de la elite y la mayoría social que formaba la no elite. Además, es necesario destacar que la propia estructura jerárquica del PCUS impuso una configuración de la elite comunista soviética piramidal dominada por el reducido grupo del Comité Central y el Politburó junto con el liderazgo personal del dirigente que ocupase la Secretaría General del Comité Central del PCUS.

Sin embargo, tras la muerte de Breznev se produjo un cambio significativo en esta configuración con la elección de Yuri Andropov, Director del KGB, como Secretario General del PCUS en 1982. Esta elección demostraba el auge en la elite soviética del sector militar en perjuicio de la hegemonía ostentada hasta ese momento por los dirigentes políticos. Su fallecimiento a los 15 meses del nombramiento dificultó, aunque no impidió, la renovación del núcleo de la elite con la promoción de oficiales militares y del KGB, de los que Vladimir Putin fue uno de ellos, junto con nuevos dirigentes políticos del Partido como Boris Yeltsin; Edvard Shevernadze; Yegor Ligachov o Aleksandre Yakovlev como miembros del Politburó

Aunque tras la muerte de Andropov y la breve sucesión de Chernenka, el control del núcleo elitista volvió a recaer en los altos cuadros políticos con Gorbachov como Secretario General, la crisis económica del país primero y la posterior desintegración del Estado más tarde, provocaron el colapso definitivo de la elite soviética tal y como se había articulado desde 1917.

Este colapso de la elite soviética tuvo tres efectos inmediatos. De una parte, un sector de la elite soviética trató de perpetuarse cambiando el fundamento de su legitimación de la ideología comunista a la nacionalista, al tiempo que aceptaba una limitación de su poder e influencia al ámbito restringido de cada una de las nuevas repúblicas. Naturalmente, la nueva elite nacionalista más numerosa y poderosa era la rusa que, sin embargo, se veía obligada a renunciar a su posición de elite en aquellas repúblicas, como los países bálticos, donde habían gozado de una posición dominante y en las que todavía existían importantes minorías de población rusa que ahora quedaban sometidas a los nuevas elites independizadas.

El segundo efecto fue el impulso a las aspiraciones de un importante sector de la periferia de la antigua elite soviética que aspiraba a convertirse en parte del nuevo núcleo elitista ruso ante la desvertebración política del PCUS y la institucional de la URSS. Se trataba de los *oligarcas* surgidos entre los altos mandos y técnicos de los grandes complejos industriales soviéticos que, con el proceso de privatización, habían pasado a ser controlados en la propiedad y la gestión por estos antiguos *aparatchikis*. La irrupción de los oligarcas en el núcleo de la elite rusa se produjo durante la década de los '90 y llegarían a controlar las principales empresas energéticas del país junto con el nuevo sistema financiero creado al amparo de la implantación del capitalismo de Estado.

Entre los principales dirigentes de la nueva elite oligarca se encontraban Roman Abramovich; Boris Berezovsky; Vladimir Gusinsky; Mijail Jodorkovsky, Vladimir Potanin; Alexander Smolensky o Vladimir Vinogradov.

Naturalmente los intereses de esta elite oligarca se basaban en el control de la economía rusa, para lo que requerían el concurso de los dirigentes políticos heredados del PCUS como Boris Yeltsin, Yegor Gaidar o Anatoly Chubais, junto con la expansión a los mercados internacionales de las empresas que controlaban, para lo que requerían también el apoyo y la colaboración de los núcleos elitistas económicos y financieros de otros países como Reino Unido o la R.F. de Alemania.

El fracaso militar ruso en la Primera Guerra de Chechenia (1994-1996) junto con la grave crisis financiera de 1998, que arruinó a un número considerable de oligarcas, condujo al descrédito del núcleo político dirigente de la elite rusa con Yeltsin al frente, junto con una pérdida de la principal fuente de poder de la elite oligarca, el rublo, generando una crisis institucional del Estado y una quiebra de la economía del país. En semejantes circunstancias se desencadenó un relevo en el núcleo dirigente de la elite del país abriendo paso a los *siloviki*, es decir la elite vinculada a las Fuerzas Armadas y de seguridad del Estado, cuyo principal representante será Vladimir Putin. Se trataba de un sector de la elite soviética que había quedado marginado del núcleo de los poderes político y económico desde que el proceso de relevo de la elite iniciado con Andropov había quedado inconcluso con su muerte prematura.

Para garantizar el relevo en la dirección de la elite rusa desde su acceso al Kremlin, el grupo de apoyo a Putin adoptó tres iniciativas estratégicas. En primer lugar, afianzó la supremacía del poder militar del Estado sobre el resto de poderes institucionales y partidos políticos gracias al desencadenamiento y triunfo en la Segunda Guerra de Chechenia (1999-2009), la intervención militar en Georgia (2008); el apoyo militar al régimen de Hafez el Asad en la guerra civil en Siria (2011-2018) y, finalmente, la intervención armada en Ucrania (2014-continúa)

En segundo lugar, los siloviki procedieron a someter y manipular a los partidos políticos para poder controlar la Duma e importantes parcelas de la Administración Federal y local. En efecto, en las sucesivas elecciones presidenciales de 2000, 2004; 2012; 2018 y 2024 el candidato Vladimir Putin obtuvo la victoria electoral a pesar de no ser un dirigente de partido político sino un antiguo oficial del KGB. Con el apoyo de un partido creado desde la Presidencia, denominado Rusia Unida que alcanzó en las elecciones del 7 de Diciembre de 2003 los 223 escaños de un total de 450 de la Duma, las principales decisiones de Putin fueron respaldadas por el poder legislativo, desplazando progresivamente al resto de fuerzas políticas hasta lograr en las últimas elecciones legislativas de 2021 una mayoría absoluta de 324 escaños de los 450 de la Duma. Con esta aplastante mayoría pudo modificar la Constitución para ampliar su mandato presidencial a 6 años y suprimir la limitación de mandatos que existía hasta ese momento.

Pero la legitimación social y política del nuevo núcleo militar de la elite rusa, no podía completarse si no se lograba recuperar la economía del país arruinada por la guerra y la quiebra financiera de la década de los '90. Para ello los siloviki necesitaban el apoyo de una nueva elite de oligarcas que permitiese cambiar el modelo de capitalismo liberal y especulativo del período de Yeltsin a una economía productiva de capitalismo de Estado. (Staun, J., 2007)

Para articular el nuevo grupo de oligarcas se procedió a perseguir política, legal e incluso físicamente, al grupo de oligarcas que habían prosperado y apoyado la presidencia de Yeltsin y al resto de antiguos miembros de la nomenklatura comunista. De este modo oligarcas como Jodorkovsky; Gusinsky o Mirilashvili fueron juzgados y condenados, mientras que otros como Berezovsky o Vinogradov se exiliaron y murieron en el extranjero en extrañas circunstancias.

Al mismo tiempo, desde la Presidencia rusa se promovían nuevos oligarcas al frente de empresas de energía, como Rosneft, Gazprom o Lukoil y de medios de comunicación como los periódicos Izvestia; Rossiyskaya Gazeta o Komsomolskaya Pravda, junto con emisores de TV como NTV o Russia Today. La expresa finalidad de los nuevos oligarcas era llevar a cabo la recuperación económica del país bajo el control del Kremlin. En este grupo se encontraban Roman Abramovich, Oleg Deripaska, Mikhail Prokhorov, Alisher Usmanov, Viktor Vekselberg, Leonid Mikhelson, Arkady Rotenberg, Gennady Timchenko, Andrey Guryev y Vitaly Malkin.

El máximo representante institucional de este grupo de la elite es Dimitrevich Medvedev que se alternó en la Presidencia con el propio Putin entre 2008 y 2012 y se mantuvo como Primer Ministro entre 2012 y 2020 pasando con posterioridad a formar parte del Consejo de Seguridad de Rusia como Vicepresidente[11].

Esta alternancia en la Presidencia entre Putin y Medvedev fue impuesta por la anterior regulación constitucional que impedía más de dos mandatos presidenciales seguidos. Sin embargo, también mostraba el equilibrio de poder político entre los dos grupos del núcleo de la elite rusa: siloviki y oligarcas. Ese equilibrio de poder se ha modificado paulatinamente a favor de los siloviki y en detrimento de los oligarcas desde la intervención en el Donbass y Crimea en 2014 para completarse en un dominio exclusivo de los siloviki tras el conflicto con el Grupo Wagner y la muerte de su líder Yevgueni Prigozhin.

La invasión de Ucrania por las tropas rusas ha desencadenado una serie de sanciones internacionales, especialmente las impuestas por Estados Unidos y la Unión Europea, que han afectado al comercio y las finanzas de Rusia al tiempo que se confiscaban

---

11 En 2018 en aplicación de la Countering America's Adversaries Through Sanctions Act of 2017 el Departamento del Tesoro de Estados Unidos publicó un listado de dirigentes políticos y oligarcas rusos sometidos a sanciones, empezando por el Presidente Putin. En este documento figuran un total de 96 oligarcas rusos.

los depósitos financieros rusos, tanto públicos como privados, existentes en las entidades bancarias occidentales. Estas medidas de sanción económica han causado importantes perjuicios económicos al país, pero especialmente a su elite de oligarcas.

La propia evolución militar del conflicto bélico ucraniano, desde una fracasada estrategia inicial de conquista a la realidad del estancamiento en los frentes de batalla en el último año y medio, ha provocado también importantes alteraciones en la composición de los siloviki. El cambio más importante ha sido la concentración personal del poder del Estado en Vladimir Putin con el consiguiente control sobre la composición y evolución de los dirigentes civiles y militares de la elite rusa.

Un segundo efecto de la guerra ha sido, paradójicamente, la pérdida de poder de los altos cargos de las Fuerzas Armadas en favor de los dirigentes del servicio de seguridad y de los tecnócratas civiles. El caso más llamativo ha sido la destitución como Ministro de Defensa del General Serguéi Shoigú, dirigente militar indiscutible al comienzo de la contienda, en favor del economista Andréi Beloúsov. Con este cambio y el traslado del principal teórico de la guerra híbrida, el coronel Valery Gerasimov al Consejo de Seguridad Nacional, se aprecia un cambio en la dirección de la guerra desde el ámbito militar inicial al de la gestión económica, a medida que el coste de la contienda ha impuesto las prioridades económicas y sociales a las de una improbable victoria militar.

Todavía queda por saber las condiciones pactadas entre Rusia y Ucrania que pongan fin a la guerra y cómo terminarán afectando al futuro de la elite rusa, pero es muy probable que impongan una renovación de una parte significativa de sus miembros que podría alcanzar a dirigentes como el Ministro de Asuntos Exteriores, Serguéi Lavrov, o al Vicepresidente del Consejo de Seguridad Nacional y antiguo Presidente, Dmitry Medvedev.

5.2 Los cambios en la concepción del espacio de seguridad de Rusia

La actual Federación de Rusia cuenta con una extensión terrestre de 16.377.742 kms2 junto con un área marítima de 720.500 kms2 proyectados sobre el océano Ártico, el mar Báltico, el mar Negro, el mar Caspio y el océano Pacífico. Sus fronteras poseen una longitud de 20.241 kms y limitan con 14 países, siendo las más extensas las establecidas con Kazajstán (6.846 kms.), R.P. de China (3.645 kms) y Mongolia (3.441 kms.).

La inmensidad de la extensión terrestre y de la zona marítima, unido a las condiciones climáticas extremas de buena parte de estos espacios, es una realidad que condiciona decisivamente la vida y la historia del pueblo ruso Por ello para comprender los objetivos e intereses que guían la acción de la elite rusa en la actualidad es necesario primero considerar la dinámica de construcción imperial multisecular que desde el zar Pedro I *El Grande*, a finales del siglo XVII, ha dejado su huella en el *alma rusa*, es decir en sus raíces sociales y culturales. Una huella generada por la acción de tres poderosas fuerzas: el poder autocrático del Estado; el mesianismo de la iglesia ortodoxa rusa y el sentimiento de pertenencia a un pueblo que se forjó como reacción a las constantes invasiones de tártaros, turcos, suecos, polacos, franceses y alemanes, y que durante el siglo XIX se transformó en el sentimiento nacional ruso. (Toynbee, A.J., 1984; Tsygankov, A.P., 2006)

La defensa, poblamiento, explotación de los recursos y gestión de un territorio cada vez más extenso, ha constituido el eje central de la política desarrollada por las sucesivas elites que han dominado el Estado ruso durante los últimos tres siglos. A diferencia de otros grandes imperios, donde los intereses económicos han dominado la política estatal condicionando la acción militar del país, en el caso de Rusia han sido los criterios estratégicos de la defensa del territorio imperial y la población rusa los que se impusieron a la lógica de los intereses económicos del Estado.

En la configuración geopolítica de un estado imperial cabe distinguir tres grandes espacios: el *espacio de ocupación*; el *espacio de seguridad* y el *espacio de interés.* (Calduch Torres, R., 2016, pp.112-122) De acuerdo con Calduch Torres, el *espacio de ocupación* es aquel que en la mentalidad colectiva o al menos de las elites dirigentes del Estado, se considera que constituye el territorio propio de un determinado pueblo o nación y por tanto debe ser ocupado, gobernado y explotado de forma exclusiva por dicha colectividad. Este espacio se considera irrenunciable porque forma parte de la propia identidad social, política y cultural del país forjada a lo largo de su historia.

El *espacio de seguridad* es aquella área exterior, generalmente limítrofe con el espacio de ocupación, que se considera necesaria para garantizar su control estatal y exclusivo. A diferencia de éste último, el espacio de seguridad no exige el asentamiento permanente de población siendo suficiente la existencia de un decisivo control político, eventualmente garantizado por el despliegue o la intervención militar[12].

Por último, se encuentra el *espacio de interés* constituido por el área en la que un Estado ejerce una influencia directa para garantizar sus intereses, ya sean políticos, económicos o culturales, pero cuyo control no resulta indispensable para la continuidad estatal o su seguridad inmediata[13].

La elite del nuevo Estado ruso que emerge de la desaparición soviética ha visto reducido su espacio de ocupación y, por tanto, su poder, como resultado de la secesión de las antiguas repúblicas federadas con sus correspondientes territorios y poblaciones.

---

12 Un ejemplo característico, pero no exclusivo, de espacio de seguridad son las zonas marítimas sometidas a la soberanía de los estados costeros, actualmente las que corresponden al *mar territorial* y la *zona contigua* que se extienden 12 y 24 millas marinas desde la costa respectivamente. Arts. 2.1 y 33.2 de la Convención de Naciones Unidas sobre el Derecho del Mar de 1982.

13 El ejemplo clásico de espacios de interés han sido los territorios coloniales para los grandes imperios ultramarinos.

Por ello en los momentos iniciales de la nueva realidad geopolítica rusa, la elite vinculada a la nomenklatura y los aparatchik del antiguo partido comunista soviético trataron de restaurar los espacios de seguridad e interés a través de una serie de tratados internacionales que tenían por finalidad crear organismos internacionales de naturaleza confederal.

Al mismo tiempo, la emergente elite de los oligarcas centraba sus iniciativas en la redefinición del espacio de interés en consonancia con la instauración de una economía capitalista de mercado. Se trataba de acceder a los mercados y capitales financieros occidentales, puesto que las economías de los antiguos países del COMECON (Consejo de Ayuda Económica Mutua) y las nuevas repúblicas independientes, incluida la propia economía rusa, estaban arruinadas.

La primera iniciativa confederal fue la creación de la Comunidad de Estados Independientes (CEI), constituida originariamente por la iniciativa de Rusia, Ucrania y Bielorrusia mediante la Carta de la comunidad de Estados Independientes firmada en Minsk el 8 de Diciembre de 1991 y a la que se sumaron las repúblicas centroasiáticas y caucásicas en la conferencia de Alma-Ata del 21 de Diciembre de 1991.

El acuerdo, que entró en vigor el 22 de Enero de 1994, regulaba diversos aspectos de las relaciones entre los países signatarios, desde el respeto a la integridad territorial con el reconocimiento de la libre circulación de personas hasta la cooperación económica y militar, pasando por el reconocimiento y protección de los derechos humanos. (United Nations, 1994)

Unos meses más tarde, el 15 de Mayo de 1992 se concluyó el Tratado de Seguridad Colectiva con la participación de Rusia, Bielorrusia, Armenia, Kazajstán, Kirguizistán y Tayikistán entrando en vigor el 20 de Abril de 1994. Dicho acuerdo establecía en su art. 4 un compromiso de respuesta colectiva en el caso de una agresión contra alguno de sus miembros. (United Nations, 1995) El 6 de Octubre de 2002 se convirtió en la Organización del Tratado de Seguridad Colectiva como un sistema aliancista permanente. (Collective Security Treaty Organization, 2002)

La creación de la Unión estatal de Rusia y Bielorrusia por el tratado que entró en vigor el 11 de junio de 1997, tuvo como finalidad establecer una unión económica y política entre ambos países que reforzaba el espacio de seguridad ruso y daba respuesta a la ampliación de la OTAN a Polonia, República Checa y Hungría. (United Nations, 1997; Martinsen, K.D., 2002)

En cuanto al desarrollo del nuevo espacio de interés impulsado por los oligarcas rusos destaca el Acuerdo de Colaboración y Cooperación entre las Comunidades Europeas y sus estados miembros y la Federación de Rusia que entró en vigor el 1 de diciembre de 1997 y que terminó convirtiendo a los países europeos, especialmente a la RF de Alemania, en los principales clientes energéticos de las empresas rusas. Además, gracias a este Acuerdo y a las sucesivas ampliaciones de la UE, la oligarquía rusa terminaría por tener acceso a los mercados de sus antiguos socios del COMECON. (Unión Europea, 1997)

En resumen, durante la década de los '90 el hecho de que Estados Unidos y las potencias europeas estuvieran inmersos en un proceso de intenso desarme, tanto convencional como nuclear, y de que Rusia enfrentase una grave crisis socio-económica que amenazaba con arruinar la legitimidad de la naciente elite, terminaron por desdibujar los diferentes objetivos y límites que existían entre los espacios de seguridad y de interés.

Sin embargo y a pesar de todas estas iniciativas de integración regional, los cambios sobrevenidos en la configuración de los espacios decisivos para la Federación de Rusia, también pusieron en evidencia importantes contradicciones entre sus objetivos de seguridad y los de la expansión económica.

En efecto, el espacio de ocupación de la Federación de Rusia no se corresponde con la distribución de la población rusa. Ello obligó a su elite a abordar la necesidad de garantizar la seguridad de estas minorías establecidas en países vecinos, extendiendo el espacio de seguridad para incluir los territorios de dichos países[14].

Sin embargo, esta nueva configuración del espacio de seguridad entraba en conflicto abierto con los intereses económicos y diplomáticos rusos en la medida en que algunos de los países vecinos, como los países bálticos, se habían vinculado al espacio transatlántico de seguridad (OTAN) y al espacio económico europeo (Unión Europea), organizaciones con las que la propia Federación de Rusia había establecido también importantes vínculos internacionales[15].

La formulación, por el antiguo Ministro de Asuntos Exteriores Andrei Kozyrev, de la doctrina del "extranjero vecino" (*near abroad*), recogida en la *Concepción de la Política Exterior de la Federación de Rusia* de 1993, fue la expresión oficial de la concepción geopolítica de la nueva Rusia en un momento en que las guerras balcánicas, la primera guerra en Chechenia y la expansión de la OTAN a las antiguas repúblicas y aliados de la Unión Soviética, ponían en cuestión el liderazgo internacional de Moscú.

Por tanto, en la concepción rusa el espacio de seguridad debía ser preservado no sólo mediante el establecimiento de acuerdos de cooperación regional con las antiguas repúblicas soviéticas sino también atribuyéndose el derecho de intervención, incluso militar, si los intereses o las poblaciones rusas se viesen amenazados. (President of Russian Federation, 1993)

---

14 En Bielorrusia un 8,3%; 24,8% en Estonia; 23,7 % en Kazajstán; 7,7 % en Kirguizistán; 26,2 % Letonia; 5,8 % en Lituania; 5,9 % en Moldavia; 4 % en Turkmenistán; 17,3 % en Ucrania y 5,5 % en Uzbekistán. En el resto de las repúblicas, las minorías rusas son marginales respecto del total de la población. Datos del World Factbook elaborado por la Central Intelligence Agency (CIA).

15 Para Moscú revisten especial interés los casos del Oblast de Kaliningrado, con fronteras con Lituania y Polonia, la región de Transnistria, en Moldova o la península de Crimea y las regiones orientales de Ucrania.

En correspondencia con esta visión geoestratégica, Moscú se comprometía a mantener una política de cooperación económica y política junto con el progreso en el desarme militar, convencional y nuclear, como base de entendimiento con Estados Unidos, las potencias europeas occidentales y la recién constituida Unión Europea. (Litera, B. 1994-95)

El núcleo de esta concepción geopolítica del "extranjero vecino", que incluye como parte esencial de los intereses nacionales de Rusia la estabilidad de los países fronterizos y la protección de las minorías rusas, se ha mantenido hasta la actualidad. El Concepto de la Política Exterior de Rusia de 2023 establece como tareas principales de dicha política: "*13. Desarrollar los vínculos con los compatriotas residentes en el extranjero y prestarles un apoyo pleno para realizar sus derechos así como garantizar la protección de sus intereses y la identidad cultural rusa.*" (Presidencia de la Federación de Rusia, 2023, p.7)

Además, en la construcción del nuevo espacio de seguridad la elite rusa debió enfrentar tres cruciales desafíos: la necesidad de concentrar bajo un solo mando político y militar en Moscú los arsenales nucleares estratégicos, dispersos en los territorios de las repúblicas de Rusia; Bielorrusia; Kazajstán y Ucrania; la pérdida de los aliados centroeuropeos y balcánicos con la consiguiente retirada de las tropas acantonadas en ellos, y la desmembración y reparto de las antiguas Fuerzas Armadas soviéticas, desacreditadas tras la derrota en Afganistán, entre las nuevas repúblicas independientes.

El fracaso de la Presidencia de Yeltsin abrió el camino para una profunda renovación del núcleo de elite rusa realizado por los siloviki, hasta entonces situados en la periferia elitista, y con el apoyo de algunos miembros del grupo de los oligarcas.

Tras este cambio, la prioridad política de la nueva elite se concentró en dos objetivos: la recuperación económica nacional, como paso necesario para legitimarse en el desempeño de su función de liderazgo nacional, y la recuperación del poder militar como garantía de su restauración como potencia mundial habida cuenta de las limitaciones económicas rusas. Sus capacidades nucleares, a pesar de los acuerdos de desarme nuclear estratégico, siguen situándola como la superpotencia nuclear alternativa a Estados Unidos. (US Department of State, 2022)

A pesar de esta realidad nuclear, las sucesivas ampliaciones de la OTAN y la UE provocaron en la nueva elite rusa una creciente percepción de amenaza a su espacio de seguridad en el continente europeo y, por tanto, a su continuidad como gran potencia a medio y largo plazo. Una expansión occidental por los países de Europa Central y Oriental que Kennan calificó de "error fatídico" y que fue acompañada por el despliegue del sistema de defensa antimisiles que Moscú consideró que violaba el art. XIII del Tratado de Limitación de los Sistemas de Misiles Antibalísticos vigente desde el 3 de Octubre de 1972. (United Nations, 1974)

Esta percepción de creciente amenaza occidental a su seguridad nacional que tenía la elite rusa, entraba en una dialéctica contradicción con la imperiosa necesidad de mantener el espacio de interés con Estados Unidos y la UE como principal fuente de la recuperación económica del país, objetivo prioritario para la elite oligárquica.

Durante el período que media entre 2000 y 2014 mientras el Kremlin gestionaba la contradictoria dinámica entre sus espacios europeos de seguridad e interés, también inició una amplia ofensiva diplomática y estratégica para consolidar su espacio de seguridad en sus fronteras del Cáucaso sur, Oriente Medio, Asia Central y China, al mismo tiempo que aspiraba a desarrollar un espacio de interés con las repúblicas centroasiáticas y la poderosa economía china.

En efecto, en 2001 se firmaba el Acuerdo bilateral de cooperación ruso-china que sería reforzado con la creación de la Organización de cooperación de Shangai en 2002 con la participación de China; Kazajstán; Kirguizistán; Rusia; Tayikistán y Uzbekistán. (UN, 2001) Sin embargo, las relaciones de Rusia con todos estos países no están exentas de tensiones debido a la incompatibilidad de algunos de sus intereses nacionales.

Es con motivo de la crisis política ucraniana de 2014 cuando definitivamente la elite siloviki rusa, bajo el liderazgo de Putin, decide intervenir militarmente para garantizar su espacio europeo de seguridad a costa de arriesgar la continuidad de su espacio de interés con la UE.

En este sentido, la Doctrina Militar promulgada en 2014 ya era muy clara sobre los límites que el Kremlin no admitiría que se rebasaran por las potencias extranjeras. Entre ellos se incluían:

> *"12. The main external military risks are:*
> *a) build-up of the power potential of the North Atlantic Treaty Organization (NATO) and vesting NATO with global functions carried out in violation of the rules of international law, bringing the military infrastructure of NATO member countries near the borders of the Russian Federation, including by further expansion of the alliance;*
> *b) destabilization of the situation in individual states and regions and undermining of global and regional stability;*
> *c) deployment (build-up) of military contingents of foreign states (groups of states) in the territories of the states contiguous with the Russian Federation and its allies, as well as in adjacent waters, including for exerting political and military pressure on the Russian Federation;*
> *d) establishment and deployment of strategic missile defense systems undermining global stability and violating the established balance of forces related to nuclear missiles, implementation of the global strike concept, intention to place weapons in outer space, as well as deployment of strategic non-nuclear systems of high-precision weapons."* (President of the Russian Federation, 2014; pp. 3-4)

La falta de una respuesta estratégica occidental a la ocupación militar de la región del Donbass y la anexión de Crimea, indujo la errónea percepción del Kremlin sobre la falta de una respuesta decisiva de Estados Unidos y Europa Occidental a una posterior invasión rusa de Ucrania en 2022.

Sin duda, con esta última intervención bélica, la elite rusa ha destruido su espacio de interés en el continente europeo a corto y medio plazo, además de arruinar su economía nacional. Al endeudamiento provocado por el gasto de la guerra, debe sumarse la contracción del consumo civil y la pérdida de los depósitos financieros y los activos inmobiliarios rusos radicados en los países occidentales y sometidos a sanciones internacionales.

En la actualidad está abierta la interrogante sobre el resultado militar de la contienda bélica de Ucrania y los efectos que tendrá en un próximo futuro sobre la composición y continuidad del núcleo de la elite rusa, pero ya se puede anticipar que en la medida en que la conclusión de la guerra no será la esperada victoria de Rusia y el proceso de reconstrucción social y económica será largo y costoso, los cambios en la elite terminarán por producirse en buena medida inducidos por el grupo de oligarcas con la ayuda o, al menos, la aquiescencia de las potencias occidentales.

VI. REFERENCIAS

Calduch Cervera, R. (2017). "El espacio de seguridad de la Federación de Rusia: intereses estratégicos y económicos". Moita, L.; Valença Pinto, L. *Espaços Económicos e Espaços de Securanza* Lisboa, OBSERVARE y Universidade Autonoma de Lisboa

Calduch Cervera, R. (1981). Las relaciones internacionales en la obra de los dirigentes soviéticos: una reflexión teórica. *Revista de Estudios Internacionales,* vol. 2, nº 3; 543-597.

Calduch Torres, R. (2024, 16 de Septiembre). *Las élites y la política exterior de los Estados Unidos (1952-1974): las doctrinas estratégicas y el NSC. Tesis Doctoral,* Universidad Complutense de Madrid. Acceso web: https://eprints.ucm.es/37164/1/T37058.pdf

Calduch Torres, R. (2019). Las elites y las Relaciones Internacionales: Hacia una teoría general de elites. *Latin American Journal of International Affairs,* vol. 9, nº 3, 102-128.

Calduch Torres, R. (2023) "La guerra de Ucrania: un conflicto sistémico". Pinheiro Machado Brochner, G, Pinto Tortosa A.J., Sansó-Rubert Pascual, D. *¿Hacia un nuevo telón de acero?: 30 años de geopolítica en la posguerra fría,* Madrid, Tirant Lo Blanch, 167-206

Carr, E.H. (2014) *La revolución rusa: de Lenin a Stalin, 1917-1929,* Madrid, Alianza Editorial.

Collective Security Treaty Organization (s.f.) *Charter of the Collective Security Treaty Organization*, Consultado 18 de Septiembre de 2024 https://en.odkb-csto.org/documents/documents/ustav_organizatsii_dogovora_o_kollektivnoy_bezopasnosti_/#loaded

De Andrei, M.; Calogero, F. (2024, 21 de Noviembre). The Soviet Nuclear Weapon Legacy. *SIPRI Research Report*, nº 10. New York. Oxford University Press. https://www.sipri.org/sites/default/files/files/RR/SIPRIRR10.pdf

Duroselle, J.B. (1992). *Todo imperio perecerá. Teoría de las Relaciones Internacionales.* México, Fondo de Cultura Económica.

Getty, J. A.; Naumov, O. V.; (1999). *The Road to terror: Stalin and the Self-Destruction of the Bolsheviks, 1932-1939.*; London; Yale University Press

Kennan, G.F. (1997) "A fateful error". *The New York Times*; February,5.

LITERA, B.1994-95 The Kozyrev Doctrine. A russian variation on the Monroe Doctrine. *Perspectives*, nº 4; 45-52.

Kruscev, N.S. (1970) *Kruscev ricorda*, Milán, Sugar Editore

Martinsen, K.D. (2024, 24 de Noviembre). *The Russian-Belarusian Union and the Near Abroad.* Norwegian Institute for Defence Studies. https://www.nato.int/acad/fellow/99-01/martinsen.pdf

Merle, M.(1959). Los grupos de presión y la vida internacional. *Revista de Estudios Políticos*, nº 107, 101-117

Meynaud, J.1961 *Les groupes de pression internationaux.* Lausana, Études de Science Politiques.

Munich Security Conference [MSC] (2024). *Munich Security Conference Selected Key Speeches: 1963–2024*, Volumen 1, capítulo 4, Mittler, Hamburgo, pp 142

Ozinga, J. R., Casstevens, T. W.; Casstevens II, H. T. (1989). The Circulation of Elites: Soviet Politburo Members, 1919-1987; *Canadian Journal of Political Science*, Vol. 22, No. 3, 609-617

President Of The United States Of America, [POTUS] (s.f.), *A National Security Strategy for a Global Age*, Consultado 10 de Octubre de 2024 https://history.defense.gov/Historical-Sources/National-Security-Strategy/

President Of The United States Of America, [POTUS] (s.f.), *The National Security Strategy of the United Statesof America*, Consultado 10 de Octubre de 2024 https://history.defense.gov/Historical-Sources/National-Security-Strategy/

President Of The United States Of America [POTUS] (s.f.). *National Security Strategy of the United States of America*, Consultado 10 de Octubre de 2024 https://history.defense.gov/Historical-Sources/National-Security-Strategy/

Presidency Of The United States Of America [POTUS] (s.f.), *The National Security Strategy of the United States of America,* Consultado 10 de Octubre de 2024 https://history.defense.gov/Historical-Sources/National-Security-Strategy/

Presidency Of The United States Of America, [POTUS] (s.f.), *National Security Strategy,* Consultado 22 de Septiembre de 2024 https://biden-whitehouse.archives.gov/wp-content/uploads/2022/10/Biden-Harris-Administrations-National-Security-Strategy-10.2022.pdf)

President of the Russian Federation, (s.f.). *Edict, nº 1833 November, 2. Basic Provisions of the Military Doctrine of the Russian Federation* Consultado 18 de Septiembre de 2024 http://www.fas.org/nuke/guide/russia/doctrine/russia-mil-doc.html

President of the Russian Federation (s.f.) Charter of the Collective Security Treaty Organization. Consultado 25 de Septiembre de 2024 http://en.kremlin.ru/supplement/3506

President of The Russian Federation (s.f.). *Military Doctrine of the Russian Federation* fue promulgada por el Decreto Presidencial 2976 del 25 de Diciembre de 2014. Consultado 25 de Septiembre de 2024 mildoc_rf_2014_eng.pdf (rusmilsec.blog)

Presidente de la Federación de Rusia (s.f.). *Decreto del Presidente de la Federación de Rusia de 31 de Marzo de 2023, nº 229. Concepto de la Política Exterior de la Federación de Rusia.* Consultado 18 de Septiembre de 2024 https://mid.ru/en/foreign_policy/fundamental_documents/1860586/?lang=es

Schneider, M. (2006). *The Nuclear Forces and Doctrine of the Russian Federation.* Washington. United States Nuclear Strategy Forum.

Snegovaya, M.; Kirill, P. (s.f.) *Long Soviet Shadows: The Nomenklatura Ties of Putin Elites.* Consultado 25 de Mayo de 2024 https://ssrn.com/abstract=4012474

Sotckholm Institute For Peace Research (SIPRI) (s.f.). Military Expenditure Database, Consultado 27 de Mayo de 2024 https://milex.sipri.org/sipri

Staun, J., (2007). "Siloviki versus Liberal-Technocrats. The fight for Russia and its Foreign Policy." *Danish Institute for International Studies Report,* nº 9. Copenhagen.

Toynbee, A.J. (1984). *Estudio de la Historia.* Barcelona, Planeta De Agostini. Vol. III.

Truyol, A. (1974). *La Sociedad Internacional.* Madrid, Alianza Editorial.

Tsygankov, A. P. (2006). *Russia's Foreign Policy. Change and Continuity in National Identity.* Lanham. Rowman and Littlefield Publishers Inc.

Unión Europea (2024, 20 de Septiembre) Acuerdo de colaboración y cooperación por el que se establece una cooperación entre las Comunidades Europeas y sus Estados miembros, por una parte, y la Federación de Rusia por otra, *Diario Oficial de las Comunidades Europeas L 327/3* del 28.11.97 https://comercio.gob.es/PoliticaComercialUE/AcuerdosComerciales/Documents/RUSIA01Acuerdodecolaboraci%C3%B3nycooperaci%C3%B3n.pdf

United Nations (1974) Treaty on the limitation of anti-ballistic missile systems. Signed at Moscow on 26 May 1972. *Treaty Series nº 13446*, vol. 729

United Nations (1994) Charter of the Commonwealth of Independent States (with declaration and decisions). Adopted at Minsk on 22 January 1993. *Treaty Series nº 31139.* Vol. 1819, 1-31139

United Nations (1995) Treaty on collective security. Concluded at Tashkent on 15 May 1992 Correction of 18 May 1995 of the above-mentioned Treaty Correction of 9 October 1995 of the above-mentioned Treaty. *Treaty Series nº 32307*, Vol. 1894, 1-32307 https://treaties.un.org/doc/Publication/UNTS/Volume%201894/volume-1894-I-32307-English.pdf

United Nations (1997) Charter of the Union between Belarus and Russia. Moscow, 23 May 1997. *Treaty Series nº 36927*, vol. 2121, 1-36928

United Nations (2024, 24 de Septiembre) Tratado de buena vecindad, amistad y cooperación entre la Federación de Rusia y la República Popular de China, *Digital Library CD/1649 de 15 de Agosto de 2001.* https://digitallibrary.un.org/record/451217?ln=es&v=pdf

US Department Of The Treasury (2024, 19 de Septiembre). Report to Congress Pursuant to Section 241 of the Countering America's Adversaries Through Sanctions Act of 2017 Regarding Senior Foreign Political Figures and Oligarchs in the Russian Federation and Russian Parastatal Entities. U_CAATSA_243_Report_FINAL.pdf (treasury.gov)

US Department Of State (2024, 19 de Septiembre). *New START Treaty Aggregate Numbers of Strategic Offensive Arms. Fact Sheet September 1, 2022.* New START Treaty Aggregate Numbers of Strategic Offensive Arms– United States Department of State

El derecho internacional del Capitán Araña: intento de exégesis del 'orden basado en reglas' desde el literalismo ingenuo a la anagogía oculta

DR. ALONSO MUÑOZ-PÉREZ
Universidad Europea de Madrid
Universidad Francisco de Vitoria
https://orcid.org/0000-0002-4936-8282

Ellos pueden expresar en pocas palabras una verdad a medias,
pero nosotros, para desmontar esa media verdad,
nos vemos obligados a elaborar largas y áridas disertaciones.
Bastiat, *Sofismas económicos*.

I. RESUMEN

El análisis internacionalista del "orden basado en reglas" anglosajón cae frecuentemente o bien en aporías irresolubles entre promotores y detractores o bien simplemente se queda en el nivel *locutivo* del habla (lo que se dice) ignorando casi completamente lo que se quiere conseguir con lo dicho (acto *perlocutivo* de habla). Por tanto, aquí vamos a proponer *ir más allá del texto*, por detrás de la literalidad (lo que se dice) para comprender qué se pretende conseguir con ello, apuntando hacia una *teoría intencional del significado al analizar el bloque Occidental.* Hemos de vencer la hasta cierto punto comprensible resistencia de la mayoría de los analistas internacionales a tratar *explícitamente* de las pretensiones performativas de ciertas expresiones (*Rules based order, liberal international order, global governance, sanctions, sustainable development goals*) superando el ingenuo análisis cuasi-literal de lo que producen organismos oficiales y los "armeros de ideas" (*think tanks*).

De este modo el sentido anagógico -más allá de la literalidad- de determinados mantras, palabras, cambios semánticos, giros retóricos propios del lenguaje internacionalista debería ser objeto de una exégesis que permita hacer transparente el "orden basado en reglas" como lo que es: un proyecto político internacional interesado que utiliza metodológicamente la ambigüedad, la anfibología y la elasticidad semántica para proyectar una precisa, unívoca y rígida voluntad de poder. Esto, por último, suscita también la cuestión acerca de si existe una ciencia política que pueda analizar los discursos y actos políticos sin ser una mera instrumentalidad al servicio de los mismos (una especie de *propaganda cultivada*), lo cual implica la cuestión capital acerca de si es posible un derecho internacional que no sea la proyección de poder e intereses de una potencia hegemónica dada (Francisco de Vitoria).

II. PALABRAS CLAVE

Actos de habla, pragmática, orden basado en reglas, justicia.

III. INTRODUCCIÓN

Si se pudieran navegar los miles de artículos de las revistas académicas de ciencia política o de relaciones internacionales del mundo anglosajón como se hace en un océano, el navegante podría llegar a la conclusión de que no existe la tierra firme y de que sólo hay un mar de detalles, discursos parenéticos disfrazados de análisis y propaganda más o menos velada. Encontraría poca tierra firme que explique en qué consiste realmente el orden internacional, así como las principales fallas tectónicas del mismo. El náufrago en el mar académico sobre lo internacional tiene las mismas probabilidades de encontrar teoría firme bajo sus pies, que un náufrago arrojado en el punto Nemo del mundo. Si nuestra navegación se dirigiera a los escribidores del poder Occidental, una mínima orientación nos ayudaría a comprender el subtexto no demasiado oculto. Mas lo que suele ocurrir es que si uno es un principiante, un estudiante no-iniciado, su inocencia le oculta ese subtexto y si, por el contrario, es un profesional dedicado al análisis internacional en Occidente, ésta misma estructura de poder le habrá vuelto muy *cauto,* no ya para decir sino tan sólo para *pensar* ciertas tesis. El reflejo mental inducido de *desinformación, bulos, extremismo* y demás le anclará en la feliz complacencia del consenso "científico".

Pero si aún conservamos un poco de inocencia y la juntamos con algo de experiencia, éstas nos llevarán a resistir a la tentación del servilismo con el poder. A la cuasi ley de la gravedad de la complacencia universitaria: aléjate del árido y peligroso análisis del poder realmente existente para refugiarte confortablemente en el autorreferencial mundo académico. *Sensu contrario,* este capítulo es un intento, si no de desvelar, al menos de apuntar a ese subtexto implícito en el discurso del poder Occidental, especialmente cuando usa la expresión "orden basado en reglas". Y es que, en un contexto de fundamentación política mentirosa, parafraseando a Heráclito, *el poder real gusta de ocultarse.* De ahí que para derrotar a dicha mentira haya que desvelarla. En el actual contexto histórico-espiritual, *desvelar es debelar.*

IV. DESARROLLO

4.1 Orden basado en reglas: La semántica no existe, es pura pragmática.

Lo primero que llama la atención de la expresión "orden basado en reglas" (*rules based order*) es su perfecta carencia de significado, pero evocativo de algo que suena a justo. Al despreocupado receptor le puede llegar a sonar como un sinónimo de actuación conforme al Derecho (Internacional Público), puesto que ¿quién podría estar en contra de que los actores internacionales y especialmente las grandes potencias actúen de acuerdo a un orden de reglas? Sería algo así como empezar un partido de fútbol señalando que el equipo jugará un "juego limpio". ¿Quién podría estar en contra?

Sin embargo, las mismas expresiones pueden significar cosas muy distintas de acuerdo con la *pragmática lingüística*. Por ejemplo, es como si el gobierno de EEUU dijera que va a tratar a los bisontes *basados en un orden medioambiental equilibrado* antes de exterminar su población reduciéndola de 60 millones de ejemplares a 541 supervivientes (Hornaday 1889, p.464). O como si el banquero Jeffrey Epstein o el famoso presentador pederasta de la BBC, Jimmy Savile, o el encumbrado músico de EEUU, P. Daddy, afirmasen tener una gestión de recursos humanos "basada en reglas". Sí, claro, no hay ni ángel ni demonio que no actúe conforme a unas reglas. Pero la cuestión decisiva es: ¿qué reglas? ¿hechas por quién? ¿basadas en qué? Y es que, el uso, *el pragmatismo de la expresión "orden basado en reglas" es un mero eufemismo para un orden internacional dominado por las élites anglosajonas basado en su visión ideológica del mundo estructurada, en el mejor de los casos, por sus intereses.* La sustitución de las referencias al Derecho Internacional Público por la vaguedad semántica de un "orden basado en reglas" no es sino un ejercicio de pragmatismo semántico y político: usar una expresión mínimamente significativa (nivel semántico) pero que en realidad no implica nada concreto, fundamentando así que cualquier cosa que interese a su enunciador en cada momento (pragmática) esté "justificada".

Es la vieja discusión en el primer libro de la *República* de Platón (338e) acerca de si la justicia tiene un significado en sí (posición de Sócrates-Platón) o es tan sólo, como sostenía el sofista Trasímaco, lo que conviene al más fuerte:

> cada gobierno implanta las leyes en vista de lo que es conveniente para él: la democracia, leyes democráticas; la tiranía, leyes tiránicas; y así las demás. Una vez implantadas, manifiestan que lo que conviene a los gobernantes es justo para los gobernados, y al que se aparta de esto lo castigan por infringir las leyes y obrar injustamente. Esto, mi buen amigo, es lo que quiero decir; que en todos los gobiernos, justicia es lo mismo: aquello que conviene al gobierno establecido, que es sin duda el que tiene la fuerza: De modo tal que, para quien razone correctamente, es justo lo mismo en todos lados: lo que conviene al más fuerte. (Platón 2007, p. 77)

Es evidente así que la expresión "orden basado en reglas" significa, si se despliega su semántica real: *(des)orden internacional basado en las órdenes* ("reglas") *impuestas por las élites angloprotestantes* (también llamado "mundo Occidental" u "orden liberal" internacional, *vid.* Ikenberry 2019). Cuando dos de las principales religiones políticas del S.XX, la socialista y la nacional-socialista, aspiraban a una revolución mundial o a un impulso colonizador hacia el Oeste europeo, ¿aspiraban también a un "orden basado en reglas"? Ciertamente la respuesta es afirmativa... Un psicópata o un torturador actúan conforme a reglas, es más, seguramente son más reglados y ordenados que San Francisco o la Madre Teresa de Calcuta. Por tanto, esta expresión encubre la *clásica maniobra de propaganda de la hegemonía angloprotestante: afirmar o sugerir orwellianamente justo lo contrario de lo que se piensa o se hace.*

Sin ánimo de ser exhaustivos y como ejemplos: La apelación a los derechos humanos sirve para justificar intervenciones militares ilegales e injustas; la apelación al medioambiente sirve para eliminar a la competencia empresarial y al pequeño productor en favor de la gran corporación; la apelación al libre mercado sirve para intervenir en las economías de otros países, subordinándolas al proteccionismo financiero del dólar o en franco CFA; la lucha real contra ciertas enfermedades sirve de entrenamiento para ulteriores toques de queda encubiertos; la afirmación de que el Irak de Sadam Hussein tenía armas de destrucción masiva sirvió para que quien sí las tenía invadiera el país (que no las tenía) sin base legal ni justificación real alguna;

o la intervención ilegal de la OTAN/Francia en Libia por los derechos humanos permitió, entre otras cosas, distraer 150.000 millones de dólares que el Estado Libio tenía en el extranjero, destruyendo el país en el proceso, etc...

En general es desolador acudir al proyecto de *Costes de la Guerra* de la Universidad de Brown (EEUU, Crawford N. C. y Lutz C. 2021) y comprobar cómo, sólo desde el 11 de septiembre de 2001, las intervenciones bélicas de EEUU han supuesto cerca de un millón de muertos directos, cinco millones de indirectos (desplazados, desorden, colapso económico, destrucción de infraestructuras...), ocho billones ("*trillions*") de dólares en coste directo presupuestario, treinta y ocho millones de desplazados, con actividades "antiterroristas" en setenta y ocho países sólo bajo la administración Biden (Ver Anexo, Tabla 1). Ciertamente, con este conjunto de resultados internacionales, la promoción por parte de su autor de un "orden basado en reglas" no puede si no llevar a la perplejidad por tal ejercicio de cinismo. *Nihil novum sub sole* de la modernidad triunfante: de la razón de estado o *national interest* a la razón cínica (Sloterdijk, 2003). El "orden basado en reglas" es un ejemplo más del *habitual cinismo de la hegemonía occidental.* Así "los cambios en la estructura de la sociedad internacional en términos de qué países compiten por la hegemonía mundial – y en este caso, regional- condicionarán la política exterior de los estados. En política internacional no hay aliados o enemigos permanentes, sino intereses nacionales" (Espín, 2022, p. 50). Y sin embargo, el nivel de ideologización occidental es tal, que incluso las élites de dichos países actúan frecuentemente en contra de los intereses o del bien común de sus naciones.

Por tanto, más allá de las fanfarrias proclamadas hemos de hacer una especie de exégesis oligárquica y comprender el *uso* de las expresiones de "Occidente" para comprender su *significado.* Hemos de apuntar hacia una *teoría intencional del significado* (De Bustos Guadaño, 1999, p. 654) respecto a las *expresiones y discursos Occidentales.*

4.2 Promotores y detractores se mueven en el espacio semántico

La dificultad de comprensión teórica de los sistemas Occidentales de legitimación y propaganda reside en su hábil capacidad para:

1. No decir nada.
2. Parecer que dice mucho.
3. Usar expresiones acuñadas como eufemismos contrarios, es decir: el propagandista explica sustituyendo en su discurso las expresiones verdaderas por otras generales o vagas (como, precisamente, "orden basado en reglas" sustituye a "mundo dominado arbitrariamente por nuestras decisiones"). Todo menos trasparencia (Pereira & Aránguez, 2019, p. 27).

En su famosa teoría de los actos de habla, Austin distingue entre enunciados constatativos y realizativos. Éstos últimos "no describen ni registran nada y no son verdaderos o falsos. [...] No están en las mismas relaciones con los hechos que los enunciados constatativos, sino por constituir ellos mismos (partes de) *acciones*, acciones diferentes claro es de las que consisten en emitirlos o emplearlos" (De Bustos Guadaño 1999, pp. 563-564). Un "orden internacional basado en reglas" no es un enunciado constatativo, que pueda ser verdadero o falso: Es un enunciado realizativo, una acción de propaganda o, si se prefiere, de desinformación. Es más, la propia expresión y uso habitual de *la palabra "desinformación" es desinformativa,* puesto que, en la línea del cinismo antedicho, son aquellos que desean defender su puesto de propaganda y manipulación los que más acusan y señalan a los demás de ser desinformativos. *A fortiori* la palabra "desinformación" es mayoritariamente una expresión sin semántica, que como *enunciado realizativo* simplemente significa: tú eres mi adversario/enemigo político y eres ilegítimo gnoseológicamente mientras que yo sí tengo la legitimidad no sólo política sino moral (verdad).

Ciertamente no faltan debates sobre el sentido y la legitimidad del bloque "occidental" pero existe una tendencia a permanecer en una discusión acerca de las declaraciones de los líderes occidentales en el antedicho nivel semántico constativo o literal. En primer lugar, los promotores, ideólogos o -desafortunadamente- propagandistas del "excepcionalismo estadounidense" (*Vid.* Lipset, 1996) establecen un discurso neutro, dirigido, por así decirlo, a la opinión pública, en un intento de consolidar la legitimidad de sus políticas. Los gobiernos occidentales aumentan el uso de la expresión "orden basado en reglas" aumentando el interés en este giro retórico. La Unión Europea, se sube también al carro de la vaporosidad lingüística en sus "Conclusiones" de 17 de octubre de 2024 (n. 27): "El Consejo Europeo reafirma su compromiso inquebrantable con un multilateralismo eficaz y con un *orden internacional basado en reglas*, con las Naciones Unidas en su núcleo, defendiendo firmemente la Carta de las Naciones Unidas y las normas y principios consagrados en ella, incluidos los de soberanía e integridad territorial, independencia política y autodeterminación". Sobre esto comenta la circular semanal de Thierry Meyssan (Equipo de Investigación de Red Voltaire 2024, §. 2227) que "lejos de clarificar la posición de la Unión Europea, esta declaración del Consejo Europeo la hace todavía más nebulosa. Hace sesenta y seis años que los anglosajones, padrinos de la Unión Europea, tratan de abrogar el derecho internacional que Francia y Rusia definieron durante la Conferencia de La Haya de 1899.

En lugar del derecho internacional, los anglosajones proponen un llamado 'orden internacional' basado en reglas cambiantes". La UE utiliza un híbrido imposible uniendo la expresión anglosajona junto con la mención al Derecho Internacional, realizando un modo de comunicación propio de los angloprotestantes: anfibología, ambigüedad y equívoco. Si se quería afirmar una inquebrantable adhesión a un común y superior Derecho Internacional lo más sencillo habría sido hacerlo directamente, pero si por el contrario se mezcla con la expresión antagónica, en realidad es porque no se cree en una medida común para todos, sino, por el contrario, una medida para Occidente y otra medida para el resto. Por tanto, podemos concluir, que en la UE impera de modo oficial la perspectiva a favor de un orden internacional basado en la hegemonía atlantista-anglosajona. Otros autores, teóricos y propagandistas como, Kissinger (2014), Ikenberry (2019), McKeil (2022), Glaser (2019: es un crítico de la expresión, pero la teoriza) parecen moverse siempre en esta comprensión que busca describir ciertas instituciones o pautas de actuación así como presupuestos políticos de dicho orden, como la consabida autoafirmación de que "Occidente" es democrático, tiene gobiernos limitados por el Derecho y una general preocupación por los derechos humanos de la declaración del 48.

Los detractores como Mersheimer (2018), Porter (2018), Dugard (2023) o Baños (2022) se mueven, por así decirlo, sabiendo lo que realmente hay detrás, pero con una cierta cautela respecto a afirmar claramente que la expresión es pura formalidad sin significado real. Falta afirmar que la expresión sea un mero pragmatismo dirigido a imponer una relación de poder asimétrica en favor de las élites anglosajonas y sus seguidores. Eso y una homogeneización del planeta conforme a los modos simplificadores del *ethos* moderno angloprotestante (individualismo, materialismo, superficialidad, ignorancia histórica y de lo real, pragmatismo, sensismo, hedonismo primario, vivencia del tiempo actualista, desenraizamiento, aislamiento social, etc... Vid. Negro, 2009, p. 411 y Lukianoff y Haidt, 2019).

Ciertamente tenemos el clásico debate entre realismo e idealismo (Fojón Lagoa, 2023), pero la clave de comprensión de esta expresión es entenderla como un arma (si bien pobre y que sólo engaña a quien lo desea), como un mero recurso pragmático y arquetípico de lo que Harry Frankfurt (2006) teorizó como *bullshit.* "La paparrucha no se inventa primordialmente para inculcar al oyente una falsa creencia acerca del estado de cosas de que se trata, sino que su intención principal es dar al oyente una impresión de lo que pasa por la mente del hablante. En la medida en que se trate de una paparrucha, la *creación de esa impresión* es su principal objetivo y lo que le da sentido" (Frankfurt,

2006, p. 23). La impresión (correcta) que dan los líderes, propagandistas y escribientes al servicio del poder angloprotestante es la de la *charlatanería*: "El charlatán ignora por completo las exigencias [de la verdad]. No rechaza la autoridad de la verdad como hace el embustero, no se opone a ella. No le presta ninguna atención en absoluto. Por ello la charlatanería es peor enemigo de la verdad que la mentira" (Frankfurt, 2006, p. 74).

4.3 Hacia una verdadera *exégesis* del "orden basado en reglas"

La transformación del auténtico *texto* del Derecho en el *pretexto* de las "Reglas" está en el corazón del modo de gobierno anglosajón. Terminada la primera modernidad mediterránea, empieza la modernidad centroeuropea con los tratados de Münster y Westfalia (1648). Aquí se levantaba acta notarial del fin de la *primera guerra civil europea* (1568-1648: la guerra de los ochenta años y la guerra de los treinta años) con la desaparición de un orden internacional proto-mundial basado en la común concepción sobre lo absoluto -la religión católica y el derecho natural objetivo- el cual quedaba sustituido por el particularismo estatal y su amoral razón de Estado: el Derecho Inter-estatal, lo que Schmitt llamó el *ius publicum europaeum*. Es cierto, y esto suele ser poco tenido en cuenta, que en el sur mediterráneo y en los vastos territorios de la monarquía hispánica subsistió la moderna idea de Derecho Internacional Público, como la idea de que todas las comunidades políticas del mundo podían regirse -a falta de la religión común- por una justicia basada en la común naturaleza humana objetiva, de modo tal que la razón de las relaciones internacionales no era la proyección del derecho o del poder de ninguna de ellas, sino una común y trascendente medida de justicia.

La mera existencia de un *ius cogens* internacional, señala que por encima de consentimientos (o de veladas imposiciones recogidas en tratados), *hay un núcleo indisponible a los actores internacionales que debe de ser respetado* so pena de nulidad jurídica de sus actos. Eso es Vitoria (2007) y en general toda la teoría original del Derecho Internacional Público.

Figura 1: El Derecho Internacional Público está por encima de los diversos actores internacionales

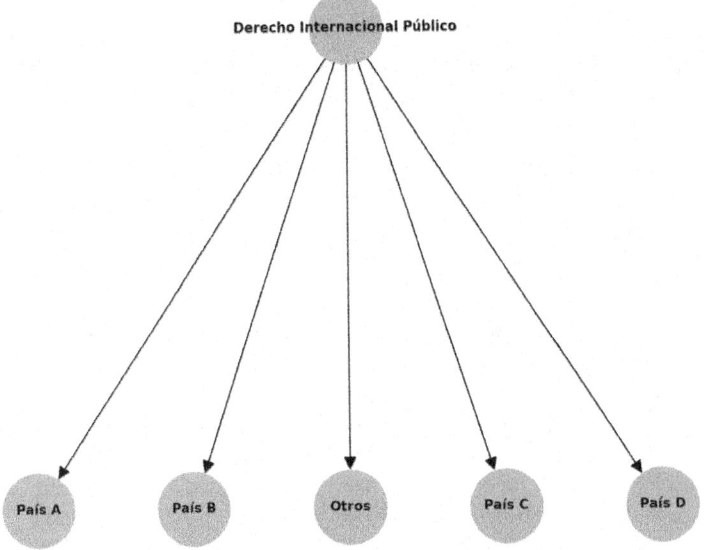

Fuente: elaboración propia a partir de ChatGPT

Por el contrario, para el orden "basado en reglas", es esencial la ausencia de estabilidad, la permanente movilidad y mutación de todo. Para el "complejo militar industrial" de EEUU, la *estabilidad es un enemigo* (Peters 2001). Así lo aseguraba pocos meses después del 11S en un homónimo artículo este teniente coronel de EEUU en la revista de la Escuela de Guerra del Ejército. De hecho, este militar publicaba las explicaciones o diapositivas que corren por el Pentágono, dividiendo el mundo en dos zonas: una funcional (es decir, una zona donde EEUU permita un cierto grado de autonomía local siempre que no ponga en riesgo la superioridad y hegemonía estadounidense y otra no-funcional, en constante inestabilidad, proveyendo materias primas, mano de obra barata y, sobre todo, una salida y una justificación para la maquinaria del complejo industrial-militar de EEUU (ver figura 2 en anexos).

Por tanto, siguiendo a Dugard (2023, p. 225), la verdad sobre esta expresión está en la "naturaleza indeterminada e indefinida de las 'reglas' de la RBO [*rules based order*] y la falta de consideración de su relación con el derecho internacional [lo que] ha llevado a cuestionar la razón por la que Estados Unidos ha recurrido a la RBO. La manera en que Estados Unidos ha justificado aparentes violaciones del derecho internacional por parte de sus propias fuerzas o de las de sus aliados cercanos ha dado lugar inevitablemente a una explicación cínica, aunque plausible, de la preferencia estadounidense por la RBO". Y concluye señalando que:

> la más notable de las diferentes [comprensiones de los principios del Derecho internacional] es la que se da entre Occidente, por un lado, y Rusia y China, por el otro. Mientras que Occidente hace hincapié en la gobernanza democrática, los derechos humanos, el ambientalismo y la globalización, Rusia y China hacen hincapié en la igualdad soberana de los Estados, la no intervención en los asuntos internos de los Estados, la solución de las disputas mediante mecanismos a los que los Estados hayan dado su consentimiento, la inmunidad de los Estados y sus funcionarios y la condena de los dobles raseros en el trato a los Estados. Este enfoque chino-ruso del derecho internacional se explicó en 2016 en la Declaración de la Federación Rusa y la República Popular China sobre la Promoción del Derecho Internacional (p. 225).

Aquí tenemos bien reflejada la actual división de concepciones, que no son simétricas puesto que una aspira a afirmar su dominio unipolar sobre todo el mundo, mientras que la segunda a aspira a afirmar la existencia de un pluralismo de actores en la línea del *ius publicum europaeum*. La OTAN por ello no encuentra su acomodo y vacila en su orientación (*vid.* Calduch Torres, 2024). En este sentido, lo declarado como propio del énfasis Occidental es un simple vestido para la hegemonía unidireccional de las élites anglosajonas.

Figura 2: Esquema de en qué consiste un "orden basado en reglas"

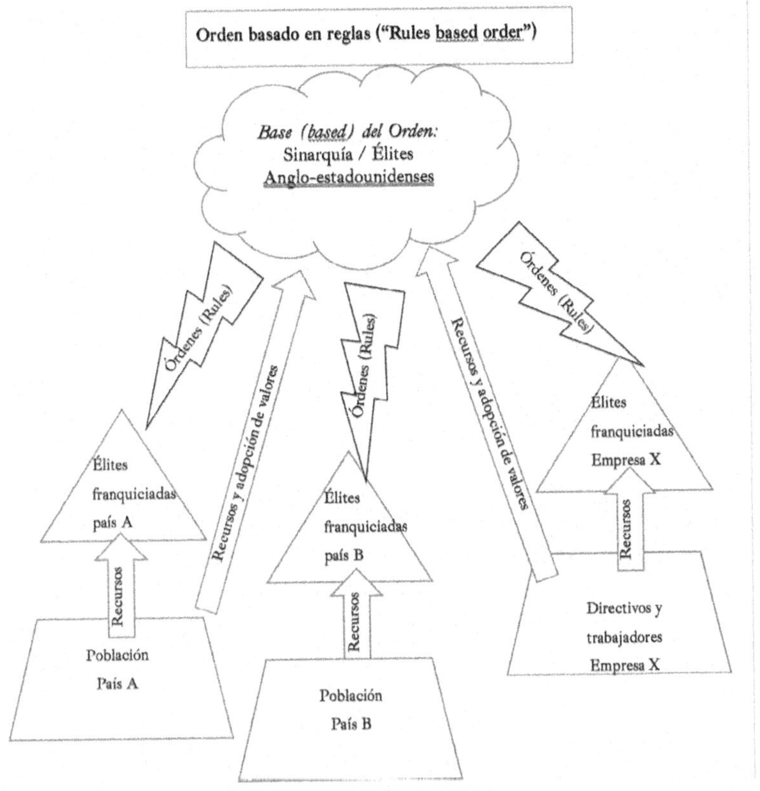

Fuente: elaboración propia a partir de ChatGPT

La *base* del orden *basado* en reglas es el complejo militar-industrial de EEUU (expresión de Eisenhower), las élites anglosajonas y el continuo de poder que forman entre ellas. Dicho complejo es informal pero efectivo, emite órdenes a las élites franquiciadas del país o de la organización/empresa de que se trate. Esto puede ser extremadamente informal en muchas ocasiones, pero no por ello menos efectivo puesto que se cuenta con que los eslabones de debajo de la cadena han interiorizado el modo de pensar y querer de esa base de poder. Desde esta lógica, el mundo está dividido en dos zonas: la zona donde se mantiene un cierto orden institucional semi-colonial y la otra zona (*caoslandia,* ver figuras 2 y 3 en anexos) donde se debe mantener un perpetuo caos desestabilizando esos países y regiones.

Ese es el mapa publicado por Barnett (2003) y que en realidad fue el manejado por lo que Meyssan llama "*doctrina Rumsfeld-Cebrowski*". El "orden basado en reglas" implica una división del mundo entre la parte colonizada y la parte desestabilizada. La última sirve tanto como fuente de materias primas y mano de obra barata -*la carga del hombre blanco del racista Kipling versión 2.0*-, como de excusa o legitimación para mantener la dominación de EEUU/Occidente. Sin la (mercadotecnizada) tiranía estadounidense, que nos salva del caos *creado por ellos mismos,* el mundo no sería un lugar *civilizado* y *ordenado por reglas.* El mapa de Oriente Próximo (figura 4 en anexos) del teniente coronel estadounidense Peters es un ejemplo de este racionalismo supremacista occidental: dividir estados, crear nuevos, fragmentar a los incumplidores o resistentes, evitar la estabilización y la consolidación de poderes distintos a los propios. Eso sí, todo bajo una retórica de derechos humanos y "Estado de Derecho": crato-hipocresía.

Por ello, *la teoría intencional del significado,* la comprensión de los modos de comunicación occidentales como únicamente actos *ilocutivos,* actos que buscan realizar o conseguir algo (legitimar, calmar, distraer, acosar o atacar, etc...) siendo inexistente o irrelevante el significado en sí. Es lo único que permite comprender la retórica *a-significativa, a-semántica* del espacio de dominación occidental. Toda declaración, iniciativa o tratado concluido con participación de estas potencias o con las mismas, todo marco internacional, debe de ser entendido en el momento en que se usa como la *intención* que tiene detrás. Recordemos el uso de los acuerdos de Minsk simplemente para ganar tiempo, dicho por los propios garantes de esos Acuerdos: "El acuerdo de Minsk de 2014 fue un intento de darle tiempo a Ucrania. Ucrania también usó este tiempo para fortalecerse, como se puede ver hoy" (Angela Merkel en *Die Zeit 7 de diciembre de 2022*). "Sí, Angela

Merkel tenía razón en esto... los acuerdos de Minsk permitieron a Kiev 'ganar tiempo' y no evitar más conflictos en el Donbass. Desde 2014, Ucrania ha fortalecido su ejército. El mérito de los acuerdos de Minsk es que le brindaron al ejército ucraniano esa oportunidad" (François Hollande, *Kyiv Independent*, 28 de diciembre de 2022). Es decir, que el propósito de un acuerdo internacional no es llegar a un acuerdo para afirmar la paz, sino ganar tiempo engañando al otro mientras se prepara la guerra. No hay comunicación, sólo sub-comunicación. Por eso todo análisis político del atlantismo debe acudir a la anagogía (hacia lo que tiende el discurso) obviando la literalidad.

V. CONCLUSIONES

En conclusión, afirmamos que la expresión "orden basado en reglas" es un *vacío semántico* que pretende usar la vaga alusión a "reglas" para, precisamente, evitar todo límite a lo que en cada momento a la estructura de poder dominante en Occidente le plazca. *Es la antítesis de la idea original de Derecho Internacional Público nacida con el Descubrimiento de América y la Escuela de Salamanca.* Es también una negación del orden de Westfalia basado en el equilibrio de poder y las relaciones jurídicas de igualdad entre soberanías. En sentido positivo: es un intento de afianzamiento o explotación del éxito de la Guerra Civil Europea (1914-1945) en beneficio de las élites anglo-estadounidenses y sus cooperadores necesarios, liquidada ya la guerra fría bipolar, en un intento de asegurar el más estricto unipolarismo.

El orden basado en reglas es la justicia donde "...el *hombre justo es un bribón.* Esta idea pudiste tomarla de Homero (*Odisea,* XIX, v. 396) que alaba mucho a Autólico, abuelo materno de Ulises, y dice que *superó a todos los hombres en el arte de robar y de engañar.* Por consiguiente, según Homero, Simónides y tu: *la justicia no es otra cosa que el arte de robar para hacer bien a los amigos y mal a los enemigos*" (Platón, 1994, p. 69, 334b). En este contexto, los amigos son las élites franquiciadas de Occidente (no sus poblaciones o naciones) y los enemigos, la zona de caos designada por el dedo creador del complejo industrial-militar. La intervención en Afganistán, la destrucción de Libia, la crisis generada por el golpe de Estado de 2014 en Ucrania esponsorizado por EEUU, el avispero continuamente agitado de Palestina, la sostenida tensión mantenida con China-Taiwan, y -en un creativo esfuerzo por aumentar todavía más las tensiones internacionales- el bombardeo ilegal de Irán: todos son todos productos del "orden" basado en reglas anglosajón. Acciones en la esfera internacional difíciles de comprender salvo que se entienda la *paradójica* lógica detrás de éstas.

Éste mantra cratológico el OBR debería ser traducido en lenguaje significativo -no críptico ni hipócrita- en su desvelado semántico: "el mundo debe de hacer lo que nosotros, los angloprotestantes, le digamos en cada momento". Un ordeno y mando que no sólo es el opuesto de cualquier modo jurídico de comportarse en la esfera internacional (Vitoria, Sepúlveda, Mariana, Quevedo...), sino que ni siquiera es un despotismo legal creado por una potencia. Pues en cada momento está sujeto a cambio y reinterpretación, a expensas de quiénes sean los poderosos en cada momento.

En definitiva, una especie de *Guantánamo iusinternacionalista*: la guarnición militar del mundo Occidental (=EEUU) tendría encerrada (o torturada) a la otra parte del mundo pero, eso sí, lo haría por la democracia, los derechos humanos y el Estado de Derecho. Así el libre mercado sin fronteras es para los demás y el proteccionismo/privilegio del dólar (aranceles) es para las élites occidentales. El caos y la ocupación militar es para los demás, pero la potencia militar y nuclear insuperable es para ellos. La democracia partidocrática de masas es para las poblaciones y el telediario pero el consenso sin responsabilidad, el capitalismo de amiguetes (*crony capitalism*) es para las élites propias, necesarios cipayos de una civilización en franco declive multidimensional.

De ahí que el orden basado en reglas convierte a Occidente en el capitán Araña: embarcó a todos mandándolos al impredecible Océano, pero él mismo se quedó en tierra. Así que: Reglas férreas y al arbitrio del poder hergemónico angloprotestante para los no-Occidentales, pero voluntad y poder omnipotente sin límites para el atlantismo occidental. Sin embargo, y a pesar de la *lubricación financiera* (USAID…) y las recompensas de estatus, a nadie le debería sorprender que cada vez se enrolen menos marineros en esa balsa de la Medusa del orden Occidental, mientras que con cada día que pasa, el capitán Araña-Occidente mete más y más los pies en las arenas movedizas de su propia hipocresía. Vale.

VI. REFERENCIAS

Aznar Fernández-Montesinos, F. (enero 2024). *¿Qué es Occidente? Occidente ante su identidad: desafíos contemporáneos.* Instituto Español de Estudios Estratégicos, pp.1-83. https://www.ieee.es/Galerias/fichero/docs_investig/2024/DIEEEINV01_2024_FEDAZN_Occidente.pdf

Baños, P. (2022). *La encrucijada mundial: Un manual del mañana*, Ariel.

Barnett, T.P.M. (2003). The Pentagon's New Map en *Esquire*, 174-79 y 227-28, https://thomaspmbarnett.squarespace.com/globlogization/2010/8/17/blast-from-my-past-the-pentagons-new-map-2003.html

Bastiat, F. (2009). *Obras escogidas*, Unión Editorial.

Calduch Torres, R. (2024). El nuevo escenario de seguridad de la OTAN: entre regionalismo y globalismo en *Comprendiendo las alianzas y los regímenes de seguridad en relaciones internacionales: El papel de la OTAN en el siglo XXI*, pp. 165-185, Tirant lo Blanch.

Canali, L. (8 de marzo de 2016). Caoslandia. Le carte a colori di Limes 2/16 La terza guerra mondiale? en *Limes. Rivista Italiana di Geopolitica.* https://www.limesonline.com/carte/caoslandia-14676499/

Consejo Europeo, *Conclusiones* de 17 de Octubre de 2024. https://www.consilium.europa.eu/media/2pebccz2/20241017-euco-conclusions-en.pdf

Crawford N. C. y Lutz C. (2021). *Human Cost of Post-9/11 Wars: Direct War Deaths in Major War Zones, Cost of War Research series.* Brown University https://watson.brown.edu/costsofwar/files/cow/imce/papers/2021/Costs%20of%20War_Direct%20War%20Deaths_9.1.21.pdf

De Bustos, E. (1999). *Filosofía del Lenguaje,* UNED.

Dugard J. (2023). The choice before us: International law or a 'rules-based international order'? en *Leiden Journal of International Law* 36(2), pp. 223-232. doi:10.1017/S0922156523000043

Equipo de Investigación de Red Voltaire (18 de octubre 2024). *Voltaire, Actualidad Internacional* 104, pp. 1-14.

Espín, J. (2022). Los acuerdos de Abraham y la reconfiguración geopolítica regional ¿"paz por paz"? en *Revista de Pensamiento Estratégico y Seguridad CISDE,* 7(2), pp. 39-52, http://uajournals.com/ojs/index.php/cisdejournal/article/view/1052

Fojón Lagoa, J. E. (2023). Realismo o liberalismo, dos formas de entender el mundo en *Documento de Opinión IEEE,* 1-15 pp. Disponible en https://www.ieee.es/Galerias/fichero/docs_opinion/2023/DIEEEO26_2023_ENRFOJ_Realismo.pdf

Frankfurt, H. (2006). *On Bullshit. Sobre la manipulación de la verdad,* Paidós.

Glaser, C. L. (2019). A Flawed Framework: Why the Liberal International Order Concept Is Misguided en *International Security,* 43(4), pp. 51–87. https://doi.org/10.1162/isec_a_00343

González, A. Mª. (2024). La guerra de Ucrania y la autonomía europea en defensa. Retos y oportunidades en Marrero Rocha I. (dir.) en *El sistema internacional y el viejo nuevo mundo: VII Seminario AEPDIRI sobre temas de actualidad en relaciones internacionales,* pp.171-182, Tirant Lo Blanch.

Hornaday, W. (1889). *The extermination of American Bison,* Government Print Office. https://www.gutenberg.org/files/17748/17748-h/17748-h.htm#ii_iii_b_6

Ikenberry, G.J. (2018). The end of liberal order? en *International Affairs* 94(I), pp. 7-23. https://doi.org/10.1093/ia/iix241

Ikenberry, G.J. (2019). *After Victory: Institutions, Strategic Restraint, and the Rebuilding of Order after Major Wars,* Princeton University Press.

Kissinger, H. (2014). *World Order,* Penguin Books.

Koyré, A. (2015). *La función política de la mentira moderna,* Ed. Pasos perdidos.

Lipset, S. M. (1996). *El excepcionalismo norteamericano. Una espada de dos filos,* FCE.

Lukianoff. G. y Haidt, J. (2019). *La transformación de la mente moderna. Cómo las buenas intenciones y las malas ideas están condenando una generación al fracaso,* Planeta.

McKeil, A. (2022). The Limits of Realism after Liberal Hegemony en *Journal of Global Security Studies,* 7(1) https://doi.org/10.1093/jogss/ogab020

Mearsheimer, J. J. (2018). *Great Delusion: Liberal Dreams and International Realities.* Yale University Press.

Meyssan, T. (25 de mayo 2021). *La doctrina Rumsfeld-Cebrowski. Red Voltaire.* Disponible en https://www.voltairenet.org/article213166.html#nh4

Negro, D. (2009). *El mito del hombre nuevo,* Encuentro.

Pereira, J. C. & Aránguez, J. C. (2019). «No a la transparencia, todo secreto». El proceso de elaboración de leyes y normas restrictivas en España para la consulta de la documentación pública e histórica desde 1968. En J. R. Rodríguez-Drincourt (dir.), *Transparencia, profundización democrática y lucha contra la corrupción* (pp. 25-46). Ed. Thomson Reuters Aranzadi.

Peters, R. (2001). Stability, America's Enemy en *The US Army War College Quarterly: Parameters* 31(4), 5-20. https://press.armywarcollege.edu/parameters/vol31/iss4/8

Peters, R. (2006). Blood borders. How a better Middle East would look en *Armed Forces Journal.* http://www.democracyinlebanon.org/Documents/CDL-World/Better-ME-Peters06.htm

Platón (1994). *La república,* España Calpe.

Platón (2007). *Diálogos IV. La República,* Gredos.

Porter, P. (2018). A World imagined. Nostalgia and liberal order en *Policy analysis,* 843. https://www.cato.org/policy-analysis/world-imagined-nostalgia-liberal-order

Savell, S. (2023). United States Counterterrorism Operations Under the Biden Administration, 2021-2023, *Cost of War Research Series* Brown University https://watson.brown.edu/costsofwar/files/cow/imce/papers/2023/US-CounterterrorismOperations_2021-2023.pdf

Sloterdijk, P. (2003). *Crítica de la razón cínica,* Siruela.

Vitoria, F. (2007). *Sobre el poder civil. Sobre los indios. Sobre el derecho de guerra,* Tecnos.

Walt, S. y Mearsheimer. J. J. (2006). The Israel Lobby and U.S. Foreign Policy *KSG Faculty Research Working Paper Series* RWP06-011. https://www.hks.harvard.edu/publications/israel-lobby-and-us-foreign-policy

VII. ANEXOS[1]

Tabla 1: Estimación de muertes directas por intervenciones militares de EEUU post 11/S.

	Afghanistan	Pakistan	Iraq	Syria/ISIS	Yemen	Other	Total
U.S. Military	2,324	-	4,599	-	-	130	7,053
U.S. DOD Civilian	6	-	15		-	-	21
U.S. Contractors	3,917	90	3,650	19	2	511	8,189
National Military and Police	69,095	9,431	48,337-52,337	51,483	-	N/A	178,346-182,346
Other Allied Troops	1,144	-	324	11,000		-	12,468
Civilians	46,319	24,099	186,694-210,038	138,947	12,690	N/A	408,749-432,093
Opposition Fighters	52,893	32,838	36,806-43,881	67,065	99,321	N/A	288,923-295,998
Journalists/ Media Workers	74	87	282	75	33	129	680
Humanitarian/NGO Workers	446	105	64	227	46	8	896
TOTAL	176,218	66,650	280,771-315,190	268,816	112,092	778	905,325-939,744
TOTAL (Rounded to Nearest 1,000)	176,000	67,000	281,000-315,000	269,000	112,000	1,000	905,000-940,000

Fuente: tomado de Crawford N. C. y Lutz C. (2021). https://watson.brown.edu/costsofwar/files/cow/imce/papers/2021/Costs%20of%20War_Direct%20War%20Deaths_9.1.21.pdf

[1] Nota aclaratoria sobre derechos de autor y de reproducción: las citas de las llamadas "Tablas y Figuras" (innecesario anglicismo por "gráfico o mapa" impuesto por las absurdas y farragosas normas APA) se hacen de acuerdo al artículo 32 de la Ley de Propiedad Intelectual española, única norma jurídica vinculante en el lugar de publicación de este texto junto con los Convenios de Berna de 9 de septiembre de 1886 (revisado en París el 24 de Julio de 1971) que habilitan la cita parcial siempre que se cite la fuente y al autor, cosa que aquí se hace.

Figura 1: Intervenciones militares de EEUU 2021-2023 justificadas como "contraterrorismo".

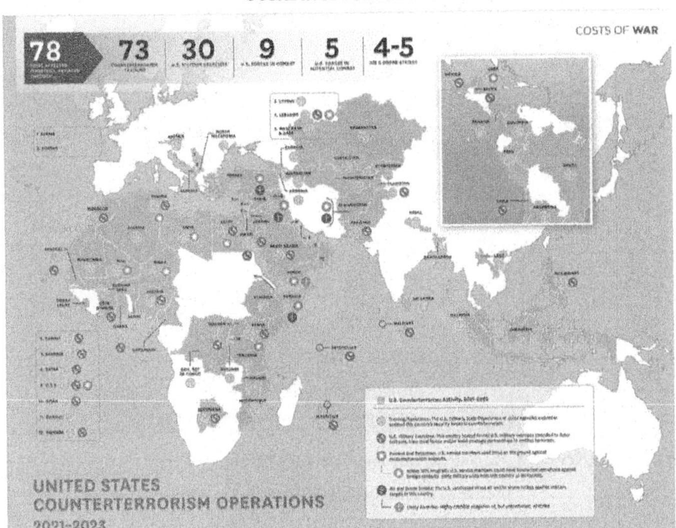

Fuente: tomado de ***United States Counterterrorism Operations*****, de Savell, 2023.** https://watson.brown.edu/costsofwar/files/cow/imce/papers/2023/US-CounterterrorismOperations_2021-2023.pdf

Figura 2: El mundo según el Pentágono: zona funcional y banda no integrada.

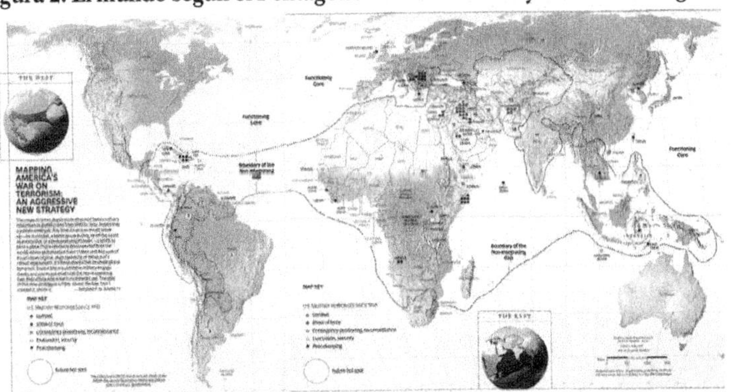

Fuente: tomado de ***Mapping America's War on Terrorism*****, de Barnett, 2023.** https://thomaspmbarnett.squarespace.com/globlogization/2010/8/17/blast-from-my-past-the-pentagons-new-map-2003.html

Figura 3: Caoslandia

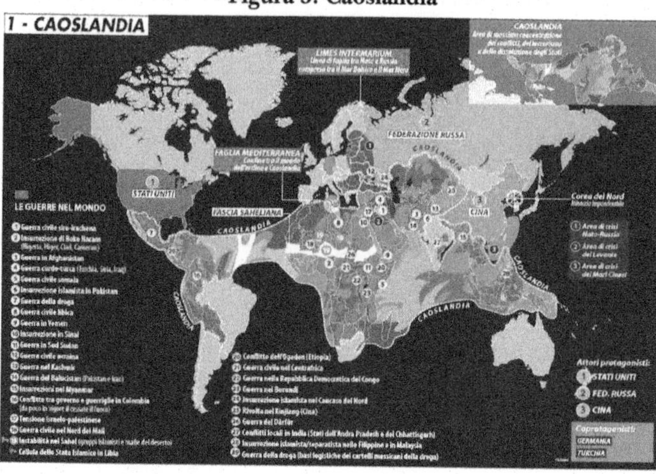

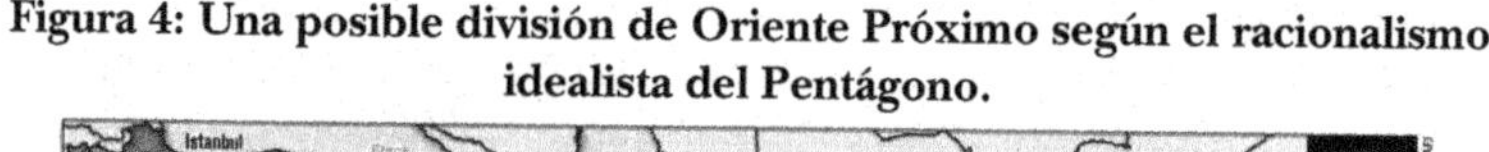
Fuente: tomado de Chaoslandia, de Canali, 2016, https://www.limesonline.com/carte/caoslandia-14676499/

Figura 4: Una posible división de Oriente Próximo según el racionalismo idealista del Pentágono.

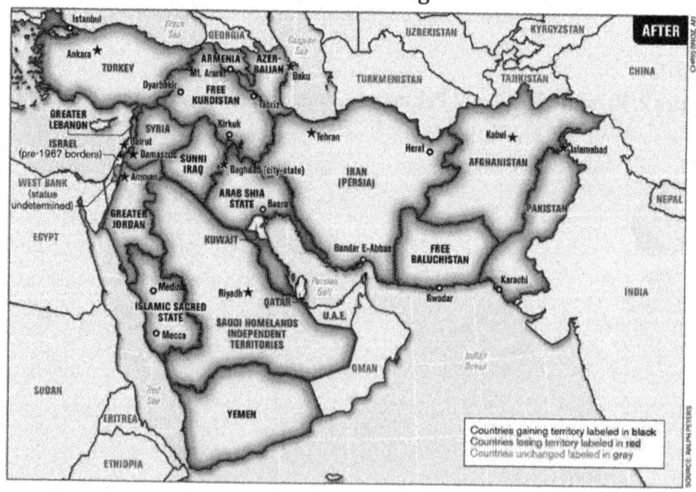

Fuente: tomado de Countries after Middle East division de Peters, 2006. http://www.democracyinlebanon.org/Documents/CDL-World/Better-ME-Peters06.htm

Figura 5: Utilización en búsquedas de Google de "rules based order".

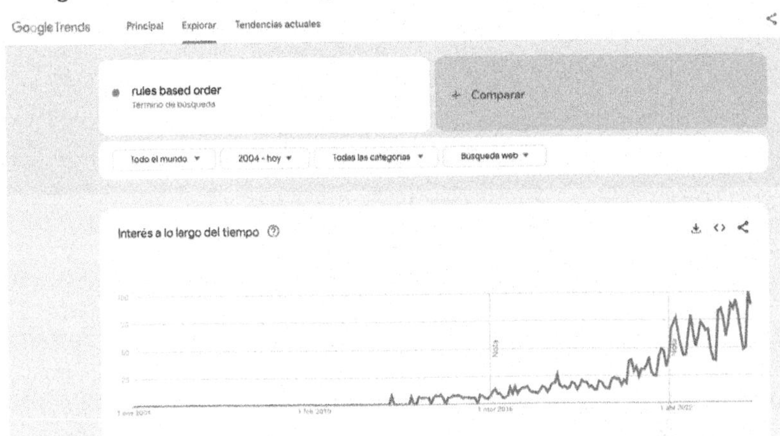

Fuente: tomado de Google Trends, de Alphabet Corporation, 2006. https://trends.google.es/trends/explore/TIMESERIES/1729248600?hl=es&tz=-120&date=all&hl=es&q=rules+based+order&sni=3

Conexión entre los referentes culturales de la Generación Z, la manipulación y la estabilidad internacional

DRA. LAURA GÓMEZ CUESTA
Profesora de Creatividad y Comunicación. Universidad Europea de Madrid
https://orcid.org/0000-0003-1252-5640

DR. ANTONIO SILVA ESQUINAS
Profesor de Criminología. Universidad Europea de Madrid
https://orcid.org/0000-0002-0996-6448

DRA. R. REBECA CORDERO VERDUGO
Profesora Titular de Sociología Aplicada. Universidad Europea de Madrid
https://orcid.org/0000-0002-1087-2094

I. RESUMEN

El análisis de los referentes culturales de la Generación Z es crucial para comprender su implicación en la sociedad, su desconfianza hacia las instituciones y su susceptibilidad a la manipulación. Estos aspectos representan un reto para la seguridad y estabilidad global en la era de la posverdad, el populismo y la polarización. Los hallazgos del Proyecto "POSTAL. Estudio sobre los intereses de la Generación Z desde la Criminología Cultural" (CI: 2023-290) de la Universidad Europea de Madrid son reveladores en este sentido.

II. PALABRAS CLAVE

Generación Z (en adelante Gen-Z), Referentes Culturales, Manipulación, Seguridad y Defensa

III. INTRODUCCIÓN

Vivimos en un entorno donde la incertidumbre cada vez es mayor. Hemos pasado de los estadios largoplacistas y las decisiones duraderas a movernos con flexibilidad en la indecisión y la inquietud (Lipovetsky, 2015). Trabajos inestables, relaciones afectivo-sexuales intermitentes, ideologías que nunca llegan a forjarse, cambio de legitimidad dando mayor preponderancia a *influencers* que a instituciones públicas, etc. Este es el escenario cotidiano donde ha nacido la Gen-Z (nacidos entre 1999-2014; esto es, entre 24 y 9 años).

Un contexto donde el sujeto no termina de encontrar encaje en la escena social y torna su mirada al multiverso en busca de algo de tranquilidad. Sin embargo, ¿cuáles son sus referentes? ¿Cómo entienden el marco laboral? ¿Es el activismo social importante en sus vidas? ¿Cómo transmiten todo esto a la cultura popular?

Poco a poco, dentro de esta generación se ha ido produciendo un bagaje cultural que no ha terminado de ser expuesto en la comunidad mayoritaria, lo que puede llevar a posibles conductas subculturales desviadas o incluso a una victimización por parte de las instituciones por no cumplir el contrato social (Cloward & Ohlin, 1960). Podemos preguntarnos hasta qué punto cuestiones como la participación social, la desafección institucional o la manipulación mediática relacionada con esta cohorte puede afectarles y afectarnos tanto ahora como en un futuro cercano. Los datos más recientes han demostrado que la participación social de los jóvenes españoles es anecdótica. Podríamos utilizar de ejemplo las últimas elecciones a las Cortes Generales donde en el baremo de entre 18 y 24 años se reuniría tan solo un 8,73% (INE, 2024) de los votos.

Sin embargo, teniendo en cuenta que la desafección institucional y política tanto en Europa como en España (Megías & Moreno, 2022) ha ido decreciendo paulatinamente por factores coyunturales y culturales (Megías, 2020), tal vez merezca la pena pensar en cómo ha sido su participación en el activismo social (Temprano *et al.*, en prensa). Es así como podemos observar que, aunque una amplia mayoría crea en los valores del activismo social, esa misma mayoría no participe en actividades, organizaciones o acciones vinculadas a dicho activismo. De hecho, relacionándolo también con el dato de las votaciones anteriormente reseñado, creen mayoritariamente que la legitimidad de solucionar los problemas la tiene el Gobierno; pero no son dados a ir a votar.

Este tipo de cuestiones debe hacernos reflexionar sobre cómo se genera el caldo de cultivo perfecto para la posible manipulación de esta cohorte. Una porción amplia de la comunidad que tiene necesidades, pero no confía en quien cree que debe solucionarlas ni tampoco se involucra en hacerlo por ellos mismos. Esa desconfianza generalizada produce que no conozcamos realmente qué están pensando, qué retos son los que visualizan en el horizonte y mucho menos cómo puede afectar todo lo anterior a la estabilidad y la seguridad.

En estos días observamos populismos de derechas e izquierdas alzar sus voces por todo el planeta, cantos de sirena que fácilmente parecen estar embaucando a parte de esta generación. No es difícil observar la polarización que está habiendo entre los que sí deciden inscribirse en la esfera de la participación política. Tampoco lo es contemplar cómo aquellos más alejados de este escenario también se han ido acercando a la polarización y la posverdad (Barrientos-Báez et al., 2018) en otros asuntos. Sirvan de ejemplo el auge del terraplanismo (Antunes, 2023) o el movimiento antivacunas (Pérez, 2023) entre otros. Precisamente por el enorme margen de incertidumbre sobre esta generación y por su retirada de la vida social clásica a otro tipo como puede ser la constituida por el multiverso, es que debemos cambiar nuestra orientación para tratar de comprenderles más y mejor. Dicho en otras palabras, debemos dejar tal vez un poco de lado las perspectivas goffmanianas (Goffman, 1993) de la comunicación (porque se comunican poco o de formas que no son percibidas por el conjunto de la comunidad) y de los "demonios populares y pánicos morales" (Horsley, 2020) que forman parte de las estratagemas políticas de turno (porque no tienen implicación real en el escenario político). Proponemos, por tanto, la Criminología Cultural (Ferrell et al., 2004 y 2015) y el Ultra Realismo (Hall & Winlow, 2015) como volantes epistemológicos para tratar de comprender a la Gen-Z.

El motivo por el cual estas dos escuelas de pensamiento nos pueden ser útiles es principalmente por dos cuestiones: a) el interés en la relación entre la desviación con respecto a los contextos culturales y simbólicos (medios de comunicación, subculturas, percepción pública de las instituciones, arte, moda, etc.) de la Criminología Cultural y; b) la preocupación ultrarrealista de adoptar una postura analítica (Díaz de Rada, 2021, pp. 581-582) para comprender en profundidad las acciones de los individuos, sean estos víctimas o victimarios, bajo la influencia de un entorno sociocomunitario y cultural específicos.

De este modo, la Criminología Cultural, influenciada por la teoría subcultural (Cohen, 1955), el enfoque del etiquetamiento (Becker, 1963) y los estudios culturales de la escuela de Birmingham (Hall & Jefferson, 1976), entiende que el delito, la desviación, el control de estos, la cultura y los productos culturales guardan una relación de interdependencia (Ilan, 2019). A través de una metodología profundamente influenciada por la etnografía, sigue el complejo entramado de significados que surgen en torno a los medios de comunicación (Presdee, 2000). Los integrantes de esta escuela buscan generar análisis críticos que impacten en la política. Con todo, es crucial entender que los principios de esta escuela están ligados a la liquidez de la hipermodernidad (Lipovetsky, 2015).

Por su parte, el Ultra Realismo también guarda una estrecha relación con la Criminología Cultural, pero independientemente de sus principios básicos (véase Silva, 2024, pp. 35-37) lo que nos interesa de esta escuela en esta ocasión es su concepción ontológica de la realidad y su posición analítica. Con respecto a lo primero, los ultrarrealistas analizan la realidad basándose a la asunción de que existimos dentro de un "sistema profundo" de diferentes estructuras y procesos que se dan en el mundo de lo Real (Lacan, 2013). Lo que termina traduciéndose en, al menos, tres capas de realidad (Silva, 2024, p. 27): a) la empírica; b) la efectiva y; c) la real. En pocas palabras, para afrontar nuestros retos cotidianos tenemos facetas conscientes y subconscientes que intervienen en nuestras acciones, creencias, inferencias lógicas, etc. Con respecto a la posición analítica, nos permite estudiar un fenómeno desde un punto de partida abductivo que nos prepare para comprender con suficiente validez empírica la etiología de este (Peirce, 2012).

Por tanto, si unimos estas dos orientaciones epistemológicas tenemos una herramienta potente para comprender tanto las decisiones conscientes como las que se escapan a una mirada rápida, las que permanecen ocultas incluso para nuestros jóvenes cuando deciden no formar parte de algo, pero reclamar al mismo tiempo.

El consciente y el subconsciente han sido temas fundamentales en la teoría psicoanalítica, explorados por figuras como Freud (2017), Jung (2009), Lacan (2013) y Žižek (2009, 2011 y 2015). Freud (2017) planteó que el subconsciente alberga deseos y recuerdos reprimidos que influyen en nuestro comportamiento consciente. Sin embargo, se ha podido comprobar en estudios (Pérez et al., 2020; Silva et al., 2023) que los jóvenes en redes sociales desarrollan conductas desviadas para buscar aceptación y reconocimiento, motivados por valores arraigados en su subconsciente. Freud (2017) sugiere que estas acciones son impulsadas por conflictos internos no resueltos desde una edad temprana. Sin embargo, esta teoría puede no aplicarse a la generación más joven dentro del rango analizado.

Precisamente debido a lo anterior, resulta de interés acudir a otras perspectivas, según Jung (2009), todos los miembros de una comunidad comparten una nube de datos llamada "inconsciente colectivo", que contiene imágenes, patrones universales y arquetipos. Estos datos influyen en nuestras creencias y comportamientos, y se reflejan en la cultura popular, los mitos modernos de amor, los *influencers* o las figuras de éxito. Estudiar estos arquetipos puede ayudar a comprender cómo influyen en la Gen-Z.

Sin embargo, para comprender plenamente a los jóvenes, es crucial considerar cómo construyen su identidad y cómo la ideología influye en ellos. Estas dos esferas son clave para alcanzar una comprensión completa.

En lo relativo a la identidad Lacan (2013) sostiene que se forma a través del lenguaje y las relaciones sociales. La generación actual se ve influida por la hiperconectividad y las redes sociales, lo que provoca una identidad fragmentada y dependiente de las opiniones de los demás como hemos venido comprobando en diferentes investigaciones (Cordero et al., 2022; Silva et al., 2024). Esto genera una búsqueda constante de validación externa y una confusión en sus deseos y necesidades devenida de la confrontación y de las influencias con múltiples "Otros" digitales.

Con respecto al poder de la ideología, resulta de utilidad la perspectiva crítica de Žižek (2009, 2011 y 2015) cuando indica que las ideologías modernas operan a nivel subconsciente y moldean nuestra percepción de la realidad y acciones sin que nos percatemos. El individualismo, consumo y hedonismo son valores de las estructuras capitalistas y mediáticas, influyendo en nuestras acciones sin cuestionarlo. Estas fuerzas ideológicas subyacentes se reflejan en nuestras decisiones y comportamientos, no siendo conscientes de ello, algo que es más palpable en la población joven (Muñoz et al., en prensa).

Basándonos en el fenómeno descrito y el aparataje epistemológico desarrollado nos proponemos estudiar a los miembros de esta Gen-Z una vez más con la intención de profundizar en esta dualidad.

IV. METODOLOGÍA

La para realización de esta investigación partimos de la siguiente pregunta de investigación: *¿Cómo afronta la Gen-Z sus retos socioculturales?*

Siendo las hipótesis principales del estudio: H1. La Gen-Z plantea una perspectiva futura que supone una ruptura con las normas sociales aceptadas actualmente; H2. La incertidumbre socioeconómica está provocando desafección en las instituciones por parte de la Gen-Z generando polarización social y política; y H3. Los miembros pertenecientes a la Gen-Z utilizan el mundo digital para situar sus principios generacionales dado que no encuentran forma de exponerlos en el mundo analógico.

Para alcanzar nuestros objetivos y verificar hipótesis, implementamos una innovación metodológica que combina el *Challenge Based Learning* (Gallagher & Savage, 2020) con el *Challenge Based Research* (Cordero et al., 2021) consistente en el diseño de una colección de sellos para el Grupo Correos en la que se viese reflejada la Gen-Z. Sellos que se utilizaron como fuentes de indagación, facilitando la aplicación del método visual de investigación en el marco de las Ciencias Sociales (Mannay, 2017) para acceder a las narrativas que representan el "inconsciente colectivo" de la generación objeto de estudio.

En esta investigación involucramos a estudiantes de Sociología de la Desviación del Doble Grado de Criminología y Psicología (Grupo 1), y a los alumnos de la asignatura Identidad Visual Corporativa del Grado en Publicidad y del Doble Grado en Publicidad y Comunicación Audiovisual (en adelante Grupo 2). A modo de síntesis esquemática, se ofrece el siguiente esqueleto metodológico para comprender de manera más secuencial el proceso seguido (Tabla 1):

Tabla 1. Fases de la investigación

FASES	ACTIVIDADES	RESPONSABLES
1	Etnografía virtual guiada (espacios públicos). Temas: a) trabajo; b) estilos de vida; c) activismo social; d) audiovisuales y; e) conectividad	Grupo 1
2	Evaluación / análisis diarios de campo	Equipo investigación
3	Intercambio de información entre alumnos	Grupo 1 y 2
4	Análisis de materiales y Diseño de sellos	Grupo 2
5	Evaluación / Análisis de sellos	Equipo investigación
6/7	Exposición y transferencia de resultados con impacto positivo en la comunidad	Grupos / Equipo Investigación

Fuente: elaboración propia.

V. DESARROLLO Y ANÁLISIS FORMAL DE LOS SELLOS DE LA GEN-Z DESDE UN ENFOQUE SEMIÓTICO

Según Chacón & Morales (2014), las imágenes no solo representan la realidad, sino que también son agentes de transformación y construcción de conocimiento. Acaso (2009) añade que la interpretación del receptor da nuevo sentido a la representación. En este caso las imágenes analizadas reflejan los conceptos y creencias de la Gen-Z, ofreciendo un mensaje auténtico que define su identidad a través de interpretaciones sólidas. En este estudio, se analizan imágenes siguiendo el método de Roland Barthes (1986), que distingue entre el mensaje lingüístico, el icónico denotativo y el icónico connotativo. Este enfoque permite entender la imagen publicitaria en su totalidad, considerando tanto el texto como los elementos visuales y su significado cultural. El estudio realizado se basa en estos mensajes para analizar los sellos desde diversas perspectivas significativas.

5.1 Estudio del mensaje lingüístico de los sellos de la Gen-Z

En la mayoría de los sellos, visualmente se prioriza la imagen frente al texto, que sirve para comunicar el precio, la marca y la colección. Ejemplo (Ilustración 1): En la colección "Sellos #8MTodoElAño | Día Internacional de la Mujer" se destaca a mujeres en diversos campos siendo la imagen la protagonista mientras que el texto describe más que expresa.

Ilustración 1. *Colección "Sellos #8MTodoElAño | Día Internacional de la Mujer"*

Nota: Diferentes ejemplos de los sellos que recoge la colección #M8TodoElAño. Fuente: (Grupo Correos, n.d.)

Los estudiantes del Grupo 2 intentaron generar un producto creíble, asumiendo en la mayoría de sus propuestas este mismo esquema en el que la imagen lidera la comunicación frente al texto, una de tres opciones que plantea Landa (2011). En la muestra se observa un predominio claro de esta opción, con un peso del 76% (solo un 8% se centra en una comunicación conducida por el texto). Sin duda, la opción más adecuada dado el pequeño formato de un sello y su esencia comercial, que precisa de cierto atractivo para captar la atención del consumidor (Gen-Z, el cual se debe ver representado para conectar con el mensaje).

Como puede verse en la mayoría de los sellos el texto que aparece en estos es meramente informativo (país, empresa, precio, título, etc.). No posee una función expresiva ni visual (Ilustración 2), colocándose en esquinas, en vez de en la zona central, y utilizando una tipografía sin remates, neutra desde el punto de vista formal.

Dando importancia a la imagen en consonancia con lo que Han (2014) denomina "hiperactividad digital" centrada en el elevado consumo de lo digital y de la imagen, "perjudicial para el respeto" (Han, 2014, p. 14) y que, como señala el autor, demuestra "nuestra huida de la realidad por considerarla imperfecta" (Han, 2014, p. 52).

Ilustración 2. Ejemplo de sellos cuya comunicación está conducida por la imagen

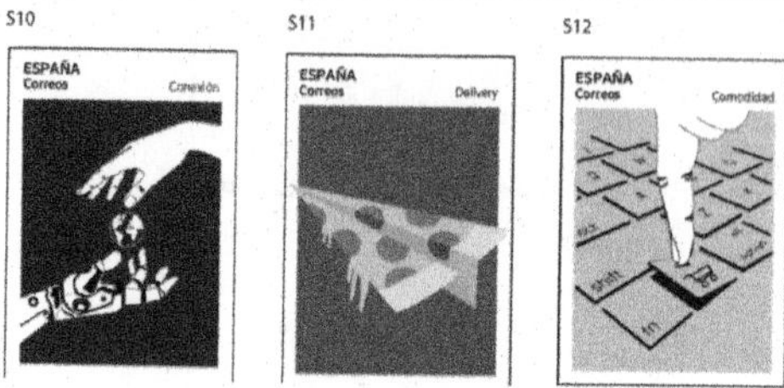

Nota: diseños elaborados por estudiantes del Grupo 2.

Dentro de una muestra de 37 propuestas de sellos, solo tres destacan por enfocarse en el mensaje lingüístico, donde la palabra es el elemento visual principal. En estos sellos (Ilustración 3), la tipografía decorativa y las formas abstractas acompañan mensajes positivos bajo la serie "Mensajes para vivir feliz", posicionando la palabra sobre la imagen de fondo. En estos casos, la comunicación se basa en el texto, relegando a los elementos visuales a un segundo plano. Destacan dibujos esquemáticos, infantiles o florales. Muy en consonancia con el boom del *lettering* en adolescentes que ganó protagonismo en las redes sociales.

Ilustración 3. Ejemplo de sellos cuya comunicación está conducida por el texto

Nota: Diseños elaborados por estudiantes del Grupo 2.

También observamos en la muestra la tercera opción que describe Landa (2011), en la que texto e imagen parecen colaborar aportando ambas un significado y compartiendo el rol expresivo de comunicar el mensaje. Es visible esta opción en la serie "Siéntete como tu *cartoon* favorito", donde tanto la forma tipográfica como los elementos visuales que la acompañan son esenciales para identificar la serie de dibujos animados a la que se hace referencia (S23, S24 y S25). Los fondos, nada más que a nivel cromático, ya tienen una función comunicativa en cuanto que nos conectan con la identidad visual de cada producto audiovisual. Este camino compositivo también puede identificarse en la serie "¿Artistas o héroes?" (Ilustración 4), donde tan importante es la imagen —que contextualiza el ámbito al que pertenece el artista—, como el nombre de este por la visibilidad que ha dado a un colectivo-minoría, discriminado ya sea por cuestiones de salud mental, género o raza.

Ilustración 4. Serie ¿Artistas o héroes?

Nota: Diseños elaborados por estudiantes del Grupo 2.

Por tanto, los estudiantes han priorizado la imagen sobre el texto en sus creaciones, siguiendo el formato comercial. La imagen se ha utilizado para transmitir mensajes y crear valor estético, mientras que el texto suele ser meramente informativo en las narrativas construidas.

5.2 Estudio del mensaje icónico denotativo y connotativo de los sellos de la Gen-Z

Dado que para estudiar el mensaje icónico denotativo de una comunicación visual es preciso describir la imagen de manera objetiva, identificando los elementos que la componen, nos apoyaremos en la escala de iconicidad de Villafañe (Tabla 1) por facilitar parámetros útiles para tal fin.

Tabla 2. *Clasificación de las imágenes en función de su grado de iconicidad*

GRADO	NIVEL DE REALIDAD	FUNCIÓN PRAGMÁTICA
11	Imagen natural	Reconocimiento
10	Modelo tridimensional a escala	Descripción
9	Imagen de registro estereoscópico	
8	Fotografía en color	
7	Fotografía en blanco y negro	
6	Pintura realista	Artística
5	Representación figurativa no realista	
4	Pictogramas	Información
3	Esquemas motivados	
2	Esquemas arbitrarios	
1	Representación no figurativa	Búsqueda

Nota: Esta tabla recoge diferentes tipologías de imágenes, atribuyéndoles un rol comunicativo en función de su grado de iconicidad. Fuente: Elaborada a partir de Villafañe, 2012, pp. 41-42.

El análisis plástico de la imagen nos ayuda a comprender su significante, pero para llegar a una interpretación más profunda sobre la Gen-Z, es necesario considerar también los mensajes connotativos de los sellos. Esta doble lectura nos permite reflexionar sobre los posibles significados evocados por las imágenes, analizadas como signos plásticos de dos dimensiones (Groupe μ, 1993), para así poder conectar con el imaginario colectivo de la Gen-Z.

Lo primero que observamos al aplicar la escala de iconicidad de Villafañe es que la mayoría de las imágenes que la componen no son normativas, indicándonos que los estudiantes apuestan por una "modelización icónica de la realidad", recreando la realidad conforme a su imaginario (Villafañe, 2012) para comunicar sus ideas (Tabla 3).

Tabla 3. Aplicación de la escala de iconicidad de Villafañe a la muestra de sellos

GRADO	NIVEL DE REALIDAD	SELLOS QUE RESPONDEN A CADA NIVEL
7	Fotografía en blanco y negro	S8
6	Representación figurativa realista (Se sustituye el término original para ampliar esta categoría)	S1, S2, S3, S4, S5, S6, S9, S10, S13, S14, S16, S17, S18, S20, S21, S22
5	Representación figurativa no realista	S7, S19, S26, S27, S28, S29, S30, S31, S32, S34
4	Pictograma	S11, S12, S15, S33
3	Esquemas motivados	-
2	Esquemas arbitrarios	S23, S24, S25, S35, S36, S37

Nota: Identificación del grado de iconicidad de las diferentes imágenes que componen la muestra. Fuente: Elaboración propia aplicando los criterios de Villafañe (2012, pp. 41-42).

No obstante, esta transformación de la realidad varía de intensidad, permitiéndonos llevar a cabo la realización del siguiente análisis morfosintáctico y semántico como vía para acceder al contenido de los sellos de manera más completa y desde diferentes perspectivas.

5.2.1 Sellos que se apoyan en imágenes con un alto grado de iconicidad

Según Villafañe, las tipologías pertenecientes a los niveles superiores (10, 9, 8 y 7) son idóneas para describir la realidad porque representan "las propiedades estructurales del objeto, así como sus proporciones para que sea posible su identificación" (2012, p. 43). En la muestra es significativa la ausencia de imágenes con un alto grado de iconicidad; de hecho, solo podemos encontrar un ejemplo del grado 7 en el Sello S8 (Ilustración 5), donde se ha utilizado una fotografía en blanco y negro.

En esta propuesta es especialmente relevante el uso del color porque nos permite observar el contraste entre cómo se presenta el dinero, en blanco y negro, que nos traslada al pasado, y cómo se representa el entorno digital, presente de la Gen-Z, en color y con iconos propios de las redes sociales. La conexión entre mundo digital y beneficio económico puede tener consecuencias negativas como la mercantilización de la vida del individuo y la justificación de determinados comportamientos antinormativos por dinero, lo que podría llevar a la superficialización de las relaciones sociales y del sentido del colectivo.

Ilustración 5. Sello que aplica una imagen de grado 7

Nota: Diseños elaborados por estudiantes del Grupo 2.

Otra lectura que podemos extraer de la ausencia de estas tipologías es que la Gen-Z puede no encontrar en ellas una utilidad comunicativa en cuanto que estas son testimonio de la realidad, a la que sienten que no pertenecen (un reflejo de la desafección que muestran por ejemplo ante las instituciones, el sistema político o el modelo de sociedad) o que precisan transformar para ajustarla a sus ideas (lo que les puede llevar a filiar con ideas extremas y/o polarizadas si no hacen uso del pensamiento crítico). El mundo, tal y como lo percibe la Gen-Z, precisa de una mayor libertad creativa para poderse representar.

5.2.2 Sellos que se apoyan en imágenes con un grado de iconicidad medio

En contraposición al apartado anterior, en estos dos niveles encontramos un gran número de imágenes. Según Villafañe (2012), "los niveles intermedios de la escala, debido a la posibilidad de interpretación de la realidad que una imagen de nivel 5 o 6 posee, son los más apropiados para la expresión artística [constituyendo] un terreno fértil para la creación" (p. 43).

El que esta tipología contenga un gran número de ejemplos puede tener dos lecturas. Por un lado, que asistimos a la creación de una mercancía (un sello), con unas necesidades específicas, pues este "debe adquirir una personalidad, debe *hacerse ver* en toda su singularidad" (Vitta, 2003, p. 302) para poder ser vendido. Y, por otro lado, y como se mencionó anteriormente, que la realidad no se ajusta a las ideas, conceptos, expectativas, etc., de la Gen-Z y no sirve para relatarlas, por lo que se opta por crearla o transformarla. Una especie de lucha contra el *satus quo* global; solo vale aquello que se puede transformar, reconstruir, comprar o cambiar, muy en línea con los valores de la sociedad de consumo en la que están insertos los Gen-Z y que puede poner en peligro el contrato social.

El **nivel 6** recoge el grupo más numeroso de la muestra, con un total de 16 sellos de los 37 que la componen. El nivel de realidad que se le atribuye es el de la "Pintura realista" (Villafañe, 2012, p. 42), que en la Tabla 2 se ha sustituido por el término "Representación figurativa realista" para no establecer ninguna distinción respecto a la técnica de representación empleada y ampliar su aplicación. Dentro de este nivel resultan significativos los siguientes ejemplos.

5.3 Sellos basados en ilustraciones realistas

Para la creación de los sellos que componen estas dos series: "Vive, experimenta, disfruta" y "Todas podemos" (Ilustración 6), se utilizaron herramientas de Inteligencia Artificial Generativa (Leonardo AI y Adobe FireFly respectivamente). Las ilustraciones describen escenarios imaginarios (S1, S2, S3) o no (S4, S5, S6), representados con una gran cantidad de detalles y apoyándose en dibujos de fácil interpretación y lectura.

Ilustración 6. Series "*Vive, experimenta, disfruta*" y "*Todas podemos*"

Nota: Diseños elaborados por estudiantes del Grupo 2.

En los primeros tres ejemplos la AI se utilizó para relatar situaciones ficticias, necesarias para señalar la unión entre el trabajo y el disfrute/experiencia vital que persigue la Gen-Z. Estos sellos representan un nuevo paradigma del trabajo, donde este pierde la centralidad y no es centro de la vida del individuo. Nos muestran la "necesidad", construida por la Gen-Z, de vivir en una experiencia constante, un parque de atracciones vital, alejado en gran medida de la realidad, lo que les hace más manipulables.

Sin embargo, los tres últimos reconstruyen escenarios que reconocemos, y cuya aparición en esta muestra nos hace reflexionar sobre la necesidad de seguir señalándolos y trabajando en ellos para conseguir definitivamente su normalización. Las imágenes presentan una estética muy en consonancia con los carteles de las *tradwives* norteamericanas, cuerpos y belleza normativos, sonrientes, perfectas en cada ocasión, aunque se trate de una bombera y haya fuego. Una defensa de la diversidad sin huir de los estereotipos y sin pretender promover el cambio. Esto nos hace igualmente reflexionar sobre las imágenes que nos devuelve la AI Generativa, que en definitiva está bebiendo de las fuentes visuales y culturales con las que la estamos alimentando.

Quizá la amplitud de los mensajes existentes en la red lleva a la Gen-Z a defender una idea y su contraria si no se detienen a realizar un análisis más profundo, lo que suele confrontar con la ya referida hiperactividad digital (Han, 2014).

5.4 Sellos basados en creaciones originales

Los iPad y tabletas gráficas han facilitado la introducción del dibujo digital en las comunicaciones visuales. Encontramos un ejemplo de su uso en las series pertenecientes a la categoría "Estilo de vida" (Ilustración 7): serie "Vida en movimiento" (S13 y S14) y serie "Sobre ruedas" (S16, S17 y S18). En estos cinco sellos se aplica el Principio Figura-fondo de la Gestalt para representar la realidad. Tal y como recoge la psicología de la Gestalt, la presencia de contornos o bordes es posiblemente el elemento principal e indispensable en la organización del mundo perceptivo en dos dimensiones. En cada uno de estos sellos observamos cómo un dibujo lineal y limpio es capaz de comunicarnos una información bastante precisa pero que, sin embargo, de tan básica que es, no logra trasladar el mensaje que pretendían comunicar las autoras, mucho más profundo y complejo en relación con la importancia de la salud mental o a la búsqueda de experiencias que persigue la Gen-Z.

Ilustración 7. Sellos basados en un dibujo realizado ad-hoc

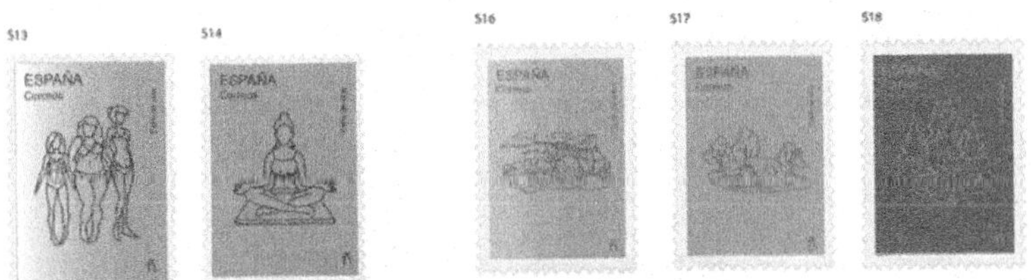

Nota: Diseños elaborados por estudiantes del Grupo 2.

En ocasiones, el nivel de dominio de una técnica de representación visual o su elección, más o menos idónea para según qué fin, puede limitar nuestra capacidad de expresión, como puede valorarse en este caso.

5.5 Sellos que se apropian de recursos ajenos

En la muestra encontramos propuestas que se apoyan en la reutilización de imágenes vectoriales. Internet se ha convertido en una fuente inagotable de inspiración visual y también de dibujos vectoriales, gratuitos o de pago, que están de manera fácil y rápida al alcance de cualquier creadora. Una de sus principales ventajas respecto a las imágenes bitmap es que las imágenes vectoriales son muy flexibles, permiten una alta personalización y también jugar con diferentes niveles de iconicidad.

Por ejemplo, para construir la serie "¿Artistas o héroes?" (Ilustración 4), en la que las cintas de casete están representadas mediante dibujos vectoriales básicos y sencillos, las estudiantes han jugado con el color y con la incorporación de los nombres de los artistas como vía de personalización. En otras creaciones, sin embargo, se explora la técnica del *collage* para controlar mucho más su discurso (Ilustración 8). Como se indica en Gómez (2017), este tipo de técnicas permiten que nos alejemos de la literalidad, pero a su vez podamos jugar con ella para ofrecer una propuesta nueva y singular a través de la yuxtaposición de conceptos, una mascarilla y un lápiz que nos hablan de la creación y formación en el hogar que se dio durante la pandemia o la conexión entre lo digital y lo analógico representada a través de unas manos que envuelven al planeta.

Ilustración 8. Sellos trabajados mediante la técnica del collage

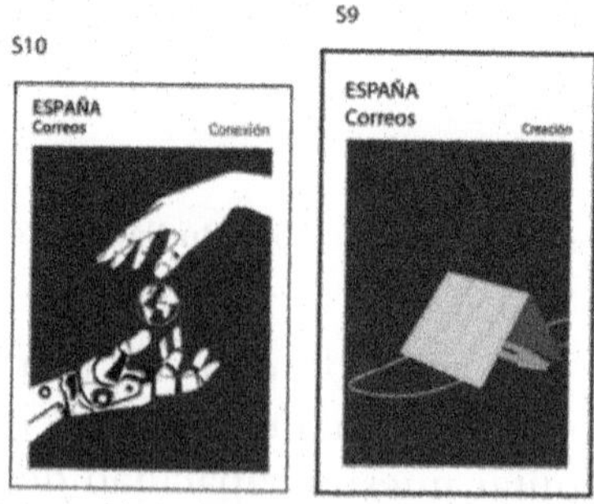

Nota: Diseños elaborados por estudiantes del Grupo 2.

Al **nivel 5** corresponderían diez sellos cuyas imágenes tienen las relaciones espaciales alteradas, alejándose un poco más de la realidad y aplicando criterios visiblemente subjetivos que pueden llegar a dificultar la identificación de lo representado. No obstante, aunque estemos hablando de imágenes que navegan entre la abstracción y el realismo, el hecho de que sean propuestas figurativas facilita la lectura de un relato. Al igual que en el nivel anterior, revisaremos a continuación los ejemplos más significativos que se ajustan a este grado.

5.6 Sellos que reutilizan imágenes con alta notoriedad

La fórmula creativa de estos sellos se basa en la utilización de imágenes que están estrechamente ligadas a la Gen-Z. Por un lado, encontramos sellos basados en la utilización de menes que se han hecho virales, alcanzando una gran repercusión entre los jóvenes (Ilustración 9).

Ilustración 9. *Serie "Memes"*

Nota: Diseños elaborados por estudiantes del Grupo 2.

Es el caso de *Pepe The Frog* (S30), a la que se ha puesto una gorra de Correos; el meme *Perro con gafas de vida de matón* (S29) o el meme del *Gato tosiendo,* al que se ha incluido un producto de consumo (S31). En estos tres casos observamos cómo los estudiantes no se han limitado a plasmar el meme, sino que lo han manipulado y han jugado con este para generar una imagen original, de cara a ofrecer al Grupo Correos algo singular o incluso personalizado incluyendo algún elemento corporativo (colores y gorra de *Pepe The Frog*).

En esta misma línea también encontramos sellos basados en personajes de videojuegos, como Amon Us (S26, S27 y S28), que se hizo especialmente famoso durante la Pandemia, o protagonistas de series icónicas para la Gen-Z, como Los Simpson, jugando con la traducción visual al castellano del nombre de uno de sus personajes más carismáticos, Ned Flanders (S34). En estos ejemplos se observa de nuevo cómo los estudiantes no se conforman con recoger la realidad, sino que la pasan por su filtro, dotando a sus diseños de un mensaje personalizado que destila humor o activa su perfil profesional al gestionar criterios vinculados a la identidad visual corporativa.

5.7 Sellos que aplican la retórica visual para personalizar el discurso

Tanto en el sello S7 como en el S19 (Ilustración 10) podemos valorar una priorización del concepto a comunicar sobre la forma, valorando la intervención de elementos que han terminado por convertirse en símbolos para la Gen-Z y que transmiten dos de sus mayores preocupaciones: las enfermedades mentales y la vida saludable.

Ilustración 10. Sellos de esencia simbólica

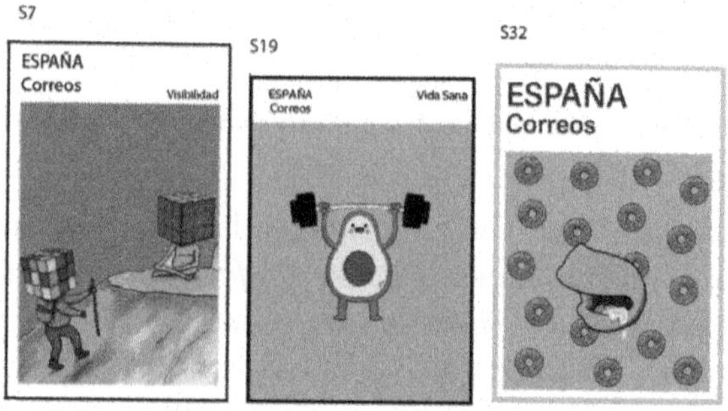

Nota: Diseños elaborados por estudiantes del Grupo 2.

Tal y como reflejaba la investigación del Grupo 1, la Gen-Z ha logrado que se hable más sobre salud mental, y más aún tras la Pandemia. Para transmitir esta mayor visibilidad de las enfermedades mentales, en el sello S7 se ha optado por la utilización de un dibujo en blanco y negro de factura manual, algo básico, donde se describe un peregrinaje hacia el orden, representado por una especie de gurú con una cabeza de cubo de Rubik resuelto. La metáfora que genera esta propuesta es muy atractiva no tanto a nivel visual como a nivel conceptual por cómo se ha utilizado el cubo de Rubik para expresar el desorden mental. Incorporando este objeto como cabeza se ha querido trasladar la dificultad, el esfuerzo o la necesidad de ordenar y saber cómo funcionan los pensamientos, nuestra mente, de una manera muy sencilla y altamente comprensible. La figura del gurú tampoco es baladí porque representa la necesidad de buscar ayuda profesional para cuidar nuestra salud mental, algo que hasta ahora se ha estado ocultando, no se le daba importancia y/o no se mencionaba por vergüenza o miedo a la estigmatización.

No obstante, debemos ser conscientes de que las redes sociales se construyen desde el relato, produciéndose una "pornografía inspiracional de la emoción" donde todo el "vendible": crisis de ansiedad, depresión, felicidad, éxito, etc. Una dramaturgia nada beneficiosa para los usuarios de las redes, pues si bien favorece la visibilización de las problemáticas referidas, también se tienden a normalizar pudiendo llegar a imitar porque se consideren *cool*.

Respecto al sello S19, de nuevo encontramos un discurso con gran contenido simbólico al seleccionarse un aguacate haciendo pesas como metáfora de todo lo que implica para la Gen-Z llevar una vida sana: comer bien y hacer deporte. Dado que la Gen-Z, junto con los Millennials, son los más fieles consumidores de esta fruta (Mercados, 2024), no es de extrañar que el aguacate se haya convertido en todo un símbolo de lo que representa una dieta saludable. No obstante, es también interesante valorar el tipo de dibujo utilizado para trasladar este mensaje, a través de formas infantiles, amigables, suaves, relacionando estas dos conductas con la felicidad muy en línea con la *happycracia* (Cabanas & Illouz, 2023), *la tiranía de la felicidad.*

Por último, se ha visto oportuno incluir el sello S32 dentro de este apartado por el proceso de simplificación formal al que ha sido expuesto para alejarlo de la literalidad y generar una propuesta singular. Este sello, además de facilitar un elemento que permite la identificación del personaje de una serie, consigue aportar de manera sintética información relevante sobre su perfil psicológico incluyendo un divertido fondo de corte surrealista.

5.2.3 Sellos que se apoyan en imágenes con un bajo grado de iconicidad

Tal y como explica Villafañe, estos niveles (4, 3 y 2) corresponden a imágenes "de una considerable abstracción, [siendo por ello] los más idóneos para la información visual [que] implica discriminar la parte más importante de los contenidos que se quieren comunicar" (2012, p. 43), eliminando aquello que pueda distraer del mensaje principal. Como en los apartados anteriores, el análisis se llevará a cabo descendiendo en la escala de Villafañe con el objetivo de extraer los recursos creativos más significativos.

Las imágenes pertenecientes al **nivel 4** aplican el grado de abstracción propio de los pictogramas, que se caracterizan por su economía formal. Un pictograma podemos definirlo como una "imagen elemental y universal que denota un objeto, actividad, lugar o persona, representado mediante una forma" (Landa, 2011, p. 168). Los estudiantes se apoyan en este recurso para fusionar conceptos y generar imágenes sencillas a nivel visual pero complejas y con un alto contenido semántico. Esto puede contrastarse al valorar el mensaje que trasladan los sellos de la Ilustración 11, escuetos y concisos para comunicar un contenido específico.

Ilustración 11. Sellos que apoyan su comunicación en pictogramas

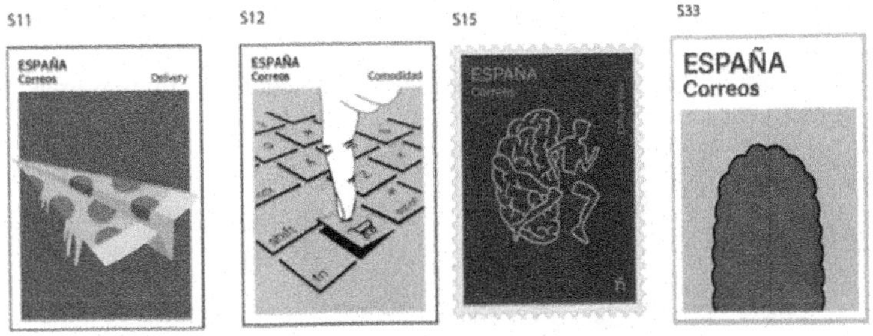

Nota: Diseños elaborados por estudiantes del Grupo 2.

En dos de estos sellos (S11 y S15) se opta por la fusión de elementos para generar un nuevo significado —una pizza en forma de avión de papel o la unión literal de un cerebro con un cuerpo que corre— para hablar de la normalidad que encuentra la Gen-Z en pedir comida o vincular el deporte, no solo con la salud física sino también con la salud mental. El sello S12, sin embargo, aunque se apoya en el pictograma del carrito de la compra —para reforzar el mensaje de la importancia de la compra online para la Gen-Z—, recurre a un discurso más manido, perdiendo el atractivo y riqueza que proponen los otros dos ejemplos. Por último, es significativo el nivel de abstracción y de síntesis que se propone en el sello S33 como vía para trasladarnos, con la mínima forma de expresión y los criterios cromáticos adecuados, al universo de Los Simpson a través de uno de sus personajes principales, Marge Simpson.

Con las características de las imágenes del **nivel 3**, los esquemas motivados, no encaja ninguna propuesta. Sin embargo, del **nivel 2**, correspondiente a los esquemas arbitrarios que, según Villafañe, "no representan características sensibles [y] las relaciones de dependencia entre sus elementos no siguen ningún criterio lógico" (2012, p. 42), sí encontramos los siguientes sellos.

Podríamos valorar como un esquema arbitrario, por ejemplo, aquellos sellos cuya comunicación está liderada por la forma tipográfica, y que requieren de un conocimiento previo del código para poder acceder a la información (Ilustración 12).

Ilustración 12. Sellos que apoyan su comunicación en pictogramas

Nota: Diseños elaborados por estudiantes del Grupo 2.

No obstante, encontramos diferencias entre las dos líneas que podrían encajar en este nivel. La primera, "Siéntete como tu cartoon favorito" (S23, S24 y S25), es interesante en cuanto que sus autoras transformaron su pasado para convertirlo en una nueva realidad, manteniendo sin embargo los elementos identitarios de las series de dibujos animados que conectan con su infancia. Se creó un mensaje activista que se basa en la identidad visual de una serie animada para impulsar el cambio social. Un ejemplo de esta forma de trabajo puede observarse en la adaptación de título de la serie de dibujos animado, Totally Spies!, hasta convertirlo en Totally Fabulous!, como aplauso y homenaje a esta banda de tres chicas espías que las inspiró en su niñez y en su crecimiento como mujeres.

Respecto a la segunda serie que podríamos situar dentro del nivel 2 (S35, S36 y S37), identificamos un alejamiento de la realidad mayor dada la ausencia de elementos visuales de referencia, además consta de formas tipográficas originales de las autoras. Predominio de formas curvas, colores llamativos y rosados.

VI. CONCLUSIONES

Tras la realización del trabajo es posible extraer las siguientes conclusiones:

(A) Los sellos transmiten un **mensaje lingüístico positivo y optimista**, reflejando un sistema de pensamiento inclusivo y diverso. Sin embargo, pueden parecer un poco naíf y carentes de crítica, encajando con la propuesta estética de la marca Mr Wonderful. Destaca la tendencia actual de privilegiar la felicidad sobre otras emociones.

La visión optimista impuesta por la *happycracia* (Cabanas & Illouz, 2023) favorece la manipulación al centrar el éxito social en la felicidad, lo que puede ser aprovechado por líderes y grupos con intereses contrarios al sistema político para condicionar a los jóvenes hacia sus propios intereses utilizando la promesa de felicidad como cebo.

La obsesión por la felicidad personal puede desviar a los jóvenes de temas importantes como la justicia social y la responsabilidad colectiva. La construcción del enemigo, centrada en aquel que puede impedir disfrutar del ascensor social basada en diferencias de género, raza o lugar de origen crea un terreno fértil para la manipulación y la división. Esto afecta no solo a nivel local, sino también a escala internacional, ya que los jóvenes se pueden identificar con posturas digitales emergentes que pueden tener repercusiones globales. Desde la radicalización hasta el apoyo a líderes populistas, la posverdad y el individualismo que pueden llevar a acciones perjudiciales para la sociedad en su conjunto.

(B) En el análisis del **mensaje icónico denotativo** destaca la importancia de lo audiovisual y las redes sociales mediante la utilización de imágenes pertenecientes a series de dibujos animados o que se utilizan o comparten en dichas redes por parte de la Gen-Z, mostrando cómo se entrelazan el mundo analógico y el digital en sus propuestas. Sin embargo, la rapidez y la reutilización de imágenes ajenas pueden limitar la originalidad de las obras. En este sentido, es preciso indicar que se utilizaron soportes tecnológicos e inteligencia artificial en la creación de imágenes desde cero, reforzando la tesis de Han (2014) sobre cómo el "delirio de la optimización" se ha apoderado también de la producción de imágenes.

Desde esta óptica, la gran presencia de jóvenes en redes sociales y la reutilización de imágenes puede distorsionar la realidad y generar narrativas sesgadas. La rapidez con la que comparten contenido los Gen-Z dificulta la verificación, lo que puede llevar a adoptar posturas en contra del interés general o creer en teorías conspirativas como el "terraplanismo". Además, el hecho que actúen como prosumidores (consumidores, difusores y generadores de contenidos) hace que la desinformación se aloje en cualquier parte del planeta conectado sin que el pensamiento crítico actúe en su contra. Por tanto, los jóvenes pueden caer en la trampa de creer ciegamente en la "pseudoinformación" de sus referentes en redes sociales. Esta falta de pensamiento crítico los hace susceptibles a la manipulación y a abrazar posiciones políticas que pongan en peligro el orden internacional. Es vital fomentar la educación en medios y el pensamiento crítico para combatir esta problemática.

La sobreexposición de la Gen-Z al mundo digital en detrimento del analógico actúa como brecha social generacional, entre aquellos que usan o no usan la red, ampliándose aún más si cabe su percepción de incomprensión, de estar fuera del sistema. Sensaciones que son utilizadas por grupos antinormativos en internet (sectas, grupos terroristas, grupos insurgentes de todo tipo) para generar sentido de pertenencia e identidad en la Gen-Z, pudiendo desencadenar actitudes extremas y contrarias a la seguridad nacional e internacional (véase el caso de atentados realizados por lobos solitarios en nombre del terrorismo islámico, los atentados terroristas yihadistas, los atentados supremacistas blancos, o el ecoterrorismo, entre otros).

(C) Por último, del análisis del **mensaje icónico connotativo** de las imágenes, podemos extraer que la Gen-Z combina sin problema símbolos procedentes del mundo digital y del analógico, pero siempre intentando pasarlos por su filtro para adaptarlos a sus esquemas de pensamiento y a las ideas que quieren transmitir. No aceptan la realidad pudiendo mostrar una enorme desafección hacia ella, así como su sistema de normas y valores que la conforman, por lo que esta es en la mayoría de las ocasiones transformada para poder dar voz a una narrativa propia, una muestra de su inconsciente colectivo. De hecho, recuperan mensajes, heredados de otras generaciones, vinculados al feminismo o a la igualdad, aunque aportando un matiz más integrador en apariencia, además de incluir sus propias reivindicaciones, vinculadas a la necesidad de dar visibilidad a las enfermedades mentales o a la reivindicación de un trabajo que les permita vivir experiencias, lo que en cierta medida les puede alejar de la sociedad en cuanto que se implican menos en ella, caminando hacia la construcción de identidad digital, mucho más efímera y voluble, lo que puede perjudicar el orden y la estabilidad tan necesarios para desarrollo social.

A nivel global, en su discurso no se perciben grandes contrastes, no hay fealdad si no es bajo un enfoque humorístico y se reutiliza y aplica la retórica para construir y reivindicar una visión propia de la realidad y así conseguir que esta responda a sus expectativas, unas expectativas que pueden no responder al interés general si se construyen sin un pensamiento crítico ni profundo. Esto puede suceder cuando las decisiones se toman basadas en intereses personales, políticos o económicos, en lugar de considerar el impacto y las necesidades de la sociedad en su conjunto. Cuando las expectativas se crean de esta manera, es probable que no sean realistas ni sostenibles a largo plazo. Esto puede llevar a consecuencias negativas, como el favorecimiento de ciertos grupos en detrimento de otros, el aumento de la desigualdad social, o la explotación de recursos sin tener en cuenta su conservación.

Además, cuando las expectativas no están fundamentadas en un pensamiento crítico, puede haber una falta de consideración de las posibles consecuencias adversas y un sesgo que impida ver la imagen completa, que puede conllevar la toma de decisiones equivocadas y a la perpetuación de problemas existentes en lugar de abordarlos de manera efectiva.

En resumen, es importante que las expectativas sean construidas teniendo en cuenta el interés general y sean el resultado de un pensamiento crítico y profundo. De esta manera, se pueden tomar decisiones informadas que beneficien a la sociedad en su conjunto y promuevan un desarrollo sostenible y equitativo, sin embargo, el populismo, la posverdad y la polarización parece alejarnos de esto, lo que ineludiblemente nos encamina a la inestabilidad y al conflicto social, tanto en el terreno nacional como en el internacional, globalización mediante. El que se priorice la comunicación digital sobre otras formas de comunicación "erosiona las distancias mentales" (Han, 2014) impactando y perjudicando al respecto al diferente.

VII. BIBLIOGRAFÍA

Acaso, M. (2009). *El lenguaje visual.* Grupo Planeta (GBS).

Antunes, R. (2023). Entre la conspiración, la sospecha y el absurdo: contribuciones para una interpretación del terraplanismo. *Revista Colombiana de Antropología, 59*(3), 101-124.

Barrientos-Báez, A., Barquero, M. & García, E. (2018). Posverdad y comunicación 2.0. El reto periodístico de una era sin periodistas. *Revista de Ciencias de la Comunicación e Información, 23*(1), 43-52.

Barthes, R. (1986). *Lo obvio y lo obtuso: Imágenes, gestos, voces.* Paidós Ibérica.

Becker, H. (1963). *Outsiders: Studies in the sociology of deviance.* Free Press.

Cabanas, E., & Illouz, E. (2023). *Happycracia.* Paidos.

Chacón, P., & Morales, X. (2014). Infancia y medios de comunicación: El uso del método semiótico cultural como acercamiento a la cultura visual infantil. *ENSAYOS. Revista De La Facultad De Educación De Albacete,* 29(2), 1–17. https://doi.org/https://doi.org/10.18239/ensayos.v29i2.332

Cloward, R. A., & Ohlin, L. E. (1960). *Delinquency and Opportunity: A theory of delinquent gangs.* Free Press.

Cohen, A. (1955). *Delinquent boys: The culture of the gang.* Macmillan.

Cordero, R. R., Silva, A, Pérez, J. R. & Gómez, F. (2021). *El Challenge Based Research (CBR) como reto pedagógico. La investigación en Criminología llevada a la docencia.* McGrawHill.

Cordero, R. R., Silva, A. & Pérez, J. R. (2022). The Invisible Suffering of Young People during the COVID-19 Pandemic in Spain and the Collateral Impact of Social Harm. *Social Sciences*, 11 (8), 335. DOI: 10.3390/socsci11080335

Díaz de Rada, Á. (2021). Una puerta sin retorno al laberinto de las génesis. En, Díaz de Rada, Á. (ed.), *Las formas del origen. Una puerta sin retorno al laberinto de las génesis*, 581-630. Trotta.

Ferrell, J., Hayward, K. & Young, J. (2015). *Cultural Criminology*. Sage.

Ferrell, J., Hayward, K., Morrison, W. & Presdee, M. (2004). *Cultural Criminology Unleashed*. Glasshouse Press.

Freud, S. (2017). *Obras completas*. Biblioteca Nueva.

Gallagher, S. E. & Savage, T. (2020). Challenge-based learning in higher education: an exploratory literature review. *Teaching in Higher Education. Critical Perspectives, 28*(6), 1135-1157. DOI: https://doi.org/10.1080/13562517.2020.1863354

Goffman, E. (1993). *La presentación de la persona en la vida cotidiana*. Amorrortu.

Groupe μ. (1993). *Tratado del signo visual: Para una retórica de la imagen*. Cátedra.

Grupo Correos. (n.d.). Pack de 10 sellos 8M de la colección #8MTodoElAño de Correos. Correos Market; Grupo Correos. Retrieved July 4, 2024, from https://www.market.correos.es/product/pack-10-sellos-8m-correos

Hall, S. & Jefferson, T. (1976). *Resistance through rituals: Youth subcultures in post-war Britain*. Hutchinson.

Hall, S. & Winlow, S. (2015). *Revitalizing Criminological Theory. Towards a new Ultra-Realism*. Routledge.

Han, B.-C. (2014). *En el enjambre*. Herder Editorial.

Han, B-C. (2021). *La sociedad del cansancio*. Herder.

Heller, E. (2004). *Psicología del color: Cómo actúan los colores sobre los sentimientos y la razón*. Gustavo Gili.

Horsley, M. (2020). Olvidando los pánicos morales. En Ríos, G. & Silva, A. (coords.), *Nuevos horizontes en la investigación criminológica. Ultra Realismo*, 69-97. Universidad San Martín de Porres.

Ilan, J. (2019). Cultural Criminology: The Time is Now. *Critical Criminology*, 27 (1), 5-20. DOI: https://doi.org/10.1007/s10612-019-09430-2

INE (2024). Elecciones a Cortes Generales del 23 de julio de 2023. Disponible en: Distribución del CER y CERA por edad y sexo. Total Nacional. (ine.es)

Jung, C. G. (2009). *Arquetipos e inconsciente colectivos*. Paidós.

Lacan, J. (2013). *Escritos 1*. Biblioteca Nueva.

Landa, R. (2011). *Diseño gráfico y publicidad. Fundamentos y soluciones.* Anaya.

Lipovetsky, G. (2015). *La era del vacío.* Anagrama.

Mannay, D. (2017). *Métodos visuales, narrativos y creativos en investigación cualitativa.* Narcea Ediciones.

Megías, A. & Moreno, C. (2022). La desafección política en los países del entorno europeo español: ¿una actitud estable? *Reis: Revista Española de Investigaciones Sociológicas,* (179), 103-123.

Megías, A. (2020). Una década de crisis desafecta: los cambios en su naturaleza. *Reis: Revista Española de Investigaciones Sociológicas,* (169), 103-122.

Mercados. (2024, 19 de abril). *La Generación Z y los Millennials europeos consumen 1,2 aguacates a la semana.* Revista Mercados. https://revistamercados.com/la-generacion-z-y-los-millennials-europeos-consumen-12-aguacates-a-la-semana/

Muñoz, M., Cordero, R. R., Pérez, J. R. & Silva, A. (en prensa). Jóvenes, activismo social, terrorismo e intereses formativos: un análisis crítico del modelo social actual. *REIC.*

Peirce, Ch. (2012). Abduction and Induction. En Buchler, J. (ed.), *Philosophical Writings of Peirce,* 150-156. Dover.

Pérez, C. (2023). Objetivos de salud en tiempos de posverdad: el caso del movimiento antivacunas. *Revista de Educación, Cooperación y Bienestar Social,* (24), 229-233.

Pérez, J. R., Cordero, R., Silva, A., & Briggs, D. (2020). Mercado mecánico de la carne: análisis integrado del proyecto Enrolla2 sobre aplicaciones afectivo-sexuales. En Ríos, G. & Silva, A. (coords.), *Nuevos Horizontes en la Investigación Criminológica. Ultra Realismo,* 227-275. Universidad San Martín de Porres.

Pink, S., Horst, H., Postill, J., Hjorth, L., Lewis, T. & Tacchi, J. (2019). *Etnografía Digital. Principios y prácticas.* Morata.

Presdee, M. (2000). *Cultural Criminology and the Carnival of Crime.* Routledge.

Silva, A. & Pérez, J. R. (2019). Carnaval de incienso y MDMA. Un acercamiento desde la Criminología Cultural al fenómeno de los raves y la semana santa. *Archivos de Criminología, Seguridad Privada y Criminalística,* 13(23), 120-142.

Silva, A. (2024). Dando forma a las sombras. Comprendiendo la construcción del conocimiento y el dispositivo encubierto en las etnografías del Ultra Realismo [Tesis doctoral]. *E-Spacio:* https://hdl.handle.net/20.500.14468/17687

Silva, A., Muñoz, M. & Cordero, R. R. (2023). *Ultra Realismo,* daño social y su aplicación a entornos de menores. Un análisis de la victimización de menores en RRSS. En, Rámila, J., Benedicto, C. & Abanades, M. (coords.), *Jóvenes y menores delincuentes. Problemáticas actuales, perspectivas futuras*, 183-208. Bosch.

Silva, A., Pérez, J. R., Cordero, R. R. & Galán, J. (2024). *Researching Social Media with Children #DigitalEthnography #Storytelling.* Routledge.

Temprano, D., Silva, A., Pérez, J. R. & Cordero, R. R. (en prensa). "Reciclar, manifestarse, quejarse y votar". Análisis de las dimensiones del activismo social en jóvenes españoles. En Rámila, N. J. & Andrés, B. (coords.), *Manifestaciones y realidades de las agresiones sexuales en la sociedad postmoderna.* Tirant lo Blanch.

Villafañe, J. (2012). *Introducción a la teoría de la imagen.* Pirámide.

Vitta, M. (2003). *El sistema de las imágenes: Estética de las representaciones cotidianas.* Paidós Ibérica.

Žižek, S. (2009). *The Sublime Object of Ideology.* Verso.

Žižek, S. (2011). *El acoso de las fantasías.* Akal.

Žižek, S. (2015). *Bienvenidos al desierto de lo real.* Akal.

ANEXO 1. SELLOS REALIZADO POR EL GRUPO 2

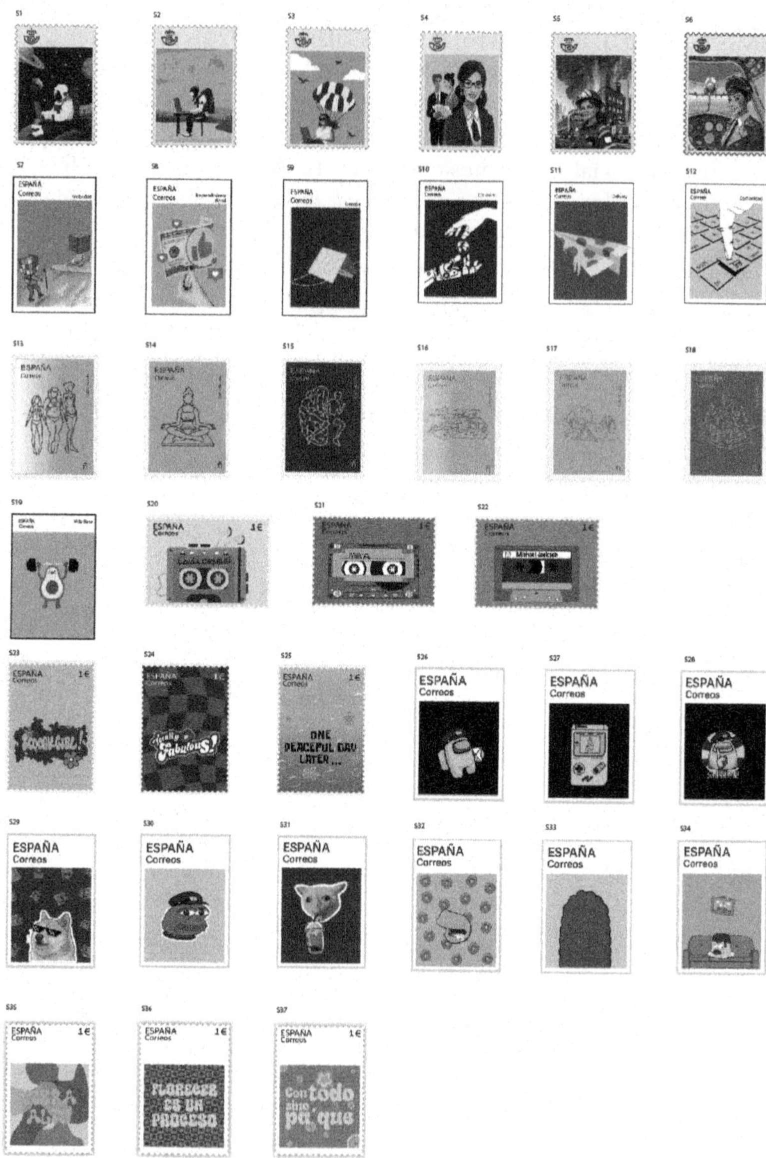